VIDA

Paulo Leminski

Cruz e Sousa
Bashô
Jesus
Trótski

VIDA

4 Biografias

COMPANHIA DAS LETRAS

Copyright © 2013 by herdeiros de Paulo Leminski

Grafia atualizada segundo o Acordo Ortográfico da Língua Portuguesa de 1990, que entrou em vigor no Brasil em 2009.

Capa e projeto gráfico
Elisa v. Randow

Preparação
Jacob Lebensztayn

Revisão
Adriana Cristina Bairrada
Jane Pessoa

Dados Internacionais de Catalogação na Publicação (CIP)
(Câmara Brasileira do Livro, SP, Brasil)

Leminski, Paulo, 1944-1989.
  Vida : Cruz e Sousa, Bashô, Jesus e Trótski — 4 Biografias —
Paulo Leminski. — 1ª ed. — São Paulo : Companhia das Letras,
2013.

  Bibliografia.
  ISBN 978-85-359-2327-8

  1. Jesus Cristo 2. Matsuo, Bashô, 1644-1694 – Crítica e interpretação 3. Revolucionários – União Soviética – Biografia 4. Sousa,
Cruz e, 1861-1898 – Crítica e interpretação 5. União Soviética – História – Revolução, 1917-1921 I. Título.

13-08826   CDD-920.71

Índice para catálogo sistemático:
1. Homens : Biografia 920.71

5ª reimpressão

Todos os direitos desta edição reservados à
EDITORA SCHWARCZ S.A.
Rua Bandeira Paulista, 702, cj. 32
04532-002 — São Paulo — SP
Telefone: (11) 3707 3500
www.companhiadasletras.com.br
www.blogdacompanhia.com.br
facebook.com/companhiadasletras
instagram.com/companhiadasletras
twitter.com/cialetras

sumário

depoimento — PAULO LEMINSKI 10

sobrevida — ALICE RUIZ S 11

cruz e sousa — o negro branco [1983] 15
cruz e sousa's blues 21
blues & sousa 23
miséria, roupa de cetim 28
lehrjahren 31
sem(zala) 34
da senzala ao balcão 37
eco do poeta enquanto ponto 42
linguagem em ereção: o sexo da poesia de cruz e sousa 50
significado do símbolo 57
o símbolo no brasil 61
cruz e sousa e sua orquestra 63
cruzamentos 69
ah! vida! vida! vida! incendiada tragédia (meu filho) 75
para achar cruz e sousa 76
trajetória 77

bashô — a lágrima do peixe [1983] 79
haru (primavera) 87
nátsu (verão) 101
áki (outono) 115
fuyú (inverno) 125
diógenes e o zen 130
posfácio 148
tempo de bashô 151
indicações de leitura 153

jesus a.c. [1984] 155
carta de intenções 159
o profeta em sua terra 160
nem só de pão 161
a voz gritando no deserto 166
capítulo 0, versículo 1 179
a escritura crística 192
quanto custa jesus 203
jesus macho e fêmea 207
jesus jacobino 216
o que foi feito de jesus 222
parabolário 226
sobre jesus 238
naquele tempo 239

trótski — a paixão segundo a revolução [1986] 241

enquanto os mongóis não vêm 245

aliócha 248

ivan 257

dmitri 263

a faísca 272

ensaio geral 281

a grande guerra 291

outubro 296

o poder 303

a paz e a guerra civil 311

stálin 324

o fim? 339

trótski e a guerra 347

trótski e a cultura 354

apêndices 376

bibliografia e crítica da bibliografia 385

obra trotskiana 387

créditos das imagens 389

Outros escrevam biografias
passo a passo e dia a dia
como se exumando o passado
renascessem os biografados
seguidos de extensa bibliografia

Estas, não: são vidas recuperadas
por golpes fundos e agudos
sem intenção de mostrar tudo,
só querendo, no fim das facetas,
revelar vidas lapidadas
pela visão de um poeta

Domingos Pellegrini
Londrina, 30 de julho de 2013

Com os três livros que publiquei, *Cruz e Sousa*, *Bashô*, *Jesus* e o que agora estou escrevendo sobre Trótski, quero fazer um ciclo de biografias que, um dia, pretendo publicar num só volume, chamado *Vida*. São quatro modos de como a vida pode se manifestar: a vida de um grande poeta negro de Santa Catarina, simbolista, que se chamou Cruz e Sousa; Bashô, um japonês que abandonou a classe samurai para se dedicar apenas à poesia e é considerado o pai do haikai; Jesus, profeta judeu que propôs uma mensagem que está viva dois mil anos depois; Trótski, o político, o militar, o ideólogo, que ao lado de Lênin realizou a grande Revolução Russa, a maior de todas as revoluções, porque transformou profundamente a sociedade dos homens. Transformou de tal maneira que a sociedade hoje está dividida em dois blocos: o ocidental e o oriental. A vida se manifesta, de repente, sob a forma de Trótski, ou de Bashô, ou de Cruz e Sousa, ou de Jesus. Quero homenagear a grandeza da vida em todos esses momentos.

Depoimento de 24 de junho de 1985, encontrado entre os
escritos esparsos de Paulo Leminski.

sobrevida[*]
Alice Ruiz S

Este *Vida* é, antes de qualquer coisa, um espelho, um parâmetro de outra vida. Não foi por acaso que o autor escolheu esses quatro nomes para biografar. Mas foi provavelmente o acaso, também conhecido como destino, que colocou esses quatro exemplos de radicalidade na vida de Paulo Leminski. São eles que nos clareiam a visão da trajetória do poeta. Ou, pelo menos, da trajetória de seus sonhos.

Guias de luz e de luta, esses heróis nos fazem lembrar de nossos próprios heróis, aqueles lá no fundo da memória, que, de alguma forma, determinam e orientam nossos sonhos. Se esses sonhos se realizam ou não, só o ponto final pode dizer. E o tempo, depois do ponto final.

Um dos sonhos de Paulo Leminski se realizou neste volume, que, publicado originalmente pela editora Sulina em 1990, reúne as biografias de seus modelos principais, lançadas separadamente pela Brasiliense ao longo da década de 1980. São poetas, santos, mestres e revolucionários, que representam quatro aspectos de uma mesma vida. Um holograma completo em cada uma de suas partes.

"Você, eu sou Cruz e Sousa." Assim termina o livro que começa esta série. Um brinde à inquietude desse Cruz e Sousa, poeta negro e de cultura acima da média entre os poetas de sua época. O "acrobata da dor" que nos "transcendentaliza" deu brilho próprio ao simbolismo no Brasil. O simbolismo passou, mas o pôr do sol lilás, na Curitiba esotérica, conserva seus reflexos, deixando

---

[*] Texto de apresentação à primeira edição de *Vida*, atualizado pela autora para a presente edição.

marcas na poesia de seus filhos mais sensíveis. Como Paulo Leminski, também um pouco negro, também excessivamente culto, tão culto que teve raríssimos e esparsos interlocutores, e sofreu daquela dolorosa solidão para a qual não existe anestésico, a não ser, talvez, a transcendentalização. Em comum, também, a poesia como ideia fixa, apesar e por causa da marginalidade.

Semelhante marginalidade norteou o mestre Bashô em suas *Sendas de Ôku*. Viagem como vida, vida como viagem. A mochila na mão e o próximo haikai na cabeça. Seu grande projeto zen: transformar a vida em arte. A fórmula: fazer de sua vida o único alimento dessa arte. Ex-samurai (um tipo muito especial de militar), Bashô optou pela estrada da poesia na metade da vida, e caminhou a segunda metade com o desapego, o desprendimento, a interiorização e a concretude de um monge zen. Esse pai do haikai, que se recusava a dar aulas de poesia, deixava em cada verso e em cada gesto um ensinamento. Porque é assim que o zen é. Realiza-se e transmite-se através da prática.

Paulo Leminski era filho de militar e largou o sonho de seguir as pegadas do pai para seguir as pegadas da poesia. Nipônico de coração, mergulhou fundo nessa cultura e foi como poeta que mereceu o codinome de samurai, usado tanto por Haroldo de Campos quanto por Leyla Perrone-Moisés. Samurai da poesia, não deixou escapar um dia sem que escrevesse, pelo menos, uma linha. Embora entendesse que, às vezes, "nem o zen salva". Assim, foi zen e monge, a seu modo. Salvando, de forma atravessada, o conceito de santidade contido em vidas que foram conduzidas, de forma excessiva, em direção à luz.

Como a vida de Jesus, que Paulo demonstrou ser contemporâneo, moderno, atual. Esse herói máximo do cristianismo foi revisitado aqui, também como poeta. Foi o jeito que o autor, ex-seminarista, quase monge beneditino, mas sempre católico, profundo conhecedor de grego e latim, encontrou para, como ele mesmo dizia, registrar sua perplexidade diante da riqueza do símbolo de Jesus. Um símbolo mais explicitamente revolucionário que o dos outros biografados, que enfatiza a necessidade de ruptura como o "sentido" que Paulo escolheu para si mesmo.

Talvez por isso, Trótski encerre essa tetralogia que, mesmo parecendo assistemática à primeira vista, traduz uma lógica coesa, inovadora e extremamente poética, como foi a do autor. Trótski serve de pretexto para que Paulo coloque sua visão, sua leitura pessoal sobre a Revolução Russa e sobre a própria ideia de revolução. Mas por que Trótski e não qualquer outro mais afortunado? Seria por sua fecunda habilidade com as palavras, por ser ele o mais intelectual de todos, por seu afastamento do poder, por sua participação na revolução? A soma de tudo isso e algo mais fez com que, apesar de anarquista, o eslavo Leminski escolhesse Trótski. Além da afinidade com o pensamento político e da profunda reflexão ideológica contida nesse trabalho, que Paulo considerava a chave de ouro para sua série de biografias, havia algo mais que o identificava com Trótski: o sentimento do exílio. Trótski exilado da terra pela qual lutou é Moisés impedido de entrar na terra prometida que ele ajudou a encontrar.

Paulo Leminski, a quem não interessava nada que não contivesse ideias e poesia, viveu nessa vida como um exilado. Como alguém que está fora do seu verdadeiro habitat. E precisa reinventar, através de signos, símbolos, sonhos e palavras, um simulacro mais próximo de seu conceito de vida. A poesia é como uma testemunha desse estranhamento.

Mas havia uma empatia mais emocional com Trótski. Nossa filha caçula, Estrela, teria o nome de Leon (o verdadeiro nome de Trótski), escolhido pelo Paulo, se tivesse nascido menino. Mas ela mesma foi mãe de um menino e lhe deu o nome de Leon. Aqui se abre o inevitável parêntese para a nossa vida, embora algumas impressões colhidas ao vivo neste longo cotidiano já estejam contidas nas entrelinhas.

Vivemos juntos o sonho político representado por Trótski. Sonhamos e experimentamos juntos a revolução de valores da contracultura e, acima de tudo, amamos a poesia. Jesus foi a estrela guia e máxima dos valores de nossa geração. Bashô, além de mestre na poesia da qual fomos discípulos, deve ter sido o primeiro hippie da história. Quanto ao homem do Sul e poeta como nós, o sofrido Cruz e Sousa, tivemos em comum a vivência do simbolismo, entranhado em nossa história.

Esses mortos precoces, dois por assassinato e dois por precariedade, foram seus heróis por excelência (entre outros que ele traduziu, como Joyce, Lennon, Petrônio, Jarry, Becket, Mishima). Não sei se seriam exatamente os meus, mesmo porque essa é uma tradição entre os meninos. Em nossa infância, as histórias e os gibis não traziam heroínas, só heróis, que faziam os meninos sonharem com seus grandes feitos futuros. Heróis que eram substituídos ou abandonados quando os meninos efetivamente cresciam, mas determinavam o brilho ou a mediocridade de seus destinos.

Às meninas restava inventar suas próprias heroínas ou, quem sabe, sonhar encontrar um homem que encarnasse as qualidades deste ou daquele personagem. No imaginário de minha infância, não consigo lembrar-me de nenhum herói que tivesse tanta poesia, tanta radicalidade, tanto amor, tanto humor e, principalmente, tanta generosidade intelectual como esse Paulo Leminski, que encontrei um dia e com quem compartilhei vinte anos.

Agora, relendo essas biografias, eu o reencontro, inteiro, em cada linha. Agora, mais de vinte anos se passaram desde que o exílio involuntário de Paulo Leminski acabou. Mas ele soube, a exemplo de seus biografados, sobreviver à sua própria vida.

Vida é uma prova viva disso.

cruz e sousa
o negro branco

[1983]

ao lado negro, do lado da minha mãe

*para Gilberto Gil, pai de santo, guru, sensei, mestre
zen, brilho do Terceiro Mundo, mimo de todos os orixás*

para Cassiana Lacerda, pelo amor ao símbolo

"O setor de pessoal da estrada de ferro Central do Brasil vem, por meio desta, denunciar à Diretoria desta Empresa, que foi encontrado em poder de João da Cruz e Sousa, negro, natural de Sta. Catarina, funcionário desta Empresa, na função de arquivista, um poema de sua lavra, com o seguinte teor:

Tu és o louco da imortal loucura.
O louco da loucura mais suprema,
A terra é sempre a tua negra algema,
Prende-te nela a extrema Desventura.

Mas essa mesma algema de amargura,
Mas essa mesma Desventura extrema
Faz que tu'alma suplicando gema
E rebente em estrelas de ternura.

Tu és o Poeta, o grande Assinalado
Que povoas o mundo despovoado,
De belezas eternas, pouco a pouco.

Na Natureza prodigiosa e rica
Toda a audácia dos nervos justifica
Os teus espasmos imortais de louco!

Pede-se providências."

Este livro é uma providência.

cruz e sousa's blues

kilima muzuri mbali
karibu kinamayuto
— bela de longe a montanha,
por que tão dura a escalada?
PROVÉRBIO BANTU

Tem poetas que interessam mais pela obra, artistas cuja peripécia pessoal se reduz a um trivial variado, sem maiores sismos dignos de nota, heróis de guerras e batalhas interiores, invisíveis a olho nu. Tem outros, porém, cuja vida é, por si só, *um signo*.

O desenho de sua vida constitui, de certa forma, um poema. Por sua singularidade. Originalidade. Surpresa. Um Camões. Um Rimbaud. Um Ezra Pound. Um Maiakóvski. Um Oswald de Andrade.

Cada vida é regida pelo astro de uma figura de retórica. Certas vidas são hiperbólicas. Há vidas-pleonasmo. Elipses. Sarcasmos. Anacolutos. Paráfrases.

A figura de retórica mais adequada para a vida de Cruz e Sousa é o oximoro, a figura da *ironia*, que diz uma coisa dizendo o contrário.

Que outra figura calharia a este negro retinto, filho de escravos do Brasil imperial, mas nutrido de toda a mais aguda cultura internacional de sua época, lida no original? Quais formas exprimiriam a radicalidade com que Cruz e Sousa assumiu a via poética, como destino de sofrimento e carência a transformar em beleza e significado?

Na poesia, na realização enquanto *texto*, Cruz e Sousa superou o dilaceramento provocado pelos antagonismos de ser negro no Brasil (mão de obra) e dispor do mais sofisticado repertório branco de sua época (o "Espírito").

Não deixa de haver muito mistério no fenômeno de serem negros, oriundos da raça mão de obra, o maior prosador da literatura brasileira, Machado de Assis, e, sob certos aspectos, nosso mais fundo e intenso poeta.

Mas "na arte, não há segredos, só mistérios", disse Gilberto Gil, esse outro grande negro do país que deu Pelé.

Iorubá? Malê? Mandinga? Ewe? De qual nação africana descendia o poeta que retroviu uma "Eternidade retrospectiva"?

Eu me recordo de já ter vivido,
Mudo e só por olímpicas esferas,
Onde era tudo velhas primaveras
E tudo um vago aroma indefinido.

Fundas regiões do Pranto e do Gemido,
Onde as almas mais graves, mais austeras
Erravam como trêmulas quimeras
Num sentimento estranho e comovido.

As estrelas longínquas e veladas
Recordavam vïoláceas madrugadas,
Um clarão muito leve de saudade.

Eu me recordo d'imaginativos
Luares liriais, contemplativos
Por onde eu já vivi na Eternidade!

Fosse um negro norte-americano, Cruz e Sousa tinha inventado o blues. Brasileiro, só lhe restou o verso, o soneto e a literatura para construir a expressão da sua pena.

blues & sousa

vou botar minha cabeça
em alguma linha solitária
da estrada de ferro
tomara que o trem das duas e dezenove
acalme minha mente
"BLUES DA ESTRADA DE FERRO"

what to be, got to be
BOB MARLEY, "ROOTS, ROCK, REGGAE"

É triste. Mas os sentimentos são históricos.

Vê lá se o amor romântico homem-mulher, tal como o Ocidente o concebe, o idílio namoro-paixão, não é uma invenção dos poetas trovadores da Provença medieval, flor das cortes condais e baronais do sul da França. Sentimentos são padrões. Podem entrar na moda. E marcar épocas, momentos e circunstâncias históricas.

Por isso, sentimentos podem ter um nome.

Quero falar de quatro sentimentos, quatro feelings, historicamente datados e localizados. *Sabishisa*. *Spleen*. "Banzo". E blues.

A experiência sino-japonesa do zen consistia (consiste) na obtenção de um "estado". Um status espiritual?

Entre os componentes desse estado zen, os entendidos costumam incluir um feeling de *sabishisa*. *Sabishi*, em japonês, quer dizer, mais ou menos, "tristeza". *Sabishisa* é tristeza. Essa "tristeza" é uma condição de abatimento emocional diante das coisas e do fluxo dos eventos: a tristeza de quem sabe que as coisas passam, nada dura, tudo é fluxo, metamorfose e impermanência, heraclitiano fundamento do budismo em geral.

Sabishisa, para os poetas japoneses de haikai, é uma condição para a produção do haikai.

É o equivalente, no haikai, ao conceito de *Mu* (= "não"), no zen, "um estado de absoluta pobreza espiritual, no qual, não tendo nada, somos donos de tudo" (Blyth).

Sabishisa é, também, um estado de interpenetração com todas as outras coisas. *Uki-ga*, "o eu flutuante", essa a sensação mais constante do pai do haikai japonês, Bashô, o seu "estado comum de tristeza solitária".

Essa *sabishisa* não é incompatível com o júbilo, a alegria profunda, o prazer de viver e o amor pelos outros: é uma "qualidade" budista, que perpassa todas as vivências. E lhes dá uma cor própria.

Spleen, em inglês, é outra dessas palavras que designam sentimentos próprios de uma época.

Significando, anatomicamente, "baço", *spleen* era indisposição, indefinível sentimento de tédio diante da vida, explicável à luz da medicina de Hipócrates, que atribuía o mau humor a uma disfunção do baço.

No século XIX, durante a vigência do romantismo, por influência de Byron e outros românticos ingleses, o *spleen* se espraiou por toda a Europa.

O francês Baudelaire, um dos pais do simbolismo, sentia muito *spleen*. Versos são muito contagiosos. Assim, o brasileiro Álvares de Azevedo também viveu muito "*spleenético*", em sua curta vida, depois que leu Byron.

Ter *spleen* era uma moda, no século passado (o próprio Cruz fala em *spleen*).

No fundo, o *spleen* não era mais que o subproduto do ócio das classes dominantes, que dispunham de todo o seu tempo, para não ter nada que fazer, no compacto tempo útil da civilização industrial que, então, começava. Restos desse *spleen* se espalham sobre a náusea de Sartre e a *noia* do cineasta Antonioni, que a explorou, *ad nauseam*, em *L'avventura*, *La notte* e *L'eclisse*, os clássicos cinematográficos desse feeling.

A inutilidade social e produtiva das classes dominantes encontrou sua tradução na in-utilidade do trabalho dos artistas: Proust e outros, que morreram de *spleen*.

Bem outro foi o caso do banzo, sentimento historicamente situado dos negros brasileiros, submetidos ao estatuto da escravidão.

Quando um negro "banzava", ele parava de trabalhar, nenhuma tortura chicote ferro em brasa o fazia se mover. Ele ficava ali, sentado, "banzando", "banzando". Vinha o desejo de comer terra. E, comendo terra, voltar para a África, através da morte. Um negro com banzo era uma peça perdida.

Parece que "banzar" é uma versão africana do verbo português "pensar". "Pensar", para o negro afro-brasileiro, era "banzar"; ficar triste, triste de morrer. Uma tristeza que era a mesma coisa que se matar.

Em que se distingue esse sentimento daquilo que se entende por blues? Porque blues, antes de ser um gênero musical, é um modo de sentir do negro norte-americano. Ou americano?

Quando alguém passa a noite inteira sem poder dormir, que é que aconteceu? Tá com blues. Vamos que você tenha mãe, pai, irmão, irmã e namorada. Nenhum deles lhe fez nada. No entanto, você não quer falar com eles. O que é que acontece? Você tá com blues. Negros sempre estão com blues.

(um negro norte-americano.)

Será que blues quer dizer "bronca"? "Mágoa"? "Estranheza"? O fato é que o blues (sentimento) produziu uma das modalidades musicais mais poderosas deste século. Basta dizer que todo o rock and roll deriva, diretamente, de blues e suas variantes (*rhythm-and-blues* etc.), traduzidas para um repertório branco e comercializadas (Elvis Presley, Beatles, Rolling Stones).

Musicalmente, tudo resultou de um cruzamento entre a musicalidade natural do negro e o contato com a parafernália instrumental branca.

O próprio jazz resultou da oportunidade que os negros tiveram de conseguir e usar, à sua maneira, os instrumentos de origem europeia. Isso se deu, de modo especial, em New Orleans, nos Estados Unidos, ponte de conjunção de várias culturas, francesa, anglo-saxã-africana.

Isso que se entende como blues, gênero musical, não tem data de nascimento: parece se confundir com a própria expressão do sentimento do primeiro negro trazido para a América como escravo.

Quem saberia ouvi-la nos spirituals, os cantos corais das igrejas batistas, anabatistas e presbiterianas da Nova Inglaterra? Ou nas *work-songs*, canções de trabalho dos negros submetidos à alvamente irônica monocultura do algodão no sul dos Estados Unidos? Ou nos *shouts*, dos negros loucos berradores, em cabanas à beira do Mississippi, esperando passar o próximo barco, cassino de rodas a vapor, *shouting* entre sapos, lagartos e outros seres estranhos do pantanal?

Tem blues nas canções anônimas da anômala fauna de New Orleans, putas, seus gigolôs, drogados, ex-penitenciários, homossexuais, crupiês, marginais, mais que isso, *negros* marginais, destinos cortados, restos de vida, párias do mundo.

"Big" Bill Broonzy. Lead-Belly. T-Bone Walker.

As grandes damas: Bessie Smith (atropelada, em pleno delirium tremens de gim, não foi socorrida no hospital a que foi levada porque era negra). E essa suprema Billie Holliday, "Lady Day", que soube tirar tudo que o som tem de dor.

Que céu, que inferno, que profundo inferno,
que outros, que azuis, que lágrimas, que risos,
quanto magoado sentimento eterno
nesses ritmos trêmulos e indecisos...
CRUZ E SOUSA, "VIOLÕES QUE CHORAM"

Uma das palavras favoritas de Mallarmé, um dos pais do simbolismo, era "azul", "*l'azur*". "*Blue*", azul. *Blues*, uma música azul, chamada tristeza.

Detalhe da página 7 da revista simbolista *Pallium*, programada e editada em Curitiba, em 1898. Na página 7, a revista estampa o poema "O sapo!", de Antonio Austregésilo. Nela, o programador visual da página (quem era ele?) produz esta ideia genial de um figurativo sapo que emite, à direita do poema, uma língua-fio, que vai terminar em uma flor capturando o número 7. E criando um trocadilho visual-verbal: in-SETO, in-SETE. O inseto que o sapo apanha é o número 7, cabalístico para os simbolistas, ávidos de mistérios, que os levassem além do mundo das palavras, para um mundo de cores, sons e números. Nem precisa dizer que este detalhe é o melhor poema da página. O retórico soneto ao lado envelhece e empalidece diante de tão moderna malícia visual.

miséria, roupa de cetim

A refavela
Batuque puro
De samba duro de marfim
Marfim da costa
De uma Nigéria
Miséria, roupa de cetim
GILBERTO GIL, "REFAVELA"

Nossa Senhora do Desterro, capital da província de Santa Catarina, era, no século passado, um desses burgos que os lusos e sua prole pingaram, aqui e ali, no litoral brasileiro, uma matriz cercada de casas acanhadas por todos os lados, à sombra da imagem da padroeira, pequeno comércio, pequenos ofícios, vida pequena, vegetando na calmaria que desviou as naus de Cabral.

Eu brasileiro confesso
minha culpa meu pecado
Meu sonho de cada dia
Tropical melancolia
Negra solidão
TORQUATO NETO, "MARGINÁLIA II"

Por caprichosa ironia onomástica, o fado do poeta já estava inscrito em seu nome e no da cidade onde nasceu: Cruz, Desterro.

Filho do escravo Guilherme da Cruz, mestre-pedreiro, e de Carolina Eva da Conceição, ex-escrava, João da Cruz nasceu, sob Sagitário, em 24 de novembro de 1861, escravo, pelas leis do Império.

Futuro que o esperava: ser pedreiro como o pai, carregador, estivador, carpinteiro, vendedor ambulante, como os de sua raça e condição social.

[28]

E, então, aconteceu a anomalia.

O proprietário de seu pai, o marechal de campo Guilherme Xavier de Sousa e sua digníssima esposa, d. Clarinda Fagundes Xavier de Sousa, a quem Deus não dera filhos, tomaram-se de amores paternais e maternais pelo menino, de sangue africano, sem mistura.

O marechal tinha se distinguido por feitos guerreiros no Paraguai e era, lusitanamente, senhor de vasta chácara, no antigo largo da Maçonaria, em Desterro, da qual era um dos mais destacados cidadãos.

Na casa do marechal, o pequeno João aprendeu a ler e a escrever, com a própria d. Clarinda (olha o preconceito de cor, no nome tão claro).

E aí, entre rendas e porcelanas, começou uma vida dupla, raiz de sua tragédia pessoal: futura fonte da voltagem maior da sua poesia.

Imaginem um negrinho da senzala criado com todos os desvelos e sofisticações da casa-grande. Esse foi Cruz e Sousa.

Anomalia sociocultural no Brasil escravocrata do Segundo Império, exceção, desvio, aí temos a matéria-prima para um poeta. Afinal, que é poesia senão discurso-desvio, mensagem-surpresa, que, essencialmente, contraria os trâmites legais da expressão, numa dada sociedade?

O filho de Guilherme (escravo) era, agora, o filho de Guilherme (o marechal do Império). Na confusão dos nomes, entre o pai verdadeiro e o adotivo, muito mistério. A paternidade de João da Cruz fundia-se numa homonímia verbal, irônica em relação ao contexto sociocultural. O pai-escravo e o pai-senhor chamam-se pelo mesmo nome.

Esta figura, em retórica, se chama *antanáclase*: consiste em dar à mesma palavra um sentido diferente (tipo: "o coração tem razões que a própria razão desconhece"; aqui, "razões" e "razão" têm sentidos distintos). As figuras do conflito, do estraçalhamento e da contradição vão perseguir a vida do poeta. E — naturalmente — determinar o curso da sua poesia.

O poeta assimilou sua contradição social, étnica e cultural, em nível onomástico, incorporando ao nome negro de João da Cruz o Sousa dos senhores. Cruz. E Sousa. Cruz. Mas Sousa. O nome como marca a fogo de propriedade, uso luso, aliás, os escravos adotando, no Brasil, o apelido dos seus proprietários.

Destino idêntico contemplou-se esse Edgar Allan Poe, precursor do símbolo, que Cruz e Sousa tanto admirava.

Filho de atores pobres, Edgar Poe foi adotado por um gentleman do sul, de nome Allan, que Poe incorporou, mas separava, na assinatura do seu nome, como uma excrescência, delatando em plano gráfico-icônico seu hibridismo social, coisa que Mallarmé, com olhar icônico e atento às formas, viu muito bem.

Em apêndice à edição das traduções de poemas de Poe, Mallarmé reproduz a rubrica de Poe:

com este comentário agudíssimo:

Estas duas palavras célebres ligadas por traço significativo, pela mão do poeta, conservam a inicial parasita da outra palavra: Allan. Assim se chamava (é sabido) o gentleman que adotou o rebento de um casal romanesco e famélico de atores de teatro, exibiu numa atmosfera de luxo esta infância que desenvolvia a precocidade; depois, instrumento primeiro de um destino espantoso, jogou na vida, nu, com sonhos, impotente para se debater contra um destino novo, o jovem que iria se tornar Edgar Poe e pagar magnificamente sua dívida, levando à imortalidade, unido ao seu, o nome de um protetor: ora, o futuro se recusa a fazê-lo.
Mallarmé, *Les Poèmes d'Edgar Poe* [Paris: Gallimard, 1928; 1961].

No festivo dia do retorno do marechal, ferido e condecorado na Guerra do Paraguai, João da Cruz, com oito anos, declama versos de boas-vindas, de sua própria lavra.

lehrjahren

No tempo que preto não entrava no Baiano
Nem pela porta da cozinha
GILBERTO GIL, "TRADIÇÃO"

Atravessaste no silêncio escuro
A vida presa a trágicos deveres
E chegaste ao saber de altos saberes
Guardando-te mais simples e mais puro
CRUZ, "VIDA OBSCURA"

Tem artistas que, plantas com pressa, chegam logo à perfeição, produzindo cedo seus melhores frutos. Gente como Rimbaud, revolucionando a poesia francesa e mundial, com obras-primas feitas entre os quinze e os dezoito anos de idade. Ou como os tantos românticos, da Europa e daqui, que deram o melhor em verdes anos.

Do outro lado, tem aqueles cuja arte é fruto de longo amadurecimento, crescentemente aprofundado e alargado.

O patrono internacional desta estirpe poderia ser Bashô, o grande haikaisista, talvez o maior poeta do Japão. Conforme R. H. Blyth, especialista no assunto, relata no seu *Haiku*,

Bashô não era um grande gênio poético de nascença. Durante os primeiros quarenta anos de sua vida, não produziu nenhum poema que pudesse ser chamado de notável, ou mesmo bom. Bashô abriu caminho até os mais íntimos domínios da poesia por puro esforço e estudo, estudo aqui não querendo significar o mero aprendizado, mas a concentração no haikai do sentido espiritual da cultura que ele herdara.
[Reginald Horace Blyth, *Haiku: In Four Volumes*. Tóquio: Hokuseido Press, 1950.]

No Brasil, o ilustre equivalente é Machado de Assis, que deixou para a idade madura suas obras-primas, nada tendo produzido de espetacular na juventude.

Cruz tinha nascido poeta. Mesmo em suas produções mais verdes, mesmo as mais banais, desponta sempre um pensamento, uma rima, um verso, um jogo de palavras, denunciando o poeta de raça.

Mas sua produção áurea não foi precoce. Foi o resultado de uma assimilação dos recursos poéticos da sua época, sob a pressão cada vez maior da substância e a dinâmica de uma vida dolorosa e problemática.

A assimilação do saber letrado e branco, por Cruz, seguiu o roteiro trivial: primeiras letras com a comadre da esquina, seguidas pelo ingresso em colégio dirigido por padre, o Ateneu Provincial, de Desterro, do padre Mendes Leite de Almeida, a única escola secundária de Santa Catarina.

Neste, o protegido do marechal eclipsou todos os colegas brancos, em vivacidade e rapidez de aprendizado. Caligrafia, latim, aritmética, gramática, história, geografia, história sagrada, ciências naturais, inglês e francês, o currículo branco do negro Cruz, no Ateneu.

Foi no Ateneu que os olhos azuis da ciência ariana caíram sobre o negro superior. Eram os olhos de Fritz Müller, professor de ciências naturais e matemática. Colaborador de Darwin e amigo de Haeckel, Fritz Müller foi dos primeiros cientistas alemães a apoiar o evolucionismo de Darwin. Pesquisas sobre espécies animais o atraíram ao Brasil e a Santa Catarina. Lecionando no Ateneu, logo se impressionou com a inteligência do jovem negro, que viria a ser seu "discípulo amado".

Entre as cartas que Müller escreveu para a Europa, consta uma na qual se refere a um brilhante aluno negro que, segundo ele, desmentia as teorias racistas correntes, que proclamavam a inferioridade intelectual da raça negra.

No século XIX, a burguesia europeia branca promoveu, talvez, o maior boom científico que a humanidade já vira, alçando a "Razão" burguesa e branca à condição de Razão Absoluta. Fora da

Europa, na Ásia, na África e na América Latina, essa hegemonia da "Razão" branca se traduziu em imperialismo militar, político, econômico e industrial, respaldado na inegável superioridade tecnológica das nações mais avançadas do Velho Mundo, Inglaterra, França, Alemanha.

Tudo isso favoreceu o florescimento de teorias racistas, tendentes a afirmar a superioridade natural da raça branca sobre as demais, desvalorizando o negro, o amarelo, o índio e as raças mestiças.

Essas teorias fizeram fortuna até no Brasil, constituindo o pano de fundo ideológico de *Os sertões*, de Euclides da Cunha, por exemplo, carregado de pessimismo quanto aos destinos de um povo mestiço.

sem(zala)

Do corpo embalsamado
preservado em bálsamo sagrado
corpo eterno e nobre
de um rei nagô
xangô
GIL, "BABÁ ALAPALÁ"

O Brasil, qualquer transeunte sabe, foi descoberto por Cabral e fundado pela violência. Violência física e espiritual do branco adventício e invasor sobre o índio nativo e o negro sequestrado na África e escravizado. Conquista e catequese ou catequese e conquista.

Do índio, o massacre foi completo.

Já com o negro é outra história. O africano conseguiu preservar suas formas culturais, em corpo e alma, da lavagem cerebral exercida por missionários e pregadores. Nisso, o negro deu um banho de plasticidade, demonstrando uma esperteza que os índios nunca tiveram ou conseguiram ter.

Basta ver como os africanos de nação gege-nagô, falantes do iorubá, mantiveram vivos seus orixás, num genial gesto quilombola de defesa e resistência, traduzindo-os e disfarçando-os sob as aparências legais dos santos católicos do hagiológio romano.

Mãe Stella, ialorixá (= mãe de santo) do Axé Opô Afonjá, um dos mais tradicionais terreiros de Salvador, sob a invocação de Xangô, não acredita em sincretismo:

— Essa mistura de santos católicos com orixás foi só um disfarce usado na época da escravidão. Hoje, não precisa mais dizer Nossa Senhora da Conceição para significar Oxum. A gente diz Oxum, Oxalá, Xangô mesmo.

Com Mãe Stella, gravador ligado, um rapaz de barba que venho a saber é etnomusicólogo norte-americano, professor numa Universidade de Nova York, há dez anos estudando a música de Xangô. Viveu e pesquisou vários anos na Nigéria, terra de origem da cultura negra gege-nagô. Fala iorubá. Reclama da classe-medianização de Salvador e do turismo que ameaça, com sua frivolidade, a pureza dos cultos populares. Observo-lhe que foram os americanos que inventaram o turismo... Não se zanga, está exultante com o Axé Opô Afonjá, vasto terreiro que parece uma fazenda, no bairro de S. Gonçalo, onde o culto e as músicas do Xangô se preservam com pureza muito maior do que na própria Nigéria. Lá, o *brazilianist* esteve na própria cidade de Oió, antiga capital do reino Iorubá, próspero e forte no século XVI, cidade donde é originário o orixá Xangô (que teria sido um soberano do Oió). Em Oió, o culto de Xangô já está deturpado com modernizações, quase reduzido a folclore para turistas. Na Axé Opô Afonjá, o norte-americano descobriu algo que, para ele, deve ser um fóssil vivo, um celacanto, elo perdido do torvelinho das transformações.

Aqui, no amplo espaço sagrado do Axé Opô Afonjá, com suas cores, branco e vermelho (as de Xangô), sua frondosa gameleira branca (o orixá Roku, o Tempo, invocado por Caetano em sua "Oração ao tempo"), aqui está o segredo da sobrevivência da cultura negra, da alma negra, raiz de toda a criatividade baiana. Os missionários se foram (hoje, a Igreja católica já está até abandonando o conceito de catequese dos povos não cristãos). A polícia não persegue mais os candomblés, como fazia até bem pouco. O Axé Opô Afonjá prossegue sua obra de civilização, irradiando os mitos e valores das classes mais baixas da população negra do Recôncavo Baiano, mitos e valores de uma cultura antiquíssima e requintada, de beleza e sabedoria incomparáveis.

Em toda a área da América onde foi disseminada no período de acumulação primitiva do capitalismo, a cultura negra resistiu. Nos Estados Unidos, essa resistência foi quebrada pela pressão da cultura dos senhores brancos. O protestantismo, com seu Deus remoto, sua nula liturgia, sua eliminação de intermediários (santos), uma religião despojada, antissensorial, quase abstrata, não permitiu aos negros americanos o emprego da estratégia de sincretismo que seus irmãos usaram no Brasil, golpe de mestre na capoeira cultural.

Só a música negra conseguiu sobreviver nos Estados Unidos, com um vigor extraordinário, influenciando toda a música popular moderna. Os deuses e a dança, essência das festas aos deuses, desapareceram, substituídos pela ascética e asséptica divindade cultuada em concisas igrejas batistas, por negros de terno e gravata.

No jornal, uma entrevista recente com o maior teatrólogo da Nigéria, um intelectual de esquerda:

— Os brancos nos trouxeram coisas de valor. Como o seu pensamento científico e filosófico, incluindo o marxismo. Mas o preço que temos que pagar é alto demais. O ateísmo é a morte dos deuses. Com a morte dos deuses, vem a morte das danças, que são para os deuses. Com a morte da dança, vem a morte da música, que acompanha as danças. Ao adotarmos filosofia ateia, estaremos matando toda a árvore da nossa cultura. Um marxismo, para nós, não pode nem deve negar nossas crenças. Porque estaria negando a nós mesmos.

Na Bahia, os cultos africanos já passaram por seu período de catacumbas. E os orixás circulam livremente, entre as pessoas, como outrora, Oxóssi, rei de Ketu, Xangô, rei de Oió ou Oxalá, rei do Ifo. Eles estão presentes no corpo da gente do povo baiano, sob a forma de colares portando as cores do orixá, cores que podem estar nas roupas, usadas no dia do santo-orixá. E, sobretudo, nas ruidosas festas religiosas, as festas de Largo, onde o povo baiano cultua seus antigos deuses, sob as aparências do ritual católico.

Essa fonte de vida, na presença da África, foi negada a Cruz, negro em terra onde o africano era pouco e, portanto, não podia se afirmar culturalmente, como no norte.

Cruz e Sousa não viu os orixás se movendo em torno. Nem os exus, nas encruzilhadas.

No palácio do seu corpo, o fantasma de uma alma branca.

da senzala ao balcão

Fazer um gol nessa partida
não é fácil meu irmão
GIL, "MEIO DE CAMPO"

Alguma controvérsia quanto à primeira ocupação profissional de Cruz. Alguns o querem professor particular ou titular de alguma cadeira no próprio Ateneu Provincial.

Um testemunho muito chegado vai surpreendê-lo, em 1881, com vinte anos, na condição de caixeiro-cobrador e balconista na casa comercial do Camilo, revendedor do charque uruguaio, no mercado de Desterro. O testemunho (Araújo Figueiredo) retrata o poeta em sua vistosa indumentária: terno justo, cor clara, salpicos azuis e amarelos, tudo coroado por berrante rosa na lapela, a bengala de junco dependurada no braço esquerdo.

Cruz sempre foi notado como dândi, fantasista e caprichoso em suas roupas, africanamente escandalosas, dentro dos padrões da vestuária europeia e branca do século xix.

Quando Araújo Figueiredo o flagra, caixeiro e dândi, Cruz irradia otimismo e bom humor. Como poeta, tem fácil curso em jornais locais e recitais públicos. Seu futuro imediato afigura-se um triunfo. A seguir, as reações do meio àquele negro que começava num passo tão bom.

Seus poemas começam a ser objeto de críticas de aberto racismo: em algumas, Cruz chega a ser chamado de "negrinho mau rimador".

Paralelamente à hostilidade que seu talento levanta, em volta de Cruz, começa a crescer algo que acompanhará o poeta, toda a vida: o círculo de amizades e admirações, que, no final, chega até à idolatria (Nestor Vítor acendia velas, diante do retrato de Cruz, depois da morte deste):

a cruz e sousa

Não gemem na minh'alma árias langues de morte,
Antes vibram clarins e há alvorotos de guerra;
Somente, um tal tremor faz-me vibrar tão forte
Que eu sou, todo, um soluço a ansiar sobre a Terra!

Não! os que, como tu, morrem sacramentados
Com a Extrema-Unção da glória, e andaram, impolutos,
No casulo do Sonho, esperando, calados,
A Vida após a Morte, a Pompa Real nos Lutos,

Não nos fazem pensar na frialdade ao peito
De uma laje medonha, ao caírem exaustos:
Vê-se neles o gesto augusto de um Eleito...
Ouvem-se hosanas no ar, abrem-se céus em faustos!

Lembra! quando, em redor, tudo, tudo aluía,
O Mundo e as Almas, ante um ocaso tremendo.
Se no roxo calar da Tarde se entreouvia
O cataclismo vir, como um louco gemendo;

Lembra que éramos dois a sorrir serenados,
Vendo a Morte chegar como chega uma irmã;
Aos seus braços de múmia até o mundo alongados
Ficávamos a olhar sem covardia vã.

Fui eu, talvez, fui eu quem te levou para ela,
De outro modo de ser a volúpia te dando,
Quando, como uma vela acompanha outra vela,
Nossas almas na Terra iam peregrinando.

A Cidade a agitar-se, as Igrejas, os Portos,
— Estes dando pra o Mundo, aquelas para Cima —
O nada da Cidade — a miséria e os confortos, —
Ele tudo viveu e refletiu na Rima!

NESTOR VÍTOR

[38]

Diante desta foto, Nestor Vítor e outros poetas simbolistas acendiam, diariamente, uma vela, depois da morte do poeta.

ante o cadáver de cruz e sousa

Ah! que eterno poder maravilhoso
Era esse que o corpo te animava,
E que a tu'alma límpida vibrava
Como um plangente carrilhão mavioso?...

Que sol ardente, que fecunda lava,
Que secreto clarão, mago e radioso,
Dentro em teu ser, como um vulcão raivoso,
Eternamente em convulsões estuava?
[...]

CARLOS D. FERNANDES

beatitude

Corta-me o espírito de chagas!
Põe-me aflições em toda a vida:
Não me ouvirás queixas nem pragas...

Eu já nasci desiludida,
De alma votada ao sofrimento
E com renúncias de suicida...

Sobre o meu grande desalento,
Tudo, mas tudo, passa breve,
Breve, alto e longe como o vento...

Tudo, mas tudo, passa leve,
Numa sombra muito fugace,
— Sombra de neve sobre neve...

Não deixando na minha face
Nem mais surpresas nem mais sustos.
— É como, até, se não passasse...

Todos os fins são bons e justos...
Alma desfeita, corpo exausto,
Olho as coisas de olhos augustos...

Dou-lhes nimbos irreais de fausto,
Numa grande benevolência
De quem nasceu para o holocausto!

Empresto ao mundo outra aparência
E às palavras outra pronúncia,
Na suprema benevolência

De quem nasceu para a Renúncia!
CECÍLIA MEIRELES

eco do poeta enquanto ponto

A luz nasce na escuridão
GIL, "DEIXAR VOCÊ"

Zazueira, zazueira...
Ela vem chegando
E feliz vou esperando
A espera é difícil
Mas eu espero sonhando
JORGE BEN, "ZAZUEIRA"

Quem florestas e mares foi rasgando
E entre raios, pedradas e metralhas,
Ficou gemendo, mas ficou sonhando
"TRIUNFO SUPREMO",
ESTES VERSOS SÃO O EPITÁFIO DE CRUZ

O destino do poeta sofre brusca alteração de rota, quando passa por Desterro a companhia teatral do português José Simões Nunes Borges. Pai de uma beldade que fazia a cabeça da moçada nos idos de 1880, Simões aportou na minúscula capital de Santa Catarina, com sua companhia, a estrela, sua filha, e um repertório de dramalhões românticos, a que ninguém resistia, naqueles dias antes da TV e da novela das sete.

Cruz, sempre no lance, declamou, antes da apresentação da companhia Simões, uns versos exaltando a estrela do dia.

Foi o que bastou para ser apresentado aos artistas visitantes.

Daí a entrar na equipe, foi um pulo.

Cruz vai fugir com o circo.

A companhia Simões vai para o Rio Grande do Sul, de navio, em busca dos aplausos que a acompanhavam desde o Rio de Janeiro.

No navio, vai Cruz e Sousa, sozinho, e dependendo apenas do seu talento para sobreviver e triunfar.

O poeta curtiu a viagem, chegando a descrever o mar, em páginas posteriores, "entre tropicalismos primaveris de sóis sangrentos", antecipando-se pelo menos setenta anos à criação da palavra "tropicalismo".

Para falar com "propp"-riedade, isto é, conforme a Morfologia da fábula do teórico russo Propp,* o Herói saiu de Casa para Enfrentar o Dragão. Só que na excursão da companhia teatral Cruz não seria ator, nem diretor, muito menos dramaturgo: o seu era o trabalho obscuro, inglório, subalterno, de *ponto*, a voz oculta no subsolo, soprando as falas para as estrelas do show.

Nos palcos da vida, Cruz se sentirá sempre aquele ponto invisível, trabalhando na peça sem direito a aplausos. Invisível. Negro. Cego. Ray Charles. Stevie Wonder.

Mas viver, nesta vida, não é tudo.

Não quero dar, nestas páginas, espaço maior à vida de Cruz do que o tempo que ela teve no espaço-tempo concedido aos animais deste terceiro planeta depois do Sol.

Basta dizer que mudou-se, definitivamente, para o Rio de Janeiro em 1890, na efervescência dos primórdios da República: os militares tinham derrubado o Império, um ano depois da "abolição".

Aí, ingressa no jornalismo pela mão de conterrâneos e correligionários, solidarizados em torno do símbolo, que Cruz acabava de conhecer mais intimamente através dos livros trazidos da França para o Brasil por Medeiros e Albuquerque (Baudelaire, Huysmans, Villiers de l'Isle-Adam, Poe, traduzido por Mallarmé).

No Rio, Cruz vai ter a felicidade de encontrar aquela que, mãe de seus filhos, vai ser o grande amor, Gavita. Mas vai comer o pão que o diabo amassou, no terreno da sobrevivência.

Isso sem falar na incompreensão geral quanto à sua produção.

---

* *Morfologia do conto maravilhoso* (1928), de Vladimir Propp. Rio de Janeiro: Forense-Universitária, 1984. (N. E.)

Ser negro e — ainda por cima — simbolista, no Brasil do século XIX, parnasiana casa-grande, onde grandes eram os Bilac, Raimundo Correia, escoltados pelos críticos, donos da opinião, nos jornais, como esse medíocre José Veríssimo, o Wilson Martins da época, obtuso ao novo, fustigado pelo bem mais interessante Sílvio Romero (que teve a grandeza de vislumbrar a grandeza de um Odorico Mendes, de um Sousândrade, por exemplo).

Não era fácil ser Cruz e Sousa.

Com Gavita, Cruz teve quatro filhos homens, dois mortos em vida do poeta, os outros, logo depois.

Capa da revista simbolista curitibana *Pallium* (1898-1900), onde Cruz teve poemas publicados. Observar a caveira funcionando como pingo no i da palavra "pallium", o símbolo da morte pontuando a palavra em língua morta.
"O signo é a morte da vida" ("Caveira", p. 27).

Gavita enlouqueceu, em 1896, sendo cuidada em casa pelo próprio Cruz: daí, os vários poemas da loucura produzidos nessa época.

mudez perversa

Que mudez infernal teus lábios cerra
que ficas vago, para mim olhando
na atitude da pedra, concentrando
no entanto, n'alma, convulsões de guerra!

A mim tal fel essa mudez encerra,
tais demônios revéis a estão forjando,
que antes te visse morto, desabando
sobre o teu corpo grossas pás de terra.

Não te quisera nesse atroz e sumo
mutismo horrível que não gera nada,
que não diz nada, não tem fundo e rumo.

Mutismo de tal dor desesperada,
que, quando o vou medir com o estranho prumo
da alma, fico com a alma alucinada!

ressurreição

Alma! Que tu não chores e não gemas,
    teu amor voltou agora.
Ei-lo que chega das mansões extremas,
    lá onde a loucura mora!

Veio mesmo mais belo e estranho, acaso,
    desses lívidos países,
mágica flor a rebentar de um vaso
    com prodigiosas raízes.

Veio transfigurada e mais formosa
    essa ingênua natureza,
mais ágil, mais delgada, mais nervosa,
    das essências da Beleza.

Certo neblinamento de saudade
mórbida envolve-a de leve...
E essa diluente espiritualidade
certos mistérios descreve.

O meu Amor voltou de aéreas curvas,
das paragens mais funestas...
Veio de percorrer torvas e turvas
e funambulescas festas.

As festas turvas e funambulescas
da exótica Fantasia,
por plagas cabalísticas, dantescas,
de estranha selvageria.

Onde carrascos de tremendo aspecto
como astros monstros circulam
e as meigas almas de sonhar inquieto
barbaramente estrangulam.

Ele andou pelas plagas da loucura,
o meu Amor abençoado,
banhado na poesia da Ternura,
no meu Afeto banhado.

Andou! Mas afinal de tudo veio,
mais transfigurado e belo,
repousar no meu seio o próprio seio
que eu de lágrimas estrelo.

De lágrimas de encanto e ardentes beijos,
para matar, triunfante,
a sede de místico desejo
de quando ele andou errante.

E lágrimas, que enfim, caem ainda
    com os mais acres dos sabores
e se transformam (maravilha infinda!)
    em maravilhas de flores!

Ah! que feliz um coração que escuta
    as origens de que é feito!
e que não é nenhuma pedra bruta
    mumificada no peito!

Ah! que feliz um coração que sente
    ah! tudo vivendo intenso
no mais profundo borbulhar latente
    do seu fundo foco imenso!

Sim! eu agora posso ter deveras
    ironias sacrossantas...
Posso os braços te abrir, Luz das esferas,
    que das trevas te levantas.

Posso mesmo já rir de tudo, tudo
    que me devora e me oprime.
Voltou-me o antigo sentimento mudo
    do teu olhar que redime.

Já não te sinto morta na minh'alma
    como em câmara mortuária,
naquela estranha e tenebrosa calma
    de solidão funerária.

Já te sinto mais embalsamada
    no meu caminho profundo,
nas mortalhas da Graça amortalhada,
    como ave voando do mundo.

Não! não te sinto mortalmente envolta
   na névoa que tudo encerra...
Doce espectro do pó, da poeira solta
   deflorada pela terra.

Não sinto mais o teu sorrir macabro
   de desdenhosa caveira,
Agora o coração e os olhos abro
   para a Natureza inteira!

Negros pavores sepulcrais e frios
   além morreram com o vento...
Ah! como estou desafogado em rios
   de rejuvenescimento!

Deus existe no esplendor d'algum Sonho,
   lá em alguma estrela esquiva.
Só ele escuta o soluçar medonho
   e torna a Dor menos viva.

Ah! foi com Deus que tu chegaste, é certo,
   com a sua graça espontânea
que emigraste das plagas do Deserto
   nu, sem sombra e sol, da Insânia!

No entanto como que volúpias vagas
   desses horrores amargos,
talvez recordação daquelas plagas
   dão-te esquisitos letargos...

Porém tu, afinal, ressuscitaste
   e tudo em mim ressuscita.
E o meu Amor, que repurificaste,
   canta na paz infinita!

O poeta terminou a vida funcionário da estrada de ferro Central do Brasil (primeiro, praticante, por fim, arquivista).

Seus últimos dias (morava no Encantado, na rua que, hoje, se chama Cruz e Sousa) foram marcados pelo avanço da tuberculose, certamente provocada por precárias condições de vida.

Tinha trinta e sete anos.

linguagem em ereção:
o sexo da poesia de cruz e sousa

Logunedé é depois
Que Oxóssi encontra a mulher
Que a mulher decide ser
A mãe de todo o prazer
GIL, "LOGUNEDÉ"

Ó Carnes que eu amei sangrentamente...
CRUZ E SOUSA, "DILACERAÇÕES"

tesão pulsando no texto
que eles coitentam interromper
sem supunhetar
nem invaginar q tenho pênis
deles q nádegas têm ânus dizer
EDUARDO KAC, "PIKANTE", 1981

saltar-te aos seios de fluidez cheirosa
e bajulá-los e depois mordê-los...
CRUZ E SOUSA, "LUBRICIDADE"

E que a tua vulva veludosa, afinal! vermelha, acesa e fuzilante como forja em brasa, santuário sombrio das transfigurações, câmara mágica das metamorfoses, crisol original das genitais impurezas, fonte tenebrosa dos êxtases, dos tristes, espasmódicos suspiros e do Tormento delirante da Vida; que a tua vulva, afinal, vibrasse vitoriosamente o ar com as trompas marciais e triunfantes da apoteose soberana da Carne!

Assim escreveu (ou ejaculou) Cruz e Sousa, numa página das *Evocações*, em prosa (prosa?).

De que sexo era a poesia de Cruz? Priápica, ninfomaníaca, a musa de Cruz era, provavelmente, lésbica, com furor uterino: uma musa, é claro, *expressionista*.

Penso aclarar (olha aí o preconceito) algumas coisas sobre a poesia de Cruz dizendo, como quem testa, em química, jogando um tornassol, dizendo, eu dizia, que a poesia de Cruz é, por exemplo, expressionista.

Desde Edmund *Castelo de Axel Wilson* [1931], sabemos que o simbolismo é, apenas, uma das modulações possíveis do romantismo. Uma modulação extrema: são os românticos mais radicais (Poe, Nerval, Novalis) os primeiros simbolistas, os primatas de símbolo. O elo perdido.

A categoria estética (o "rema", diria Peirce) "expressionismo" não existe na história das formas literárias, no Brasil. Embora se tenha invocado a categoria de "impressionismo" para caracterizar a arte de Raul Pompeia, em *O Ateneu*.

"Expressionismo" é rema corrente, na história da pintura, na passagem do século XIX para o XX (ver Van Gogh, Emil Nolde, Kandinsky, Paul Klee, Kokoschka). A palavra se aplica, ainda, a certo tipo de música (ao atonalismo de Schönberg, por exemplo).

O expressionismo, cujas obras traduzem sensação de *medo*, parece expressar as perplexidades de uma classe social à beira de convulsões revolucionárias (a burguesia europeia, às vésperas da Primeira Grande Guerra Mundial e da Revolução Russa).

Na literatura alemã e centro-europeia da mesma época, expressionismo é realidade, traduzida em obras como as de um Kafka, um Trakl, um Gottfried Benn, um August Stramm. Ver traços no primeiro Brecht. Afinal, que é expressionismo?

Vamos ficar com algumas definições. Como a de Albert Soergel. Conforme ele, com o expressionismo,

o que foi expressão a partir de fora se muda em expressão a partir de dentro: aquilo que foi reprodução de um pedaço do natural é, agora, liberação de uma tensão espiritual. Para isso, todos os objetos do mundo exterior podem ser unicamente signos sem significado próprio. Dissolução pessoal do objeto na ideia, para desprender-se dele e redimir-se nela.

É a substituição do "observador frio pelo ardente confessor". Ou, como diz Van Gogh, numa carta, "expressar o físico pelo psíquico, em imagens e cores". Ou em sons e palavras, diríamos, Cruz e Sousa conosco.

Expressionismo: as palavras submetidas à mais alta voltagem emocional. Ilustração de Von Hofman para um romance de Franz Werfel (Alemanha, 1913).

Que se expressa? Ou *quem* se expressa? Quem se expressa é o desejo. E o desejo-desejo-mesmo é o desejo sexual. Na expressão do desejo sexual, Cruz e Sousa, como bom expressionista, diz tudo que seu ser (sua poesia) quer.

Isso, Freud, o maior dos expressionistas, seu contemporâneo, afirma, ao criar uma técnica de cura baseada na expressão dos desejos recônditos.

Para Freud, civilização é repressão: silêncio lançado sobre as coisas que gritam.

Os primeiros expressionistas eram deliberadamente confusos: gostavam de envolver-se, literalmente, em 'noite', a palavra-chave e a mais citada da época. Nunca houve movimento literário mais noturno do que este, que vencera com seu profeta pictórico, o sombrio norueguês Edward Munch. Uma noite perpétua, só interrompida por raios apocalípticos que anunciaram profeticamente — em 1910 e 1911 — o fim do mundo de então. Os poetas também falavam como que por meio de raios: de maneira abrupta, inarticulada. Falava-se em 'literatura de gritos'.

Otto Maria Carpeaux [*História da literatura ocidental*. Rio de Janeiro: O Cruzeiro, 1966, v. 7, p. 3096].

Descendo à terra, bom observar o exaltado papel sexual do negro no Brasil da casa-grande/senzala. A negra oralidade de mamar na mãe preta. Os negros nus. O sadismo do chicote (evoco aqui a extraordinária cena de sádico orgasmo, em *A carne* de Júlio Ribeiro, quando Lenita goza vendo um escravo ser açoitado).

O negro, reserva de libido e de eros, na sociedade que os reduzia à condição de animalidade. Confirmada na negação da beleza do negro, evidentemente a mais bela, fisicamente, de todas as raças do planeta. Uma negação necessária, ditada por uma estética militar, de defesa, do luso-branco que especializava a raça negra nos duros afazeres da monocultura.

Como se comportou o desejo de Cruz e Sousa, nesse quadro?

Expressionisticamente, transformando em signos sexuais os símbolos do opressor: sinais de proibição à penetração do fálus negro em vaginas brancas.

Não falemos da fascinação, tantas vezes registrada, até por comentadores pudibundos, de Cruz por mulheres louras, brancas, interditas.

Em Cruz, um certo estilema simbolista de fascinação pelo branco, que, em Mallarmé, é a página, antes do poema, traduz-se, por signos bem evidentes, em tesão pela carne da mulher branca: papel a ser escrito, sexualmente, pela negra tinta.

Na poesia brasileira, Cruz é o negro que deseja a branca, seu turbilhão, a tempestade de quem quer botar o preto no branco. Ou melhor dizendo: o preto (fálus) na branca (vagina).

Cruz é a classe dominada que quer *comer* a classe dominante. Por isso, fantasia com ela, como *fêmea*.

Conforme relatos de contemporâneas, Cruz e Sousa suscitou várias paixões entre mulheres branquíssimas, naquela já um tanto ou quanto germânica Santa Catarina.

Banda pra tocar por aí
no Zanzibar
Pro negro Zanzibárbaro dançar
[...]
Pra loura Blumenáutica dançar
GILBERTO GIL, "BANDA UM"

Altas fêmeas, brancas como a letra A. Como esta alva, alta Alda, salva nesta valsa:

alda

Alva do alvor das límpidas geleiras,
Desta ressumbra candidez de aromas...
Parece andar em nichos e redomas
De Virgens medievais que foram freiras.

Alta, feita no talhe das palmeiras,
A coma de ouro, com o cetim das comas,
Branco esplendor de faces e de pomas,
Lembra ter asas e asas condoreiras.

Pássaros, astros, cânticos, incensos,
Formam-lhe auréolas, sóis, nimbos imensos
Em torno à carne virginal e rara.

Alda faz meditar nas monjas alvas,
Salvas do Vício e do Pecado salvas,
Amortalhadas na pureza clara.

Como não lembrar este outro Concerto em A, nosso contemporâneo, a "Clara" de Caetano Veloso?

quando a manhã madrugava
calma
alta
clara
clara morria de amor

Branca, página: na aventura de Cruz e Sousa, vida e poema se entrelaçaram, muito mais do que ele próprio imaginaria, naquelas pré-freudianas eras. Nem Cristo escapou dessa sexualização, no código cruziano:

cristo de bronze

Ó Cristos de ouro, de marfim, de prata,
Cristos ideais, serenos, luminosos,
Ensanguentados Cristos dolorosos
Cuja cabeça a Dor e a Luz retrata.

Ó Cristos de altivez intemerata,
Ó Cristos de metais estrepitosos
Que gritam como os tigres venenosos
Do desejo carnal que enerva e mata.

Cristos de pedra, de madeira e barro...
Ó Cristo humano, estético, bizarro,
Amortalhado nas fatais injúrias...

Na rija cruz aspérrima pregado
Canta o Cristo de bronze do Pecado,
Ri o Cristo de bronze das luxúrias!...

Como não ver que Cristo, aí, é metáfora do fálus ereto?

A temática da dureza (bronze, ouro, marfim, prata, metais, pedra, madeira, barro, *rija* cruz), culminando nesse "Cristo das luxúrias", que entrega o jogo.

Que tal esta "Primeira comunhão"?

Grinaldas e véus brancos, véus de neve,
Véus e grinaldas purificadores,
Vão as Flores carnais, as alvas Flores
Do Sentimento delicado e leve.

Um luar de pudor, sereno e breve,
De ignotos e de prónubos pudores,
Erra nos pulcros, virginais brancores
Por onde o Amor parábolas descreve...

Luzes claras e augustas, luzes claras
Douram dos templos as sagradas aras,
Na comunhão das níveas hóstias frias...

Quando seios pubentes estremecem,
Silfos de sonhos de volúpia crescem,
Ondulantes, em formas alvadias...

significado do símbolo

E nas zonas de tudo,
na candura de tudo, extremo, passa
certo mistério mudo
CRUZ E SOUSA, "ESQUECIMENTO"

Na lata do poeta tudo-nada cabe,
pois ao poeta cabe fazer
com que na lata venha caber
O incabível
GILBERTO GIL, "METÁFORA"

[...] da determinação para a indeterminação, sendo esta a determinação final de sua [Mallarmé] luta pela conquista do impreciso: a determinação da indeterminação.
MALLARMÉ, TRADUÇÃO: DÉCIO PIGNATARI

Vamos despir a experiência sígnica dos simbolistas, levantando os sete véus de Ísis em que eles a vestiram. A experiência é extraordinariamente concreta.

Mas eles a mitificaram, camuflando-a. Simularam-se hierofantes, celebrantes de um rito esotérico. Monges, praticantes de uma solidão aristocrática. Filósofos gregos, cultores de um saber imemorial.

O culto do oculto.

Que se esconde por detrás da parafernália simbolista? Que concreta experiência sígnica?

A chave dos Grandes Mistérios simbolistas é encontrada pela análise semiótica, ao nível dos signos.

A experiência simbolista consistiu, basicamente, na descoberta do signo icônico. Na capacidade de ler/escrever o signo não verbal.

Os simbolistas foram os primeiros modernos. Neles, a produção de textos poéticos se resolve em problemática do signo, resolução emblematizada no próprio nome-totem do movimento, o primeiro a ter nome semiótico.

O que os simbolistas chamaram de símbolo era, nada mais, nada menos, que o pensamento por imagens. Aquilo que as teorias modernas da linguagem chamam de ícone. O Oculto, que o curitibano Dario Velozzo cultuava, apenas (apenas?), a impossibilidade de traduzir o ícone com palavras.

Ícones dizem sempre mais que as palavras (símbolos) com que tentamos descrevê-los, esgotá-los, reduzi-los.

Capa da revista simbolista *Hórus*. Muito rico visualmente o mundo dos simbolistas brasileiros: revistas do movimento são as mais bonitas que o Brasil já viu. Na paginação. No desenho das capas. Na diagramação. Naquilo que se chama, hoje, "consciência icônica". Aqui, os quase arábicos arabescos compõem uma dinâmica simétrica em torno das letras (título na horizontal, data na vertical), como se atraídos ou repelidos por elas. No nome da revista, os arabescos se apossam da forma das letras, deformando-as, através de intervenções como que vegetais.

[58]

Não verbal, o ícone nunca é exaustivamente coberto pelas palavras, restando sempre uma área transverbal, uma mais-valia, um sexto sentido além das palavras. Os simbolistas intuíram essa terra-de-ninguém-que-seja-palavra. E, nela, plantaram sua bandeira.

Daí, seu célebre "amor ao vago".

O problema do texto poético simbolista é a programação do indeterminado, a "determinação da indeterminação".

À luz do verbo, todo ícone é inesgotável. Nem com todas as palavras do mundo se pode esgotar a abertura, o plural, a multivalência semântica de um desenho, um esboço, uma foto, um esquema, uma rima (ícones). As palavras estarão sempre aquém, sempre menos; além, um campo de possíveis, "oculto", "mistério", "inefável".

"Mistério" é palavra grega, de um radical que significa "fechar a boca". Só há mistérios para o código verbal.

Cinco sentidos, cinco códigos.

A consciência icônica inovadora do simbolismo não se revela apenas na iconização do verbal, como na grafia fantasista da palavra "lírio", grafada pelos simbolistas como "lyrio", a letra Y funcionando como ícone (desenho) da flor/referente. Revela-se, ainda, na revolução que associamos às *Correspondances* de Baudelaire ou ao soneto das vogais de Rimbaud.

No poema de Baudelaire, a natureza "é um templo", onde o homem passa "através de florestas de símbolos" e "os perfumes, as cores e os sons se respondem".

Rimbaud, por sua vez, atribui cor a cada som vogal, numa fonética cromática, aparentemente arbitrária, fútil e gratuita.

A — branco.
O — preto.
U — roxo.
I — vermelho
e
E — verde.

Sim, toda vogal tem um aroma e uma cor,
Que sabemos sentir, que poderemos ver de
Cima do Verso, de dentro do nosso Amor.
PETHION DE VILAR, 1901

Esta intersemioticidade sensorial, explicitada por Baudelaire, nas *Correspondances*, incorporada pelo programa simbolista, ocorre em plano trans, infra ou ultraverbal, no plano icônico, no plano do Mistério e do Oculto, para quem olha os signos com telescópios verbais.

o símbolo no brasil

A principal característica do simbolismo brasileiro é que não houve simbolismo brasileiro.

Sua existência (de, mais ou menos, 1890 a 1920) foi underground.

Ocorrido nas províncias (Bahia, Paraná, Ceará, Santa Catarina, Rio Grande do Sul, Minas Gerais), periférico, marginal, o simbolismo foi um fenômeno de resistência e reação das províncias à Corte: no Rio, próspero, imperava o parnasianismo, com seus príncipes, senhores da casa-grande das Letras (Bilac, Alberto de Oliveira, Raimundo Correia). Simbolismo: destruir o sentido, tal como o Parnaso o encarnava.

A patente é francesa, dessa extraordinária França do século XIX. Os pais: Baudelaire, Mallarmé, Verlaine, Rimbaud, todos cotados, hoje, entre os grandes da poesia ocidental moderna.

Naqueles tempos de comunicação difícil e de longas distâncias, a chegada de um livro da Europa podia provocar revoluções literárias, aqui, na remota América do Sul, do Sal e do Sol.

Assim foi com o simbolismo, disseminado através de obras trazidas da capital cultural do mundo de então: aquela Paris, Meca das elites letradas de todo o Ocidente.

Da França, vieram as palavras de ordem.

"Sugerir, eis o sonho. É o perfeito uso deste mistério que constitui o símbolo" (Mallarmé).

"Pegue a eloquência e torça-lhe o pescoço" (Verlaine).

"O poeta se faz vidente por um longo, imenso e sistemático desregramento de todos os sentidos" (Rimbaud).

Mas — sobretudo — a palavra enquanto música.

Cruz e seu amigo, o mallarmaico poeta catarinense Oscar Rosas, em foto de 1890 (?). O acaso de a foto ter sido rasgada (por quem?, por quê?) acrescenta um signo novo (introduz uma contradição) entre o aperto de mãos (aproximação) e a ruptura do rasgo, entre o poeta negro e o branco.

Ora, sob certos aspectos, palavra e música se opõem, absolutamente. Palavra é sentido. A música é o não sentido: todos os sentidos.

Os simbolistas quiseram aproximá-las.

Daí a grandeza da aventura do símbolo.

Os finais do simbolismo já limitam com o modernismo de 1922 (Manuel Bandeira, Cecília Meireles, Gilka Machado).

cruz e sousa e sua orquestra

Do imenso mar maravilhoso, amargos,
marulhos murmurem...
CRUZ E SOUSA, "SONATA"

mimo de Oxum, Logunedé, edé, edé,
é delícia...
GILBERTO GIL, "LOGUNEDÉ"

Bemóis e sustenidos têm sido as relações entre a poesia escrita e a música.

Ora meio tom abaixo, no tema do sentido. Às vezes, meio tom acima.

A lírica do Ocidente (a partir dos trovadores provençais da Idade Média) é um progressivo afastamento do texto e da música que o acompanhava.

Com a imprensa, a letra de música emudeceu na página branca. E virou poema.

Que sempre foi lido, como sentido. E não enquanto forma. Enquanto lindo.

A beleza foi recuperada, na modernidade das vanguardas do século XX, com a conscientização da materialidade da linguagem escrita.

Descobriu-se a letra: enquanto corpo, enquanto carne, enquanto X.

E surgem, entre os brancos de Mallarmé, os esplêndidos grafismos e letrismos futuristas (Marinetti, Soffici), caligramas de Apollinaire (apolinário, milionário de Apolo), sonorismos Dadá, tortografias surrealistas (Breton, Éluard), realismos concretos de signo.

Nasce o poema visual, numa viagem que começou na palavra da canção que emudeceu no papel, onde virou caracteres, até que o alfabeto, através dos poetas, despertou, do seu faraônico sono milenar, para os esplendores da atual poesia de vanguarda.

Mas, mesmo nos séculos de silêncio, na página impressa, o verso e o poema continuaram saudosos do seu antigo conúbio com a melodia.

Na Idade Média, esse comércio tinha dado, por exemplo, a inverossímil formosura de arquitetura sonora das letras de um Arnaut Daniel.

Em outras épocas, canção e poema escrito se encontraram, brevemente.

E tiraram o atraso, digamos, na poesia inglesa elisabetana: as letras das *songs* do século XVI, altamente apreciadas por um Ezra Pound, não eram indignas daquele grupo de poetas da época, que T.S. Eliot chamou de *metaphysical* e que representam um cume na lírica (John Donne, Andrew Marvell, Richard Crashaw, e, "*last but not the Franz Lizst*", William Shakespeare). Vários deles assinam letras de canções famosas.

Tirando isso, a poesia escrita teve evolução autônoma, evoluindo, de subespécie da letra de canção, para nova espécie sígnica.

Nesse período todo, a poesia acabou profundamente comprometida com uma entidade chamada literatura.

Ora, isso que se chama modernamente de literatura é, apenas, uma variante ou modalidade daquilo que, na Antiguidade greco-romana, se chamava retórica. Há profunda contradição entre poesia e retórica. Contradição expressa, concretamente, na Antiguidade greco-latina, pela condição mendiga e esfarrapada dos poetas contra a prosperidade dos "retores", mestres dos juristas, políticos e homens públicos da Grécia e de Roma.

Poesia não é literatura. É outra coisa: é arte, mais para o lado da música e das artes plásticas, como Pound viu (ou ouviu) muito bem.

Da imprensa às vanguardas do início deste século, durante o período de sequestro da poesia pela literatura (na Idade Média, a lírica era *oral*, envolvendo canto, dança e festas, camponesas ou cortesãs; os textos, raros, eram manuscritos, primores caligráficos de forma e cor; com a imprensa, a poesia virou "letra", na homogeneidade linear dos inodores, insípidos e incolores ABCS

[64]

de Gutenberg; no século xx, com as vanguardas e a música popular, a poesia volta à vida dos sentidos, em forma, voz e cor), nesse período, algumas coisas ficaram dizendo que a poesia não era bem a literatura que estavam querendo fazer com ela. Entre essas coisas, a métrica. E, sobretudo, a rima. Nessas materialidades a poesia manteve sua individualidade. Não basta *dizer*. Tem que dizer *bonito*.

A métrica só se justifica pela presença de uma melodia, construída sobre a regularidade matemático-pitagórica da música.

A métrica, em poemas escritos para serem lidos no papel, é um absurdo: o olho não ouve música. Ou ouve? Os simbolistas (a partir de Baudelaire) achavam que sim.

Nessa nossa pobre cultura reflexa, que, no entanto, tem e teve seus momentos de grandeza (O que fazer?, perguntou Lênin, diante de coisas bem mais graves), o parnaso e o símbolo representaram especializações de conquistas do romantismo, no fundo, uma explosão de poesia (de vida) no coração da literatura.

As frígidas construções parnasianas (Bilac, Raimundo Correia) eram mal-assombradas (ou bem-assombradas?) pelo fantasma de um superego saído das artes plásticas (quadros de uma exposição, retratos do artista enquanto pintor, escultor, arquiteto, ourives, artesão).

O simbolismo mudou de sentido: do olho para o ouvido.

Nunca foi tão funda a saudade da poesia pela música perdida quanto no simbolismo.

Wagner, o deus. Wagner, que os fãs diziam ser maior poeta que Goethe e melhor músico que Beethoven. A que um adversário bem-humorado respondeu: sim, melhor poeta que Beethoven e melhor músico que Goethe. "*De la musique, avant toute chose*" [A música, antes de tudo], disse o simbolista Verlaine, quase cantando. O poeta simbolista é um músico. Músico de palavras, de sílabas, de vogais e consoantes. Seus poemas: baladas, sonatas, sinfonias.

Mas, no simbolismo, ao contrário de um Arnaut Daniel, a entrada da música implica uma destruição do "significado". O massacre do sentido pelos sons.

Acompanhe-se a demolição do significado no "Ângelus" de Cruz e Sousa, onde os sentidos, as referências ao real, parecem se dissolver numa bruma de acordes silábicos e consonantais:

Ah! lilases de Angelus harmoniosos,
neblinas vesperais, crepusculares,
guslas gementes, bandolins saudosos,
plangências magoadíssimas dos arses...

Leitura brasileira, por Alphonsus de Guimaraens, do notório "soneto das vogais", onde Rimbaud identifica sons com cores, na trilha fonovisual das correspondências de Baudelaire. Na fioritura das letras do título, o ABC já começa a se transformar em visagem, visão, coloração. Extremamente atrevida a maneira como o poeta coloca as vogais, isoladas, entre dois pontos, segurando a rima, simetricamente, na tônica do último verso de cada quadra. Nessa leitura, Alphonsus insere um dado seu, a articulação do fluxo das vogais com as idades do homem e da natureza, primavera-adolescência, mocidade, maturidade, outono--velhice, inverno-morte, cada estrofe correspondendo a uma estação do ano.

Em vão, procurarás sentido em versos como esses, ó leitor.

O sentido são eles mesmos: retratos do meio enquanto mensagem.

Baldo buscar alusões e menções à música, na poesia de Cruz: elas abundam. É um sonoplasta.

Desde a inaugural "Antífona", abrindo os *Broquéis*, com seu espantoso A-B-C, anagramatizado nas iniciais dos adjetivos atribuídos a "Formas",

Ó Formas alvas, brancas, Formas claras...

Até poemas chamados "Sinfonias do ocaso", "Música misteriosa...", "Sonata", "Canção do bêbado", "Violões que choram"...

A figura prevalente, na poesia de Cruz e Sousa, não é a aliteração, nem a harmonia imitativa, onomatopeia dos sentimentos, nem a ecolalia, mas o *anagrama*.

Palavras sob palavras: o fonotropismo de Cruz e Sousa.

Quem diz *anagrama*, diz Saussure.

No *As palavras sob as palavras: os anagramas de Ferdinand de Saussure* [Perspectiva, 1974], Starobinski acompanha a última e mais abissal aventura intelectual do grande mestre da linguística moderna. Aquela que o levou a procurar palavras sob as palavras, na poesia grega, latina, védica e gótica.

No fim da vida, anos pensando o signo, o suíço Ferdinand de Saussure (morto em 1913) começou a ver palavras escritas-inscritas em palavras e versos de priscas línguas mortas que ele, mestre, frequentava. Os anagramas: palavras dis-persas, em sílabas dentro de versos, naufragadas, nau*grafadas*. As palavras que as sílabas de uma outra palavra emitem, insinuam, ameaçam, esboçam, prenunciam: pro-jetam.

Digamos o primeiro verso da *Eneida*:

ARMA VIRUMQUE CANO
(*CANTO AS ARMAS E O VARÃO*).

Catando o E, o N, o E, de novo, o I, o A, Saussure lia o nome de Eneias, herói do poema de Virgílio. Não mencionado no verso. Mas subcitado, anagramaticamente.

Pois é assim que a mente de Cruz e Sousa compõe: vendo, na

luz de uma palavra, a outra luz de outra palavra. Ou, dentro do acordo de uma palavra, a harmonia de infinitas palavras.

Observe isto, por exemplo:

Rio de esquecimento tenebroso,
    Amargamente frio,
Amargamente sepulcral, lutuoso,
    Amargamente rio!
"ESQUECIMENTO"

Quem vai poder dizer se este "rio" é o aquático substantivo ou a primeira pessoa do presente do indicativo do verbo rir? As palavras naufragaram dentro das palavras (naugrafaram), passando por esse rio, que corre por dentro da palavra F-rio.

Alma sem rumo, a modorrar de sono,
    Mole, túrbida, lassa...
Monotonias lúbricas de um mono
    Dançando numa praça...
"TÉDIO"

cruzamentos

Largos Silêncios interpretativos
CRUZ E SOUSA, "SILÊNCIO"

Olha,
lá vai passando a procissão
GILBERTO GIL, "PROCISSÃO"

Chega de conversa. E vamos passear um pouco pelo parque de poemas de Cruz. Cruzar com ele. Cruzi-ficá-lo.

Método: pound-faustino-paideumático. Peças inteiras. Ou fragmentos (versos, estrofes). Pedras de toque (*touch-stones*).

Mas, enfim, só os resultados que indigitem o grande poeta que foi esse Cruz, nascido em Desterro e que viveu no Encantado.

acrobata da dor

Gargalha, ri, num riso de tormenta,
Como um palhaço, que desengonçado,
Nervoso, ri, num riso absurdo, inflado
De uma ironia e de uma dor violenta.

Da gargalhada atroz, sanguinolenta,
Agita os guizos, e convulsionado
Salta, gavroche, salta clown, varado
Pelo estertor dessa agonia lenta...

Pedem-te bis e um bis não se despreza!
Vamos! retesa os músculos, retesa
Nessas macabras piruetas daço...

E embora caias sobre o chão, fremente,
Afogado em teu sangue estuoso e quente,
Ri! Coração, tristíssimo palhaço.

Expressionismo crispado, num paroxismo raro na poesia brasileira. É uma sustentada metáfora: o coração do poeta como (tragicômico) palhaço.

Notar: RI... t-RÍ-stissimo...: Cruz projeta a sílaba da alegria dentro do superlativo do seu contrário.

O poema está cheio de reminiscências teatrais (Cruz foi *ponto*).

O tom, todo carregado de um sadomasoquismo, que perpassa a poesia de Cruz ("castrar-vos como um touro — ouvindo-vos urrar!", "Escravocratas", *O livro derradeiro*): sadomasoquismo que o estatuto da escravidão explica. O negro era mantido na senzala numa condição de dor física institucionalizada: açoites, queimaduras com ferro em brasa, algemas, colares de ferro, máscaras de lata para os negros que, com intenção de se matar, comiam terra. A mesma terra que plantavam para os senhores lusos.

Castro Alves fez retórica sobre a condição negra.

Cruz e Sousa *era* negro.

o assinalado

Tu és o louco da imortal loucura,
O louco da loucura mais suprema,
A terra é sempre a tua negra algema,
Prende-te nela a extrema Desventura.

Mas essa mesma algema de amargura,
Mas essa mesma Desventura extrema
Faz que tu'alma suplicando gema
E rebente em estrelas de ternura.

Tu és o Poeta, o grande Assinalado
Que povoas o mundo despovoado,
De belezas eternas, pouco a pouco.

Na Natureza prodigiosa e rica
Toda a audácia dos nervos justifica
Os teus espasmos imortais de louco!

Um dos mais impressionantes "poemas da loucura", provavelmente, composto durante a loucura de Gavita, mulher do poeta, que ele cuidou, desveladamente, até a recuperação.

Foi quando, contaminado, Cruz sintetizou a experiência poética e a loucura, o *desvario*, num só momento. Sem falar na loucura social de um negro retinto, no Brasil do século XIX, possuir o repertório de bens abstratos que um Cruz e Sousa possuía.

O poeta como assinalado. O marcado (Caim?) por um sinal. Sinal para ver mais longe. Mas para sofrer mais fundo.

A negritude como sinal total: visibilidade integral.

Itamar Assumpção e Djavan, presos pela polícia paulista. Apenas porque eram negros. Gil, em Florianópolis.

Mas como é bonita essa "algema" que anagramatiza, mas que rima, em "tua AL-ma suplicando GEMA". Para resplandecer nesse

E rebente em estrelas de ternura.

em seus R-T-TR-TR, um dos mais belos versos da língua. "Eternuras", belezas eternas.

caveira

I
Olhos que foram olhos, dois buracos
Agora, fundos, no ondular da poeira...
Nem negros, nem azuis e nem opacos.
        Caveira!

II
Nariz de linhas, correções audazes,
De expressão aquilina e feiticeira,
Onde os olfatos virginais, falazes?!
        Caveira! Caveira!!

III

Boca de dentes límpidos e finos,
De curva leve, original, ligeira,
Que é feito dos teus risos cristalinos?
  Caveira! Caveira!! Caveira!!!

O mais alto ponto de visualiconicidade (consciência de formas de Cruz e Sousa): olho-nariz-boca, a caveira falando, no código tanático de Cruz, os pontos de exclamação repetidos, simetricamente, marcando o número da estrofe, i, !, ii, !, !!, iii, !, !!, !!!. O signo como morte da Vida: a palavra-esqueleto.

Existe um paradoxo nos produtos culturais, superiores frutos do trabalho humano: eles *sobre*-vivem ao autor, são uma vingança da vida contra a morte. Por outro lado, só podem fazer isso porque são morte: suspensão do fluxo do tempo, pompas fúnebres, pirâmide do Egito.

dupla via láctea

Sonhei! Sempre sonhar! No ar ondulavam
Os vultos vagos, vaporosos, lentos,
As formas alvas, os perfis nevoentos
Dos anjos que no espaço desfilavam.

E alas voavam de anjos brancos, voavam
Por entre hosanas e chamejamentos...
Claros sussurros de celestes ventos
Dos anjos longas vestes agitavam.

E tu, já livre dos terrestres lodos,
Vestida do esplendor dos astros todos,
Nas auréolas dos céus engrinaldada

Dentre as zonas da luz flamo-radiante,
Na cruz da Via Láctea palpitante
Apareceste então crucificada!

Esplêndida fanopeia: a imagem de uma cruz formada por duas vias lácteas, sonhada por um poeta chamado Cruz.

esquecimento

Esquecimento! eclipse de horas mortas,
   Relógio mudo, incerto,
Casa vazia... de cerradas portas,
   Grande vácuo, deserto.

Tachismo verbal: estados (musicais) de baixa definição do material verbal. Os verdadeiros borrões semânticos de alguns poemas de Cruz escandalizaram essa prosa medida e rimada que se chamou parnasianismo, emblema literário da estabilidade da classe dominante brasileira.

rir!

Rir! Não parece ao século presente
que o rir traduza, sempre, uma alegria...
Rir! Mas não rir como essa pobre gente
que ri sem arte e sem filosofia.

Rir! Mas com o rir atroz, o rir tremente
com que André Gil eternamente ria.
Rir! mas com o rir demolidor e quente
duma profunda e trágica ironia.

Antes, chorar! Mais fácil nos parece.
Porque o chorar nos ilumina e nos aquece
nesta noite gelada do existir.

Antes chorar que rir de modo triste...
Pois que o difícil do rir bem consiste
só em saber como Henri Heine rir!

Um dos poemas mais extraordinários da poesia brasileira. O *rir* irradiando-se por dentro dos versos (aleg-RI-a, IR-onia, t-RI-ste), até essa culminância do rir embutido dentro do próprio nome de Hen-RI Heine.

Como não lembrar esse "Encantação pelo riso", do futurista russo Khlébnikov, na tradução de Haroldo de Campos?

Ride, ridentes!
Derride, derridentes!
Risonhai aos risos, rimente risandai!
Derride sorrimente!
Risos sobrerrisos — risadas de sorrideiros risores!
Hílare esrir, risos de sobrerridores riseiros!
Sorrisonhos, risonhos,
Sorride, ridiculai, risando, risantes,
Hilariando, riando,
Ride, ridentes!
Derride, derridentes!

ah! vida! vida! vida!
incendiada tragédia (meu filho)

Aqui onde a cor é clara
Agora que é tudo escuro
GILBERTO GIL, "AQUI E AGORA"

A foolish young man
Of the Negro Persuasion
Devoted his life
To become a caucasian
He stopped eating pork
He stopped eating greens
He traded his dashiki
("Uhuru!")
For some Jordache Jeans
He learned to play golf
An' he got a good score
Now he says to himself
"I AIN'T NO NIGGER NO MORE"
FRANK ZAPPA, "YOU ARE WHAT YOU IS"

Perfeição só existe na integração/dissolução do sujeito no objeto.
Na tradução do eu no outro.
É por isso que você gostou tanto deste livro.
Você, agora, sabe.
Você, eu sou Cruz e Sousa.

para achar cruz e sousa

Se você está a fim de conhecer Cruz e Sousa mais de perto, não está muito difícil.

Tem uma edição da *Poesia completa*, editada pelo estado de Santa Catarina, com *Broquéis*, *Faróis*, *Últimos sonetos* e peças esparsas [Florianópolis: Fundação Catarinense de Cultura, 1981].

Dê uma olhada no *Panorama do movimento simbolista brasileiro*, por Andrade Muricy, edição do Ministério da Educação [2. ed. Brasília: Ministério da Educação e Cultura, 1973; 3. ed. rev. e ampliada. São Paulo: Perspectiva, 1987].

Em matéria de biografia, tem *Cruz e Sousa*, por Magalhães Júnior, uma vida detalhada e muito documentada, edição da Civilização Brasileira [*Poesia e vida de Cruz e Sousa*. São Paulo: Ed. das Américas, 1961].

A Abril lançou recentemente um *Cruz e Sousa*, em sua Coleção Literatura Comentada [1982].

trajetória

1898:
   Fim dos sofrimentos de Cruz, começo da glória.
1893:
   Une-se com Gavita, seu grande amor e mãe de seus filhos. Edição de *Missal* e *Broquéis*. Cruz, praticamente de arquivista da Central do Brasil.
1890:
   Cruz vem de vez para o Rio de Janeiro.
1861:
   Nasce um poeta na senzala.

bashô
a lágrima
do peixe

[1983]

Para Kenjiro Hironaka, Makoto Yamanouchi e Aldo Lubes, meus mestres de judô, na Kodokan.
Para Alice Ruiz que, entre tantas coisas, ainda acha tempo para ser uma haikaisista japonesa do século XVIII.
Para Haroldo de Campos, inventor da poesia japonesa no Brasil.

[...] e um cone de metal reluzente, do diâmetro de um dado. Em vão um garoto tentou recolher esse cone. Um homem mal conseguiu levantá-lo. Eu o tive na palma da mão alguns minutos: recordo que o peso era intolerável e que, depois de retirado o cone, a opressão perdurou. Também recordo o círculo preciso que me ficou gravado na carne. Essa evidência de um objeto tão pequeno e a uma só vez pesadíssimo deixava uma impressão desagradável de asco e medo.

Jorge Luís Borges, "Tlön, Uqbar, Orbis Tertius"*

* In: *Ficções*, tradução de Davi Arrigucci Jr., p. 31. São Paulo: Companhia das Letras, 2007. (N. E.)

"*Tabi*" (viagem) é uma das palavras prediletas de Bashô (a outra é "*yumê*", sonho). Assim viajou Bashô, a pé, em sua vida errante, por todo um Japão agreste e agrário, atrás de luas, lagos, templos dentro de florestas, buscando o vaga-lume do haikai.
Desenho: Bashô.

Luas e sóis (meses e dias) são viajantes da eternidade. Os anos que vêm e se vão são viajantes também. Os que passam a vida a bordo de navios ou envelhecem montados a cavalo estão sempre de viagem, e seu lar se encontra ali onde suas viagens os levam. Os homens de antigamente, muitos, morreram pelos caminhos, e a mim também, durante os últimos anos, a visão de uma nuvem solitária levada pelo vento inspirou contínuas ideias de meter o pé na estrada.

O ano passado dediquei a vagar pela costa. No outono, voltei a minha cabana às margens do rio e a limpei de teias de aranha. Aí, me surpreendeu o fim do ano. Quando veio a primavera e houve neblina no ar, pensei em ir a Oku, atravessando a barreira de Shirakawa. Tudo o que via me convidava a viajar, e estava tão possuído pelos deuses que não podia dominar meus pensamentos. Os espíritos do caminho me faziam sinais, e descobri que não podia continuar trabalhando.

Remendei minhas calças rasgadas e troquei as tiras do meu chapéu de palha. A fim de fortalecer as pernas para a viagem, me untei de "moka" queimada. Logo a ideia da lua na ilha de Matsushima começou a apoderar-se de meus pensamentos. Quando vendi minha cabana e me mudei para o sítio de Sampu para esperar ali o dia da partida, pendurei este poema numa viga da minha choça:

a cabana de ervas secas
(o mundo tudo muda)
vira casa de bonecas

Quando, em 27 de março, me pus a caminho, havia neblina no céu da madrugada. A pálida lua matutina tinha perdido o brilho, mas ainda se podia vislumbrar debilmente o monte Fuji. Em Ueno e em Yanaka, os ramos das cerejeiras em flor me despertaram pensamentos tristes ao perguntar-me se algum dia os voltaria a ver. Meus amigos mais queridos tinham todos vindo à noite à casa de Sampu, para poder me acompanhar durante o curto trecho de viagem que eu faria em barco. Quando desembarcamos num lugar chamado Senju, a ideia de começar uma viagem tão longa me encheu de tristeza. De pé sobre o caminho que talvez ia nos separar para sempre nesta vida que é como um sonho, chorei lágrimas de despedida:

primavera
            não nos deixe
pássaros choram
lágrimas
            no olho do peixe

(parte inicial de *Sendas de Ôku*,
      o mais célebre dos relatos de viagem
          de Matsuó Bashô)

haru (primavera)

(*dói aquilo*
dentro do elmo
um grilo
— Bashô)

No terceiro mês do ano do Galo da Era Genroku (1667), entrou no nirvana o jovem barão Todô Shinshirô (Yoshitada Todô), senhor do castelo de Ueno, em Iga, na província de Edo.

Com sua morte, os samurais que lhe deviam vassalagem partiram e se dispersaram, virando *rônin*, samurais sem senhor feudal a quem servir.

Com vinte e três anos, entre estes, aquele que vai ser o máximo poeta que o Japão produziu (não é pouca coisa: os filhos do Sol Nascente sempre foram gente de poetas, do imperador ao homem do povo. E continuam a sê-lo com todo o futurismo *Blade runner* tecnológico).

Matsuó Bashô (*bashô*, em japonês, quer dizer "bananeira", um pseudônimo poético, a bananeira sendo a planta que achava mais bonita) nasceu em 1644, em Iga.

Sobre sua vida, os sinais nos chegam concisos e escassos, a moldes desses desenhos japoneses feitos com meia dúzia de riscos, o resto, traços, espaço aberto às interpretações e às leituras individuais. O percurso de Bashô, nos vinte e três primeiros anos, não deve ter sido muito diverso do currículo dos jovens de sua classe: severa disciplina de corpo e alma, convivência com seus, assimilação dos valores da casta samurai.

Embora quase a gente nada saiba da infância e da adolescência, parece que não lhe faltou, em casa, o calor que, depois, derramou sobre todos os seres. A julgar por estes haikais, o amor da mãe:

velho lar
eu chorando sobre
o cordão umbilical

Para saborear devidamente a doce amargura deste haikai, precisa saber que os japoneses de antigamente guardavam como relíquia o cordão umbilical dos bebês. Sobre este cordão umbilical, que, um dia, o ligou a um ventre feminino, Bashô chora.

Outro haikai denuncia o amor à mãe:

eu a pegasse na mão
lágrimas a derretiam
geada de outono

Bashô refere-se, claro, a uma mecha de cabelos, cortada da mãe morta e por ele conservada. Uma mecha de cabelos brancos, evidentemente, branca geada de outono, que o calor das lágrimas derreteria, se o poeta a tomasse na mão (*tê ni torobá*). Pelo poema, não se atreveu a tanto: o haikai é a expressão de sua distância respeitosa.

Nesse vazio, enxerga-se o poeta que foi Bashô.

O mesmo grande poeta que cultivou este vácuo, entre o desejo e a fatalidade:

dia de finados
do jeito que estão
dedico as flores

Na festa do Ulambamma, os japoneses homenageiam os mortos. Nesse dia, todos colhem flores para levar aos que já se foram.

Bashô, também: é um budista, articulado com os ritos da tribo.

No haikai, porém, a subversão súbita: as flores que vê, Bashô as oferece aos defuntos, *sem* tirá-las do pé. Uma afirmação de vida: um sim para a poesia.

Em Bashô, não se pode esquecer a origem. Um samurai. Uma obra de arte. Não admira. O samurai é o braço armado da classe dominante, a nobreza feudal do Japão medieval (a Idade Média japonesa só terminou em 1853, com a abertura *Madame Butterfly* dos portos do Japão, depois de um eloquente bombardeio da parte da frota norte-americana do Comodoro Perry).

Um samurai a cavalo: Toshiro Mifune em *Trono manchado de sangue*, filme de Akira Kurosawa.

Grupo altamente especializado em sua função social, escribas do antigo Egito, brâmanes da Índia, jesuítas, bolcheviques da Revolução de Outono, os samurais se pareciam muito com as ordens combatentes da Idade Média europeia (Templários, Cavaleiros de Malta, Ordem dos Cavaleiros Teutônicos).

Um samurai era, ao mesmo tempo, um guerreiro e um idealista. Um atleta, um místico, um artista. Sobretudo, homem treinado a dar a vida por um código de honra de classe. Melhor: de *casta*.

Guerreiro, aprendia, desde cedo, as manhas e destrezas com as armas (lutas corporais, arco e flecha, *bô*, o bastão, lança, alabarda, *shurikên*, a estrela de arremesso, e, principalmente, a espada, objeto no Japão de um verdadeiro culto, culminando no *kendô*, a arte da lâmina): *Budô*.

Assimilava, também, toda uma complexa ideologia, baseada no confucionismo, com ênfase no dever, no sacrifício e na supremacia do social sobre o individual. E no budismo, em sua manifestação zen, derivada do budismo Chang, da China.

Essa ideologia se chamava *bushidô*, "o caminho do guerreiro".

Sete anos depois da morte de Bashô, na noite de 14 de dezembro de 1701, quarenta e sete dos samurais de Asano, Takumi no Kami, senhor da torre de Ako, atacaram a casa e mataram Kotsukê no Sukê (Kira), mestre de cerimônias e homem do imperador.

A saga começa, realmente, um ano antes, quando Takumi, um pequeno nobre do interior, recebe a notícia: um emissário do imperador virá hospedar-se em seu castelo.

Kotsukê, respaldado em sua autoridade, é homem arrogante. Mas sua presença representa o imperador. Takumi, barão interiorano, submete-se às mais atrevidas humilhações da parte do emissário imperial.

Um dia, vilipendiado além da conta, num impulso de cólera, puxa a espada e atinge Kotsukê na testa, sem matá-lo, porém.

Kira representava o imperador. Asano é condenado à morte nobre, o *harakiri*, a morte dos samurais.

Takumi realiza o rito da autoimolação. A torre do seu castelo é demolida. Seus samurais, agora *rônin*, se dispersam.

Kotsukê, porém, sabe que seus juramentos de fidelidade são sérios: uma vingança pesa sobre sua cabeça.

Para se defender, o emissário do imperador fortifica-se em casa, com arqueiros mercenários, guardas e sentinelas.

Os samurais de Takumi, no entanto, nada fazem para vingar a morte do senhor.

Aparentemente.

Na realidade, quarenta e sete deles combinaram se encontrar, um ano depois, num templo, na noite de determinado dia, para executar a vingança.

Nesse ano, os quarenta e sete samurais disfarçam o mais que podem. Um finge virar um bêbado e dissipado, não saindo do bairro das prostitutas. Outro espalha a notícia de que voltou para viver com a mãe num povoado distante. Outro, ainda, se dedica ao comércio, atividade desprezada pela casta dos guerreiros.

Um ano passa depressa. Na noite de inverno de 14 de dezembro de 1701, os quarenta e sete samurais se reúnem no templo. Traçam a estratégia do ataque. Assaltam a casa fortificada de Kira (Kira Yoshinaka). Tomam a praça de assalto. E matam Kotsukê, cuja cabeça trazem até o túmulo de seu senhor.

Sabedor dos fatos, o imperador foi misericordioso. Condenou os quarenta e sete samurais ao ritual *harakiri*.

Os quarenta e sete foram enterrados no mesmo templo, hoje, alvo de peregrinações de japoneses de todos os lugares.

Kikáku, um dos discípulos diretos de Bashô, tem um poema sobre o evento, que comoveu o Japão da época:

lua na neve
aqui a vida vai ser jogada
em breve

A essa classe pertencia esse Matsuó Bashô, agora *rônin*, depois da morte do seu senhor. Lá vai tentar a vida em Edo, hoje, Tóquio, no funcionalismo público, a que sua condição de samurai o categorizava.

Durante algum tempo, sobreviveu como superintendente das águas, cargo que devia significar algum tipo de responsabilidade sobre os sistemas de irrigação, dos quais dependia a prosperidade desse Japão essencialmente agrícola (em arroz, o tributo dos camponeses aos senhores feudais, os samurais, pagos em arroz).

Pouco durou o ofício. Logo está Bashô tentando sobreviver como professor de poesia. Isto é: instrutor de haikai.

Como tal, vai levar os vinte e sete anos que lhe restam, viajando a pé, sustentado por discípulos, amigos e desconhecidos, nesse Japão feudal e tribal, onde é muito fácil peregrino virar hóspede.

No Ocidente, filósofos e cientistas têm discípulos. Não os poetas, a não ser através de influências indiretas. Dos três mil discípulos que, se diz, teve Bashô, destacam-se alguns, entre os quais este grupo dos Dez, comparáveis aos discípulos de Cristo: Sampu, Kyorai, Rantêtsu, Kyorôku, Kikáku, Josô, Yaha, Shikô, Etsujin e Hokúshi. Depois da morte do seu senhor, Bashô submeteu-se a duas disciplinas igualmente rigorosas, à altura de um ex-samurai.

O aprendizado da cultura e da poesia chinesa. E a prática zen, no mosteiro de Komponji, sob a direção do monge Bucchô.

Bucchô, do mosteiro de Komponji, um monge de amplas leituras e profundas luzes, tornou-se o professor de Bashô.

Indo ao templo de Chokeiji, em Fukagawa, perto de Edo, um dia, ele visitou o poeta, acompanhado por um homem chamado Rokusô Gohei.

Este, ao entrar no quintal da choça de Bashô, gritou:

— Como vai a Lei de Buda neste jardim quieto com suas árvores e ervas?

Bashô respondeu:

— Folhas grandes são grandes, folhas pequenas são folhas pequenas.

Bucchô, então, aparecendo, disse:

— De uns tempos pra cá, qual tem sido o seu empenho?

Bashô:

— A chuva em cima, a grama verde está fresca.

Então, Bucchô perguntou:

— O que é que era esta Lei de Buda, antes que a grama verde começasse a crescer?

Nesse momento, ouvindo o som de um sapo que pulava na água, Bashô exclamou:

— O som do sapo saltando na água.

Bucchô ficou cheio de admiração a esta resposta, considerando-a uma evidência do estado de iluminação atingido por Bashô.

Deste momento data esta microilíada zen, o mais célebre haikai, o mais lembrado poema da literatura japonesa, isto de Bashô:

velha lagoa
o sapo   salta
  o som da água

O haikai completo teria resultado de uma competição entre Bashô e três dos seus discípulos, presentes no momento.

Para começo do haikai, Sampu sugeriu:
— Ao cair da tarde.
Ransêtsu:
— Na solidão.
E Kikáku:
— A rosa da montanha.
Bashô, diante disto, disse:
— Todos vocês, em sua primeira linha, expressaram um aspecto do assunto e fizeram um verso acima do comum. O de Kikáku, especialmente, é forte e brilhante. No entanto, para fugir do convencional, esta tarde, eu farei:

velha lagoa

Todos ficaram impressionados. Neste verso, abre-se todo o Olho do Haikai.

Tradições, meio escritas, meio orais, reportam outro episódio, envolvendo Bashô, poesia e zen.

Seu mestre Bucchô o repreendeu por dedicar demasiada atenção ao haikai (até Bashô, uma espécie de diversão social e frívola, versinhos humorísticos e trocadilhescos, comparáveis a certas quadras nordestinas do tipo:

Batata, batata que o povo gosta,
um quilo dessa batata
dá bem dois quilos de bosta

do pregão do vendedor de batatas.
    Ou a placa na venda:

Para não haver transtorno
aqui neste barracão
só vendo fiado a corno,
filho da puta e ladrão).

    À repreensão de Bucchô, Bashô:
    — Haikai é apenas o que está acontecendo aqui e agora.
    Então, Bucchô compreendeu.
    Santa pessoa, esse Matsuó Bashô.

Francisco conseguia
entender
o que a ave dizia

Bashô enxergava
a lágrima
no olho do peixe
ALICE RUIZ

O conceito de santidade, porém, já não faz sentido, no Ocidente, desde o século XVIII, quando a vanguarda intelectual da burguesia materialista, feita à imagem e semelhança de suas mercadorias, fechou o grande negócio: matou Deus e deuses, neles abolindo, evidentemente, o rei, o bispo, o barão, as corporações, a Idade Média, papai e mamãe, enfim.

O assassinato pôde ser pago em várias e módicas prestações mensais.

Curiosamente, o ateísmo, essa postura cósmico-ideológica da burguesia iluminista (Beyle, Holbach, D'Alembert, Diderot, seus porta-vozes teóricos na França das Luzes), foi incorporado ao programa marxista, que se pretendeu representar, no plano dos conceitos, o universo das massas trabalhadoras, exatamente, a classe explorada pelo capital, essa abstração, e pela burguesia, sua detentora: Marx, um burguês branco, do século XIX.

Se santos são aqueles que mantêm comunicação privilegiada com alguma transcendência, Deus ou deuses, com a morte destes, não há mais santos. Só que tem um problema. É que *há* santos. E sempre haverá. Santos artistas, santos poetas, santos atletas, santos marxistas, inclusive.

Que outro adjetivo calharia, por exemplo, para os bolcheviques de Outubro, esses Lênin, Trótski, Stálin, Kamenev, Zinóviev, Bukhárin, Rádek, Dzerjhinski, santos da Revolução, ratos de esgoto durante tantos anos, diante da polícia czarista, carregando acesa a chama de uma ideia, evangelhos, frases, diretrizes, coerências, frasespalavras-chave?

Humanamente, só nos santos dá para ver os deuses: só nos radicais, dá pra ver a Ideia.

Deus, chamo aqui, é tudo aquilo (ou aquilo tudo) que faz a gente viver, com plenitude mental e espiritual, vida boa de ser vivida: chame-se Ra, Amon, Aton, Zeus, Iavé, Jesus, Xangô, Buda ou revolução. O sentido: a interpretação final do gesto de existir. O para quê. E o porquê.

Parece consistir a santidade em certa entrega a um princípio. O santo, uma das possibilidades humanas: o herói do espírito, da Ideia, do signo. Um exagero, portanto.

Como essa concisa extravagância que se chamou Matsuó Bashô, santidade e sentido, guerreiro de nascença e formação, monge por escolha, poeta por fatalidade.

Paralela ou transversalmente a seu preparo em zen, Bashô estudou o tesouro de sua cultura, clássicos chineses, com Itô Tana, e clássicos japoneses, sob a direção de Kigin Kitamura. Um tesouro bilingue.

Que via Bashô, quando olhava para trás?

Da China, os filósofos (embora a palavra seja tão grega que não tem sentido empregá-la para sábios como Confúcio, Lao Tsé,

Soshi, Hui-Neng). E os poetas da dinastia Tang e Sung, Li-Tai-Po e Tu-Fu (em japonês, Ritaihaku e Tohô).

Do Japão, uma vasta lírica, remontando à primeira antologia de poesia nipônica, a aristocrática coleção de poemas ancestrais, conhecida como *Manyôshu* (Bashô: *o haikai é o coração do Manyôshu*). E — certamente — o repertório do teatro nô.

Uma das mais extraordinárias criações do gênio nipônico, teatro semiótico, antinaturalista, misto de ópera, tragédia grega e missa, espetáculo reservado à família imperial, aos círculos chegados ao Shogun (o ditador militar) e à nobreza em geral, o nô, teatro de máscaras e gestos codificados, é, praticamente, obra dos dois Seâmi, pai e filho, que, no século XIII, escreveram as peças que, depois, se manteriam inalteráveis por séculos.

Entre elas, esta maravilha, *Hagoromo*, *O manto de plumas*.

Nela, um pescador encontra pendurado num ramo de árvore, à beira do rio, o manto de plumas de uma *tênnin*, espécie de ninfa/anjo feminino. Olha para o rio. Lá está a Tênnin nadando nua, certa de que o manto está seguro. Seus poderes dependem do manto de plumas: sem ele, não pode voar, por exemplo.

Quando a Tênnin sai das águas para apanhar o manto, dá com ele nas mãos do pescador, que faz chantagem. Para devolver o *hagoromo* exige que a Tênnin dance, para ele, a dança que dá fortuna e fartura.

A ninfa dança. O pescador mantém a palavra. A Tênnin recupera o manto. E voa de volta aos céus, nesta tradução de Haroldo de Campos:

Muitos são os jogos do Nascente
Muitos são os júbilos do Nascente

Quem se chama Pessoa do Palácio da Lua
Na décima quinta noite culmina:
Plenilúnio
Plenitude
Perfeição

Cumpriram-se os votos circulares:
Espada e alabarda guardam o país
O tesouro das sete benesses
Chove
Profuso
Na terra

Passa-se agora o tempo:
O celeste manto de plumas está no vento

Sobre o pinheiral de Mihô
Sobre as Ilhas Balouçantes
Sobre o monte Ashitaka
Sobre o pico do Fuji
flutua

Excelso
Dissolvido no céu do céu

Esfuma-se na névoa
E a vista o perde

Bashô não ignorava o repertório do nô.
Basta ver aquele haikai:

debaixo
de uma árvore em flor

me senti dentro
de uma peça nô.

Numa peça nô, o protagonista se deita sob uma cerejeira em flor, para descansar em meio a uma viagem.

No meio de uma viagem, à sombra de uma cerejeira em flor, Bashô mesmo se sente dentro de uma obra de arte: uma peça nô, o nô de sua vida. O que acabou por virar verdade (algum poeta do Japão moderno escreveu um nô baseado em *Sendas do Ôku*, o mais célebre dos diários de viagem de Bashô, tendo o próprio como personagem principal).

Em sua gênese, porém, Bashô não assimilou apenas saberes verbais. Na época em que viveu, encontrava-se no auge a arte do chá, *chá-dô*, um dos caminhos zen. Desenvolvida e introduzida por monges zen, a serena cerimônia do sorver chá com uma roda de amigos tomou conta do Japão.

Diz-se que Yoshimada Todô, o jovem senhor feudal a quem Bashô servia, em verdes anos, adepto da arte do chá, a praticava, com frequência, em seu castelo.

Vários haikais de Bashô têm a arte do chá como tema.

Pintura, Bashô desenvolveu com um seu aluno de haikai. Digo desenvolveu porque chineses e japoneses já nascem desenhistas, quando aprendem a escrever essa escrita-desenho, que é o ideograma. Nos cinquenta anos que viveu, Bashô concentrou num determinado lugar formal (as dezessete sílabas do haikai) toda a herança da cultura oriental.

Nesse sentido, o paralelo para ele, no Ocidente, é o orador romano Marco Túlio Cícero, totalmente latino, tendo, no entanto, assimilado toda a cultura helênica (a China está para o Japão, assim como a Grécia esteve para Roma).

Entre nós, análogo possível seria Euclides da Cunha, como Bashô, um ex-militar: Euclides pertenceu, em fins do Império, a uma brilhante turma de cadetes do Exército brasileiro, daquele Exército positivista, abolicionista, anticlerical e republicano, que moldou os destinos do Brasil, até tomar o poder, em 1964.

Tenente e engenheiro, Euclides, construtor de pontes, como Bashô era superintendente de águas, fez um haikai chamado *Os sertões*, uma ilíada positivista de quinhentas e quarenta páginas, dividida em três partes:

A TERRA

O HOMEM

A LUTA

Melhor paralelo brasileiro, talvez, Taunay, oficial do exército, ordenança do imperador d. Pedro II, na guerra contra o Paraguai, no entanto, desenhista e escritor sensível às belezas da paisagem e da flora do Brasil, que registrou em desenhos e textos, merecedores de reedição e estudos.

Um símile para Bashô, na literatura francesa do século XIX, seria o romântico Alfred de Vigny, igualmente militar e poeta (melhor que Lamartine e Musset), grande em inúmeros versos e poemas e na prosa que se chama *Servitude et grandeur militaires* [Servidão e grandeza militares].

Como Cícero, como Euclides, Bashô buscou uma síntese. E a obteve. Sob certos aspectos, seu haikai é a fina flor de tudo que de melhor o Extremo Oriente produziu: transcendentalismo hindu, realismo e materialismo chinês, simplicidade japonesa.

Confucionismo, pintura, arte do chá: teatro nô, zen.

Todos os rios de signos do Oriente correm e concorrem para fazer das parcas sílabas do haikai de Bashô, sempre, uma obra -prima de humor, poesia, vida e significado.

Não era um homem robusto. Sofria do estômago. E suas incessantes viagens sempre causavam preocupação entre os discípulos que, por ele, tinham nipônica devoção filial.

Em sua última doença, vários o assistiram. Durante alguns dias, com eles, manteve conversações sobre zen e poesia, numa situação que lembra a morte de Sócrates.

Desconfiados do desenlace próximo, pediram que Bashô fizesse seu poema de morte.

O mestre respondeu que, nos últimos vinte anos, todos os seus haikais tinham sido escritos como se fossem seu "poema de morte".

Nessa noite, teve um sonho.

Ao acordar, colocou o ponto final:

doente em viagem
sonhos vagueiam
pela várzea

Quis corrigi-lo, ele que era artesão rigoroso. Mas resignou-se.

— Não vou modificar nada. Seria vaidade e apego ao mundo, apesar do muito que amei a vida e a arte.

Virou Buda, nesse mesmo dia, 12 de outubro de 1694, em Osaka, com cinquenta anos.

Os discípulos o enterraram no jardim do templo Yoshinaka, às margens do Biwa, o lago em forma de alaúde (*biwa*, em japonês), um dos lugares mais bonitos do país.

Para marcar o ponto onde jaz, apenas uma estrela, pedra simples, nada escrito.

Ao lado, hieróglifo, uma bananeira, sua planta favorita e árvore-totem, da qual tirou o nome com que entrou na glória.

casca oca
a cigarra
cantou-se toda
BASHÔ

nátsu (verão)

por que será que os tradutores açucaram Bashô isto é o senhor bananeira bashô para quem uma peônia florindo podia ser um gato de prata ou um gato de ouro uma peônia florindo na luz
HAROLDO DE CAMPOS, *LIVRO DAS GALÁXIAS*

Em poucos casos, o problema da tradução de poesia se apresenta tão dramático quanto na transladação do haikai do original para outra língua, abertura da tumba de Osíris para os rituais da ressurreição.

Começo de conversa: um haikai, no original, nunca é poema isolado no centro da página, composto em abecedários gutenberguianos, como são os poemas no Ocidente.

Pensado numa língua aglutinante, escrito a pincel num sistema gráfico misto de ideograma chinês com silabário, sempre parte integrante de um diário ou de uma pintura, nenhum tipo de poema é mais traído na tradução do que um haikai japonês.

O Ocidente (fenícios, gregos, romanos, nós) escreve da esquerda para a direita, o Oriente da direita para a esquerda (chineses, japoneses, hebreus, árabes): influência dos movimentos do Sol?

Os sistemas de escrita japoneses (*kanji, hirakaná*), mais as deformações da caligrafia, dão infinita possibilidade plástica de grafia aos haikais, que nossos insossos ABCS nem de longe alcançam, em sua mecânica uniformidade horizontal.

A escrita japonesa dos haikais tende para o estado gasoso, a rarefação, a dissolução da matéria, sempre a um terço do ponto onde se fixa, mas não se define. As frases/linhas do texto se aproximam da fumaça, com um dinamismo norte-sul (do céu ao inferno, do inferno ao céu), distinto da horizontal orientação oeste-leste da escrita ocidental de extração semita.

Para traduzir adequadamente um haiku japonês, indispensável lançar mão dos recursos da poesia dita "de vanguarda": especializações, cores, tipias, grafias, "maneirismos", tais como a tradição literária do Ocidente os concebe.

Só assim se vai dar conta da riqueza, da virtude semântica, da polivalência de significados que lateja nos interstícios das dezessete sílabas que Matsuó Bashô e seus discípulos elevam à categoria de grande arte.

A língua em que Bashô escreveu se grafa com um sistema de escrita, composto de dois subsistemas. Para grafar o japonês, necessário usar *kanji*, ideogramas de origem chinesa, mais um silabário, o *hirakaná*. Acontece que o japonês é idioma aglutinante (como o tupi, as línguas indígenas da América, o basco, o turco, o finlandês, o húngaro) de mecanismo muito distinto do chinês (monossilábico, como o tibetano, o vietnamita, o thai). Japonês tem terminações, conjugações de verbo, sufixações: o núcleo dos substantivos e verbos é dado em ideograma, *kanji*, as terminações morfológicas, em silabário.

"O japonês clássico é uma língua de frases intermináveis, às vezes literalmente intermináveis, e, nesse caso, se deixam incompletas, no vigésimo ou quadragésimo giro, como se seus autores desesperassem de chegar jamais ao término da sua tarefa", Donald Keene, *A literatura japonesa* [Medellín: Fondo de Cultura Económica, 1956].

Em contraste, o chinês clássico "é uma língua monossilábica, escrita sem modulações gramaticais, apenas uma morfologia posicional, com entonações musicais, que servem para diferenciar muitas sílabas que são idênticas".

"O japonês é polissilábico, não tem as entonações musicais do chinês, e soa um pouco como o italiano, pelo menos para os que não sabem italiano", comenta Keene.

"O chinês, isto é, o chinês antigo, era a língua ideal para o zen, clara e breve", acrescenta Blyth, "inteiramente inambígua, quando você sabe o que a frase quer dizer."

E mais: "o gênio da língua japonesa era bem diferente do chinês. Não só sujeito, predicado e objeto eram, até um grau, indistinguíveis, e a pontuação inexistente, mas até o perfil das palavras era borrado". Em japonês, não existem artigos nem plural.

Blyth arremata: "na vida, sujeito e predicado não estão fixados, nem causa nem efeito [...]. Coisas não começam com letra maiúscula e terminam com um ponto final".

A língua japonesa, idioma meio sem parentescos históricos visíveis com outros, é vaga, fluida, cheia de gerúndios, soltos, sem conexões sindéticas claras: o sistema de preposições e conjunções do japonês clássico é líquido, com ambiguidades entre *em*, *e* e *de* (*ni*, *to*, *no*). Nessa língua, talvez, Descartes não conseguiria dizer: "penso, logo existo". Nela, não existe articulação causal ou consecutiva desse rigor, pensado em latim.

A tudo isso, soma-se a riqueza própria do ideograma chinês, entidade pictocaligráfica, irrepetível e incorrigível como uma rubrica.

Essa riqueza de significados do haikai é garantida, ainda, por outro traço formal distintivo: os haikais japoneses *não* têm título.

Fundamental observar, ainda, que esse processo de escrita é *caligráfico*, feito à mão. Isso implica deformações personalizadas, que, embora quase destruam o signo de origem, com ele mantêm relações plásticas e icônicas tais que permitem sua leitura no interior da comunidade dos praticantes desse código.

Há, sobretudo, naturalmente, o plano fonético do haikai, com tramas sonoras muito elaboradas: o japonês é língua foneticamente muito simples, sílabas completas tipo consoante-vogal (*yúki*, *nátsu*, *áki*, *kokorô*, *kodômo*, *tábi*, *úmi*), sem encontros consonantais violentos, permitindo mini-harmonias acústicas sutis, com inversões, espelhismos, aliterações, repercussões, harmonias imitativas, onomatopeias, ecos, rimas esparsas. A poesia japonesa não conhece a rima, como tal, a coincidência sonora obrigatória no final dos versos.

Isto é de Shiki, um discípulo de Bashô, morto no século xx. Em japonês:

NEN NEN NI
KÍKU NI OMOWÁN
OMOWARÊN

todo ano
pensando nos crisântemos
  sendo pensado
  pelos mesmos

Ou, melhor, a partir dessa tradução literal:

nem vem que não tem
eu penso crisântemo
  crisântemo em mim também
(TRADUÇÃO: LEMINSKI)

A música do mestre:

ÚMI KURETÊ
KAMÔ NO KOÊ
  HONOKÁ NI SHIRÔSHI

É Bashô:

o mar escurece
a voz das gaivotas
  quase branca

Taigi, discípulo de Bashô:

YAMABÚKI YÁ
HA NI HANÁ NI HA NI
  HANÁ NI HA NI

a montanha sopra
folha em flor em folha em
  flor em folha em

"Montanha-sopra" (*yama-búki*) é o nome, em japonês, da rosa amarela. Esse acaso abre margem a um vertiginoso jogo de imagens, em que as folhas (*ha*) e flores (*haná*) da planta são açoitadas pelos ventos que sopram, etimologicamente, do seu próprio nome.

Ni, em japonês clássico, pode ser tanto a preposição "em" quanto a conjunção "e", ambiguidade impensável em língua indo-europeia.

Vale notar, neste micropoema, onde uma montanha, ora rosa, sopra folhas, flores, folhas, a presença subjacente da palavra "nariz".

Com efeito, em japonês, *flor* diz-se *haná* e nariz, *hana*.

O que cheira e o cheirado estão em relação trocadilhesca.

Como traduzir tamanha complexidade?

Em vários haikais, verifica-se o princípio da poesia moderna de que a extrema redundância (repetição de elementos) pode gerar informação estética, poesia, em suma.

Nem precisa lembrar a pedra de Drummond, tantas vezes repetida, no meio do caminho. Ou o "defenderei/ defenderei/ defenderei", do "Cântico dos cânticos para flauta e violão" de Oswald de Andrade.

Basta ver esta vermelhidão, de Izen, um contemporâneo de Bashô:

UMÊ NO HANÁ
AKAI WA AKAI WÁ
AKAI HANÁ

cereja em flor
vermelha vermelha vermelha
vermelha flor

Ou este voo de Horyu:

TOMBO TÔBU
TOMBO NO UE MÔ
TOMBO TÔBU SORÁ

Literalmente:

voam libélulas
também sobre as libélulas
um céu onde voam libélulas

O haikai é construído sobre o trocadilho entre "libélula" (*tombo*) e "voar" (*tôbu*), algo como "varejam varejeiras", "moscas mascam" ou "esperneiam pernilongos", delações poéticas das etimologias que estão de tocaia sob a superfície das semelhanças e diferenças entre as palavras.

libertam-se libélulas
sobre elas libélulas
um céu cheio delas

De Issa, uma geração depois de Bashô:

HÍTO CHIRÁRI
HONOHÁ MO CHIRÁRI
HORÁRI KANÁ

Isto é:

poucas pessoas
as folhas são poucas
aqui
uma
ali
outras

Não param aí as riquezas dessa forma: nelas, desempenha um ambíguo papel o efeito de linguagem, conhecido em japonês como *kakekotoba*, literalmente, "palavra pendurada".

O *kakekotoba* não é, exatamente, um trocadilho, no sentido ocidental do termo, um daqueles magníficos "puns" de James

Joyce, inspirados nos *port-manteau words*, as "palavras-valise" de Lewis Carroll.

É a passagem de uma palavra por dentro de outra palavra, nela deixando seu perfume. Sua lembrança. Sua saudade.

Keene explica muito bem:

O limitado número de sons possíveis na língua japonesa deu lugar, inevitavelmente, a muitos homônimos e há inúmeras palavras que contêm outras ou partes das palavras completamente distintas. Por exemplo, a palavra *shiranámi*, que significa "ondas brancas", poderia sugerir a um japonês a palavra *shiránu*, que quer dizer "desconhecido", ou *námida*, que quer dizer "lágrima".

Keene conclui: "a função do *kakekotoba* consiste em ligar duas ideias diferentes mediante um giro ou desvio do seu significado próprio".

E "o *kakekotoba* mostra um traço característico da língua japonesa: a compressão de muitas ideias num espaço reduzido, por meio, geralmente, de jogos de palavras que produzem uma dilatação dos harmônicos da palavra".

Keene cita ainda um poema japonês antigo suscetível de duas traduções distintas, ambas permitidas pelo texto original: "dois círculos concêntricos, cada um deles completo, mas indissoluvelmente ligado ao outro".

Fácil imaginar o desespero que se apossa do tradutor ocidental quando aborda um haikai japonês: tarefa hercúlea (ou hermética) dar conta de tantas singularidades em outro sistema de linguagem. Mas, enfim, todo tradutor de poesia sabe que está diante de um trabalho impossível, que importa levar a bom termo, custe o que custar: grandezas e misérias do ofício.

Nem de longe tenho a impressão de que os haikais apresentados aqui, traduzidos do japonês, deem conta da fertilidade de sentidos de um poema que, frequentemente, é parte integrante de uma pintura. Isto é: um ícone. Um ícone, não tendo sinônimos, não pode, rigorosamente, ser traduzido. É apenas igual a si mesmo: toda obra de arte tem natureza tautológica. Beleza é aquilo que as coisas bonitas têm. Indefinível, beleza não tem tradução: o belo é irrefutável.

Para se aproximar das belezas, só através da construção de *análogos*, num processo heurístico de mais-e-menos, de quase-quase, de perde-ganha.

Os análogos que construo, diante da impossibilidade de uma tradução, são, apenas, "closes" gutenberguianamente verbais a constelações infinitamente mais radioativas de signos.

Por exemplo, a radioatividade dessa entidade artística chamada *hai-ga*.

Não se pode falar do haikai sem falar em *hai-ga*: grande número dos melhores haikais dos grandes haikaisistas (*haiku-jin*, em japonês) são apenas a parcela verbal de um *hai-ga* (ou *zen-ga*), misto de desenho e texto-haikai (ver *Hai-Ga*, na ilustração).

O *hai-ga* é uma unidade intersemiótica, de natureza verbi-voco-visual (palavra-som-imagem, num só gesto).

A prática do ideograma chinês com que, parcialmente, se escreve o japonês, sendo o ideograma (em japonês, *kanji*, de *kan*, China, e *ji*, letra), em boa medida, uma pictografia estilizada (desenho da coisa), faz de todo japonês que saiba escrever um desenhista.

Xangô quis dar aos negros toda a musicalidade, aos amarelos, o Tao deu o dom das artes plásticas, o domínio sobre o mundo do olho. Sensibilidade visual potencializada e disciplinada pelo ideograma, chineses, japoneses e coreanos, os povos mais sofisticados do Extremo Oriente, não necessariamente nesta ordem, são desenhistas e fotógrafos natos.

Aí volta todo um papo sobre as relações entre poesia, música e pintura, muito mais íntimas do que imagina o letrado mandarinato. Mas Bashô não era apenas um desenhista.

Um desenhista não diria isto:

REPITA SEU VERSO/ MIL VEZES NOS LÁBIOS

Como todo poeta, era ávido de formas, visuais, conceituais,

arquiteturais, naturais. E, naturalmente, auditivas. Musicais, portanto.

Donde, isto:

começo da poesia
o canto dos plantadores de arroz
  desta província

Um haikai é feito com todos os sentidos. Os de Bashô, sobretudo. A forma, porém, não foi inventada por ele, niponicamente fiel à tradição:

NÃO SIGA OS ANTIGOS. PROCURE O QUE ELES PROCURARAM.
BASHÔ

O haikai, haiku ou hokku, como queiram, já existia, como corpo, antes de Bashô. Tudo o que ele fez foi infundir-lhe uma alma imortal.

RESPEITE AS REGRAS. ENTÃO, JOGUE TODAS FORA. PELA PRIMEIRA VEZ, VOCÊ ATINGE A LIBERDADE.
BASHÔ

o velho tanque

De todas as formas poéticas do Oriente, o haikai parece ser o que melhor se aclimatou na floresta de signos da literatura ocidental.

Ampla, a influência dessa brevíssima espécie.

Com tudo isso, não é de espantar que todos saibamos que um haikai, reduzido ao esqueleto fonético-formal, apresente-se assim:

— — — — —
— — — — — — —
— — — — —

É um poema de dezessete sílabas, com três versos (o primeiro e o terceiro, com cinco sílabas, o do meio, com sete: redondilhas). Essa forma já existia muito antes de Bashô.

Zen-ga, o poema-pintura zen, ambiguidade ser e signo. A mesma mão e pincel que traça as árvores ao alto desce escrevendo o haikai. A primeira palavra do haikai é "dez", que se grafa, em japonês, com uma cruz †. Mas essa letranúmero é escrita de tal forma que não dá para distingui-la das árvores. O ideograma do número dez é uma árvore na floresta dos signos: nenhum obstáculo na passagem do mundo do ser para o mundo dos signos, na tradução da natureza em cultura. No total do Tao (o to-TAO?), paz no coração da guerra.

A milenar produção lírica do Japão tinha desenvolvido gêneros muito breves: o *tanka* (ou *waka*) e o *renga*, que a China não conheceu.

[110]

O haikai surgiu numa circunstância coletiva: o *renga* é uma cadeia de tercetos, produzida, oralmente de improviso, numa roda de poetas, cada terceto pegando o mote do anterior. E passando a bola para o próximo poeta. Algo semelhante aos desafios de violeiros, no Brasil. Roda de samba. Partido-alto.

Antes de Bashô, o terceto já tinha sido isolado como forma para se transformar em estrutura autônoma, o haiku, hokku ou, entre nós, haikai.

Por mais livre que um haikai seja como ideia e poema, costuma obedecer a certo esquema de sentido, uma *forma do conteúdo*: o primeiro verso expressa, em geral, uma circunstância eterna, absoluta, cósmica, não humana, normalmente, uma alusão à estação do ano, presente em todo haikai.

o velho tanque
        rã salt'
                tomba
                        rumor de água

TRADUÇÃO: HAROLDO DE CAMPOS

VELHA
LAGOA

UMA RÃ
MERG   ULHA
UMA RÃ

ÁGUÁGUA

TRADUÇÃO: DÉCIO PIGNATARI

O mais célebre de todos os haikais já teve, entre nós, quatro notáveis aproximações a uma tradução. A de Haroldo de Campos. A de Décio Pignatari. E a de Júlio Plaza, uma leitura icônica, visual, plástica, da tradução de Haroldo. Folheto dobrado ao meio, com letras em azul-claro sobre um aquático fundo azul-escuro, a transtradução de Plaza não pode ser mostrada aqui, nesta gutenberguiana floresta em preto e branco, que é um texto. Recentemente, Plaza verteu essa transtradução para videotexto: texto vivo, intersemioses, Bashô no ano 2000.

Milhares de haikais começam assim:

lua de outono
vento de primavera
tempestade de verão
primeira geada
dia de ano novo

Nas edições japonesas tradicionais, os haikais são classificados sazonalmente: haikais de primavera, verão, outono e inverno. O primeiro verso situa a intuição no interior do Tao, do cosmos, do todo.

o sapo salta

O segundo verso exprime a ocorrência do evento, o acaso da acontecência, a mudança, a variante, o acidente casual.
Por isso, talvez, costume ter duas sílabas a mais que os outros.

o som da água

A terceira linha do haikai representa o resultado da interação entre a ordem imutável do cosmos e o evento.
Resultado distinto da conclusão de um silogismo da lógica grega aristotélica, com o qual o haikai parece ter certa semelhança formal, baseada no esquema ternário ou triádico do desenvolvimento.
Qual a relação entre

velha lagoa
o sapo salta
o som da água

e

todo o homem é mortal
sócrates é homem
logo sócrates é mortal?

No poema japonês, não há "logo", nem "portanto", nem "contudo". As articulações sintáticas são soltas, ambíguas em suas funções lógicas, abertas, plurais.

O terceiro verso de um haikai não é uma conclusão lógica: parte de uma obra de arte, é o membro de um poema.

Pela brevidade, o haikai guarda certo parentesco com o *epigrama*, a mais diminuta forma de poesia greco-latina, praticada no Ocidente durante o Renascimento e o Barroco.

A palavra "epigrama" quer dizer, em grego, "escrito sobre". E sua origem parece ser a inscrição tumular (o epitáfio). Ou o pequeno texto feito para acompanhar uma escultura.

Existe uma célebre *Antologia grega*, constituída só de epigramas. Entre os romanos, os mais notáveis praticantes dessa forma foram os poetas Catulo e Marcial, que deixaram várias coleções de breves poemas, sendo uma delas de um só verso.

Vamos jogar uma máscara nô na cara de Marcial e ler seus epigramas dísticos (de dois versos) como se fossem japoneses.

a lavino

Você dorme, Lavino,
ao som do anfiteatro cheio
e vem se queixar
que o oceano te acorda!

Ou:

água fria e quente

Aqui, digo o nome
dos vários banhos de água quente.
Depois de ler,
jogue este papel na água.

Marcial foi muito apreciado durante o Barroco, no século XVII. O espanhol Quevedo traduziu-o todo.

Nesse mesmo século, o italiano Bernardino Baldi publicou *Gli epigrami*, vasta coleção de brevidades, entre as quais, esta:

A imagem de Sigeu sempre se cala,
tanto quanto a imagem cala Sigeu.
Mas afirma, o dedo alto, outro sujeito
que ele de Pitágoras é da escola.
Surge Tício e diz muito a propósito
que retrato é Sigeu do seu retrato.

Em meados do século XVIII, Goethe, o máximo poeta que a Alemanha produziu, aficionado, como Bashô, seu quase contemporâneo, ao gênero *diário*, faz uma viagem de dois anos pela Itália.

Da vasta produção de Goethe, são escritos, nessa viagem, os *dísticos*, minipoemas de dois versos, bebidos na tradição do epigrama.

Existe uma linhagem ocidental do poema curto.

Através do epigrama, o Ocidente conversa com o haikai de Bashô.

À boca pequena, naturalmente.

áki (outono)

Na estação dos frutos maduros, os frutos, prontos:

relampagueia
através das trevas
a garça ecoa

Ou:

rio ôi
sopre pra longe
nuvens das chuvas de maio

Aqui, o haikai não é um cromo, cartão-postal de um momento: é experiência espiritual intensa.
Bashô é o mestre da observação rara:

chuva de primavera
a água escorre do teto
pelo ninho de vespas

Da desmesura:

mar brabo
sobre a ilha de sado
a vida de santiago

Nisto, Bashô contradiz não apenas uma norma implícita do haikai, mas até um traço do caráter do seu povo: o amor ao pequeno, ao corriqueiro, ao aparentemente insignificante. O poeta lida, aqui, com grandezas máximas: o mar agitado, a Via Láctea (a Via de Santiago), o oceano e a numinosa máquina dos astros. Entre esses absolutos, ao longe, na bruma, a ilha de Sado, a alma de Matsuó Bashô.

Desmesura, ainda, nisto:

o dia em chamas
joga no mar
    o rio mogâmi

Não, o haikai de Bashô não é a fotografia adocicada de um lótus flutuando no velho tanque de um mosteiro.

São feridas, contradições zen, singulares vivências de uma sensibilidade à flor da pele:

pulgas piolhos
    um cavalo mija
do lado do meu travesseiro

Experiência de momentos de extrema riqueza sensorial:

nuvem de flores
    o sino!
vem de ueno?
de asakusá?

Ou de profunda identificação com a matéria:

silêncio
o som das cigarras
penetra as pedras

Certas intuições espantam pela complexidade da percepção:

TAKOTSUBO YÁ
HAKANÁKI YUMÊ WÓ
    NÁTSU NO TSÚKI

A Bashô, este haikai pintou, quando num barco, na baía de Akáshi. Diz, mais ou menos:

a armadilha do polvo
sonhos flutuantes
lua de verão

O poeta, no barco, olha a água noturna e vê no fundo os cestos de bambu, onde os pescadores apanham polvos, atraídos pela luz das tochas: a boca das cestas tem pontas de bambu aguçadas, de modo que o bicho pode entrar mas não sair.

Os "sonhos flutuantes" (*hakanáki yumê*) guardam relação com os reflexos das tochas na água trêmula, onde se reflete a lua amarela (ou quase vermelha) do verão.

Misteriosos parentescos entre os polvos que entram na armadilha, os sonhos que flutuam e os reflexos da lua: todas essas coisas parecem pertencer a um mundo irreal, subaquático, onírico.

No original japonês, uma estranheza de linguagem, que ainda carrega mais os milagres da cena. A partícula *wo*, depois de *hakanáki yumê*, sonhos flutuantes, indica, em japonês, que a expressão é o objeto direto de um verbo. Qual o verbo? O original não diz. Nem qual o sujeito. *Quem* faz o *que* com os sonhos flutuantes? Arrisco a versão:

polvos na armadilha
sonhos pululam
a lua vermelha

"Flutuantes" não dá conta, plenamente, do japonês *hakanáki*, verdadeira onomatopeia visual, imitativa do movimento de oscilação das águas. Algo como um zigue-zague. Um treme-treme. Um tremelique. Um quase-quase. A forma é simples. A intuição é barroca.

A tessitura sonora e silábica do haikai é rica de anagramas, tranças de sons que se entrelaçam. A sílaba *tsu* está em "armadilha" (*tsubo*), em "verão" (*nátsu*) e em "lua" (*tsúki*). *Hakanáki* quase rima com *nátsu*.

Em *hakanáki*, um japonês pode enxergar, ainda, uma aparição do verbo "chorar", *náku*, reforçando o clima aquático. *Hakanáki* compõe-se de dois ideogramas: "fruto" + "não" = "sem fruto".

Hakanáki yumê, portanto, é, literalmente, "sonho sem fruto".

Assim, muita complexidade está lá, escondida dentro dos haikais, aparentemente, mais banais. Os de Matsuó Bashô podem ser qualquer coisa: menos banais.

Em muitos, o que se vê é a humanidade de Bashô, uma "gentidade" que, budisticamente, inclui em sua esfera todos os seres vivos (ao amanhecer, de todos os templos e mosteiros budistas da Ásia, eleva-se a primeira prece do dia: pela salvação de todos os seres vivos, animais e plantas, não apenas homens):

> *em minha cabana*
> *tenho o que oferecer pelo menos*
> *os mosquitos são pequenos*

Em sua infinita pobreza voluntária, Bashô, com muito humor, descobre que tem algo a oferecer a seus visitantes: o tamanho dos mosquitos. Mas o ex-samurai também tem outras coisas a oferecer a nós, que visitamos seus poemas, trezentos anos depois. A modernidade deste haikai, por exemplo:

> *matsushima, ah,*
> *ah, matsushima, ah,*
> *ah, matsushima*

Matsushima ("ilha", *shima*, dos "pinheiros", *matsu*) é tida como um dos lugares mais bonitos do Japão. Bashô viajou dias para chegar até ela. Diante de tanta beleza, sua reação foi um haikai extremamente econômico e redundante: apenas o nome do lugar, repetido em três exclamações, sem mais, como se o assombro fosse demais para caber em palavras.

No terreno dos sentimentos, Bashô vai fundo. Como neste:

em kyoto
com saudades de kyoto
o hototoguísu

Velha capital do Japão, antes de Tóquio (Edo), Kyoto é a cidade dos templos mais velhos, dos antigos palácios, dos mosteiros zen, relicário dos maiores tesouros artísticos do Japão (pinturas, biombos, jardins, textos originais). Sobre ela, pensaram os americanos em jogar a bomba atômica, antes de se decidirem por Hiroshima e Nagasaki.

Bashô sente saudades de Kyoto. Mas ele está *em Kyoto*. *"Mais où sont les neiges d'antan?"* [Mas onde estão as neves de outrora?], diria Villon, ecoando no Machado de Assis do: "mudou o Natal ou mudei eu?".

Ao ouvir o canto do *hototoguísu*, o rouxinol japonês, Bashô sente nostalgia por uma Kyoto que não existe mais.

O tempo passou, o poeta mudou, a cidade mudou. E agora, Bashô?

SUMADÉRA WA
(templo de suma)
FUKÁNU FÚE KÍKU
(ouvi a flauta não soprada)
KOSHITAYÂMI
(debaixo das árvores)

Quem é este que consegue escutar "uma flauta não soprada" (*fukánu fúe*)? Esta flauta, realmente, existiu (ou existe), a flauta de Atsumôri, um guerreiro da Idade Média japonesa (1169-84), morto, com dezessete anos, numa batalha. O instrumento musical está depositado em Sumadêra, onde Bashô, numa de suas viagens, o conhece. E mais. Sob as árvores do jardim de Sumadêra, chega a ouvir, vindos de muitos séculos atrás, os sons da flauta de Atsumôri.

O efeito lírico, aqui, evapora cercado de um clima fantasmagórico de filme de terror, território, aliás, onde os japoneses se sentem muito bem (assistir aos filmes *Contos da lua vaga* e *Kaidan — As quatro faces do medo*).

A cultura, para Bashô, era uma segunda natureza: sua musa se movia tanto diante de uma árvore, um canto de cigarra, uma lua na água, como diante de uma peça nô. Ou da flauta de um guerreiro que virou pó, há muitos séculos atrás.

Difícil distinguir, em pessoa tão aculturada quanto ele, os haikais de inspiração "natural" dos haikais de inspiração "cultural": não raro ambas as inspirações se encontram juntas, muitos poemas de Bashô, aparentemente motivados pela natureza, sendo, no fundo, reminiscências de frondosos estudos da poesia chinesa ou japonesa do passado.

Dos silêncios do pretérito, Bashô extrai mais que os sons de uma flauta insoprada.

> *vento de verão*
> *com qual voz*
> *aranha*
> *cantarias*
> *afinal?*

Pássaros, grilos, gafanhotos, todas as criaturas do verão têm voz e canto. Como soa a voz da tácita aranha?

> *lua onde está?*
> *o sino caiu*
> *no fundo do mar*

Matsuó compôs esse haikai, em Tsuruga, por onde passava, numa de suas viagens. Baseia-se na lenda, contada pelo dono da casa que o hospedava, sobre uma cidade (Atlântida?) no fundo das águas do mar. Bashô aproveita o mito para expressar a enigmática natureza da lua, calada como um sino náufrago.

> *o cavalo pula*
> *o coração me vê*
> *dentro de uma pintura*

Bashô tinha, como todo mundo, algumas fixações. Suas palavras favoritas, repetidas em muitos poemas, são "sonho" (*yumê*) e "chorar" (*náku*).

Mas talvez sua fixação máxima fosse a ideia de *fazer parte de uma obra de arte*.

Em um haikai, sente-se dentro de uma peça nô.

Aqui, seu coração o vê dentro de um quadro.

> *este outono*
> *como o tempo passa!*
> *nas nuvens*
> *pássaros*

Quase não há nota poética que Bashô não tenha tocado: a épica, a satírica, a humorística, no exíguo espaço-tempo das dezessete sílabas da forma a que dedicaria a vida.

> *alvorada*
> *peixe alvo*
> *uma*
> *polegada de alvura*

Na límpida tradução de Haroldo de Campos, toda a finura visual da percepção deste desenhista (ou de-ZEN-hista), apto como Maliévitch, a ver o branco sobre o branco.

> *narciso*
> *biombo*
> *um ao outro ilumina*
> *branco no branco*

À alvura da flor, Bashô contrapõe a brancura do biombo, *ton sur ton*, no grau zero do sentido.

Quando o pai de Kikáku, querido discípulo, morreu, Bashô:

a lua se foi
tristeza

os quatro cantos
da mesa

Moderníssimo, se expressava, oscarniemeyerianamente, em geometria (João Cabral de Melo Neto vai gostar de ouvir isso).

Notável, neste haikai, o jogo entre *tsúki*, lua, e *tsukuê*, mesa, trocadilho entre o redondo e o quadrado.

> *a flor pura*
> *pó   algum*
> *nessa   pupila*

Agora, o samurai viandante homenageia Sono-jô, sua discípula de haikai, na vida, médica oculista, em cuja casa estava hospedado. Refere-se, evidentemente, a uma flor branca do jardim de Sono-jô, em cuja pétala nenhuma poeira pousara.

Assim, festeja a pureza de vida da poeta, com sutil alusão a seu ofício de oftalmologista, especializada em retirar partículas do olho das pessoas.

Minha tradução acrescenta, em português, uma *kakekotoba* entre "pupila" do olho e "pupila", discípula.

Muito leve a mão desse Bashô, capaz de retirar o cisco de um haikai da íris de uma flor. O branco, do branco.

> *esta estrada*
> *lá vai ninguém*
> *outono*
> *tarde*

Este ninguém-todo-mundo, que se chamou Matsuó Bashô.

Ninguém pense que publicou estes haikais ("nipogramas", "ideolágrimas") em coleções de poemas, como fazemos no Ocidente.

Os haikais de Bashô são parte de outras formas: o *nikki* e o *hai-ga* (*zen-ga*).

Nikki, em japonês, é "diário", na literatura japonesa, um gênero maior.

No Ocidente, o diário não chegou à maioridade, como forma literária, nunca tendo atingido, por exemplo, o status e a estatura do soneto, da epopeia ou do romance.

Entre nós, diários de escritores sempre saem no último volume das obras completas, só para proporcionar aos críticos e estudiosos algumas possibilidades de voos freudianos pela biografia do autor, também conhecida como a vida dos outros.

Na literatura japonesa, o diário é um dos gêneros mais importantes.

Uma de suas primeiras grandes obras é o *Makurano-kotobá*, *Palavras do travesseiro*, diário de Sei Shonagôn, dama da corte do imperador, em idos do século XII, a Era Heian (*Heian Jidai*).

De suas viagens atrás de espetáculos naturais e paisagens bonitas, comparáveis às viagens contraculturais dos anos 1960 atrás de shows de rock, Bashô deixou vários diários, recheados de haikais. Deles, um, pelo menos, é um clássico absoluto no gênero. *Ôku no Hosomíchi*, traduzido, no Ocidente, entre outros, no México, por Eikichi Hayashiya e Octavio Paz, com o nome de *Sendas de Ôku*, cujo início abre este livro.

Outros são o *Diário de Azuma*. O *Sarashina Kikô*, a *Viagem a Sarashina*, registro da "trip" de Bashô quando vai contemplar o luar na famosa montanha Obassutê, em Shinano. O *Diário de Saga*. A *Introdução do Rio da Prata* (isto é: *da Via Láctea*). O *Relato duma viagem a Shikishima*.

O *Diário do altar ambulante*.

O mais célebre desses diários é *Sendas de Ôku*.

O personagem central é um mestre de haikai, meio samurai, meio monge, que, na companhia de um discípulo, faz uma viagem, a pé, de seis meses, pelo norte do país, em direção ao mais excelso santuário xintoísta, o templo da Deusa do Sol, em Isê.

Esta ida de Bashô ao templo da Deusa do Sol é uma viagem até o coração da poesia. O percurso do *Guesa errante*, de Sousândrade.

Nas páginas do diário, por sobre a pele da prosa, manchas no couro de um tigre, alguns dos haikais mais definitivos de mestre Matsuó. Mais que escritos, são *inscritos* no corpo textual desses diários, tatuagem mínima na superfície dessa prosa. Se é que dá para chamar de prosa essa vaporosa prosa japonesa, tão porosa que mais parece, bem, deixa pra lá...

"Nesse breve caderno composto de velozes desenhos verbais e súbitas alusões — signos de inteligência que o autor troca com o leitor —, a poesia mistura-se à reflexão, o humor à melancolia, a anedota à contemplação", Octavio Paz ["A poesia de Matsúo Bashô". In: *Signos em rotação*, p. 165].

Além dos diários, chegou-nos, atribuída a Bashô, uma coleção de pensamentos, as *Regras para peregrinar*.

Algumas:

1. Não durma duas vezes no mesmo lugar. Queira sempre um colchão que você ainda não tenha esquentado.

2. Roupas e utensílios devem estar de acordo com o que a gente precisa. Nem muitos, nem poucos.

3. Não mostre seus versos, se não for solicitado. Solicitado, nunca recuse.

4. Não se torne íntimo de mulheres que praticam o haikai. Não é bom nem para o mestre nem para a discípula. Se ela for séria sobre o haikai, ensine-a através de um intermediário. O dever dos homens e das mulheres é a produção de herdeiros. Dissipação impede a riqueza e a unidade da mente. O caminho do haikai começa na concentração e na falta de distração. Olhe bem para dentro de si mesmo.

5. Seja grato até àquele que lhe ensinou uma simples palavra. Não tente ensinar até ter entendido tudo. Ensinar é para quem já está perfeito.

6. Para dizer o sabor do coração, precisa agonizar dias e dias.

fuyú (inverno)

do orvalho
nunca esqueça
o branco gosto solitário
BASHÔ

Fria a estação da re-flexão. Do recolhimento. Da teoria. Da meta-linguagem. Do pensar e do falar *sobre*.

Vamos pensar um pouco.

A força determinante na vida de Matsuó (sua forma) era uma coisa chamada *zen*.

O que é esse tal de zen? Boa pergunta.

Superficialmente, é uma das inúmeras seitas de budismo chinês, que começaram a aportar às ilhas do Sol Nascente, a partir do século VIII da nossa era.

Em termos de expansão geográfica (Índia, China, Birmânia, Tibete, Vietnã, Sião, Camboja, Coreia, Laos, Japão), brilhante a performance dessa ideia nascida de um príncipe do norte da Índia, que virou iogue, meditou no Parque dos Cervos, teve sua iluminação ao nascer do sol: a suprema intuição de que o viver era Dor. E bem, viver era trabalhar, com todos os seres vivos, para diminuir a Dor.

Sem dúvida: o mundo seria muito melhor se fosse budista, a "religião" mais doce, mais humana, mais compassiva.

Matsuó Bashô foi monge budista. Um padre, como Góngora. Ou Donne. Seus contemporâneos, todos grandes poetas.

Monge zen, nascido samurai, Bashô botou em prática, no haikai, a fé que alimentou sua alma durante cinquenta vagabundos anos, com signos substanciais.

Qual a doutrina dessa seita zen, afinal?

Longa a viagem da palavra sânscrita *dhyana* (= "meditação"), passando pelo chinês *Chang*, para virar *Zen*, no Japão: profunda a influência do zen, em toda a cultura japonesa (literatura, artes plásticas, teatro, arquitetura, vida diária).

Ao que tudo indica, o zen é uma variante do budismo (não há ortodoxia no budismo, no qual nunca houve heresias, Cruzadas nem Inquisição), como qualquer outra (*Jodô*, *Nichiren* etc.).

Os vários ramos da seita (*Rinzai*, *Sotô*, *Shingon*) mantêm mosteiros, monges, templos. No passado, esses mosteiros, como na Idade Média europeia, foram centros importantes, possuindo terras e exercendo considerável papel econômico, social e cultural.

Que aprendiam nos mosteiros zen?

A imitação de Buda, em primeiro lugar, em direção à "iluminação".

As escolas do *Chang* (*zen* chinês) disputaram sobre a verdadeira técnica para atingir o "despertar" (em japonês, *satôri*), finalidade última da seita. As escolas do norte da China afirmaram a possibilidade de uma iluminação paulatina e gradativa. As do sul responderam com a doutrina da iluminação súbita, a do patriarca Hui-Neng (em japonês, Enô).

A história do zen conta-se por patriarcas.

Há uma série de patriarcas hindus. A que se segue, depois do patriarca Bodhidharma (*Daruma*, em japonês), a série de patriarcas chineses do zen (isto é: do *Chang*). O zen do Japão herda desta densa tradição, iniciada, lá na Índia, séculos antes.

Os moldes da sucessão do principado nos mosteiros zen, esta passagem de poder, de patriarca a patriarca, foi registrada numa obra chamada *A transmissão da lâmpada*, como se passassem, um ao outro, de mão em mão, a luz da flor do zen, essa flor de luz total.

O cristianismo nasceu das palavras de Jesus, o zen brotou de um silêncio de Buda.

Um dia, o Iluminado apresentou aos discípulos uma flor, sem dizer palavra, em lugar do costumado sermão. Um único discípulo entendeu: Mahakasyapa, primeiro patriarca do zen, a doutrina da meditação silenciosa, a concentração descontraída, a dança quieta, a iluminação súbita, a superação dialética dos contrários, na vida diária.

Isso tudo são palavras. Não foi assim que Bashô assimilou estes valores.

Zenicamente, incorporou-os através de práticas.

Como se sabe, o budismo não é, propriamente, uma "religião", uma ligação entre o homem e os deuses: se não ateu, o budismo é, pelo menos, agnóstico. Não há deuses a adorar, nenhuma potência transcendental: os atos de homenagem a Buda são apenas e exatamente isso, homenagens a alguém extraordinário, o herói fundador, o signo original.

O problema do budismo é a descoberta da dor. O resgate da dor. E a entrega dos que se sacrificam para livrar outros da dor.

Como em Sartre, no budismo, o problema de Deus se dissolve numa irrelevância.

O que realmente interessa é que os seres vivos são vítimas da dor. E só a solidariedade, no sentido mais cósmico, pode minorar este fundamento da condição humana, feita de miséria, carência e penúria de ser. A profundidade da poesia de Bashô radica na contínua e intensa concentração, à luz do zen, dos significados da vida humana. Sua inanidade. Sua fraqueza. Seus esplendores.

E — naturalmente — nos *significantes* (formas) que sua cultura lhe proporcionava (o nô, o *tanka*, o *waka*, o *renga*, o *hai-ga*, as artes zen).

À luz do zen, nenhuma distinção entre forma e conteúdo: a religiosidade não se distingue das "formas" materiais em que se manifesta. Daí, os minuciosos rituais da arte do chá (*chá-dô*), do arranjo floral (*ikebana*, *ka-dô*), da arte do arco (*kyu-dô*).

O zen não é uma fé. Nem uma teoria. Realiza-se através de *práticas* (formas sociais) concretas, materiais, físicas.

Zen é que nem jazz. E humor. Dessas coisas que não se explicam (isto não é uma explicação).

Perguntado sobre o que era jazz, o grande mestre zen, Satchmo: — Precisar explicar, nunca vai entender.

O livro sobre zen mais conhecido no Ocidente, *This is it*, de Alan Watts, ex-pastor protestante "convertido" ao budismo, só pode ser traduzido como *É isso aí.*

Em termos da semiótica de Peirce, a experiência zen seria,

eu acho, a tentativa de recuperar a Primeiridade, o ícone, a experiência pura, antes das palavras, uma experiência artística, a arte sendo, sempre, a tentativa de transformar uma Terceiridade, símbolos, palavras, conceitos, em Primeiridade (percepção, formas físicas, cores, materialidades).

Essa transverbalidade da experiência zen evidencia-se no *satôri*, a iluminação, pessoal e intransferível, impossível de programar, prever, ou administrar (o desejo de atingir a iluminação, inclusive, dizem, é o maior obstáculo para atingi-la).

Houve, na Antiguidade, porém, um paralelo ocidental à experiência zen: o "cinismo" grego. "A virtude está nos atos e não necessita de discursos nem ciências numerosas", este o princípio de Antístenes, o pai dos cínicos.

Comenta Bréhier: "mas um ato, falando com propriedade, não se ensina, se chega a ele através do obrar (*áskesis* = 'ascese'), mediante o exercício e a exemplaridade".

O cinismo, desenvolvido por Antístenes, Diógenes, Crates, Bion, descende diretamente de Sócrates, de quem herdou a desconfiança em relação à palavra escrita.

Responde a novas tendências da cultura grega, na época da conquista macedônica (século III a.C.): cosmopolitismo, individualismo exacerbado, perda da fé nos deuses da Cidade, orientalização.

Antístenes, seu fundador, seu "escolarca", era ateniense e ouviu Sócrates, "com quem aprendeu a ser paciente e sofredor, imitou sua serenidade do ânimo, e assim foi o fundador da seita cínica", de acordo com Laércio. Este diz também: "Antístenes foi quem conduziu Diógenes à sua tranquilidade de ânimo, Crates à sua continência e Zenão à sua paciência".

Mas o cinismo é muito pouco ateniense.

Diógenes, que viveu em Atenas, era de Sínope.

E outro cínico, Menipo, era fenício e tinha sido escravo.

O nome "cínico", em grego, quer dizer "canino, de cão".

Ou porque Antístenes falasse num lugar chamado Cinosargo (= "cão brilhante").

Ou porque Antístenes chamava a si mesmo *Aplokyon*, "cachorro manso". De qualquer modo, animal totêmico e emblemático dos cínicos, o cão era o modelo de Diógenes.

"Perguntado que fazia para que o chamassem cão, respondeu: agrado aos que me dão, ladro aos que não dão e mordo os maus."

O herói favorito dos cínicos era Hércules, a cujas proezas mitológicas atribuíram um sentido de símbolo da luta do sábio pela virtude. Só que a virtude dos cínicos não coincidia com a que a cidade e a época desejavam.

Os cínicos ("sígnicos") expressavam sua recusa e repulsa do estado presente de sua civilização, até mesmo na aparência pessoal.

Desde Antístenes, o cínico tem o vestido e o aspecto ordinário dos homens do povo: capa (que enrosca em si, dobrando-a, no inverno), barba e cabelos compridos, bastão na mão e alforje nas costas.

Para dar exemplo de sua têmpora, o cínico permanece descoberto sob a chuva, caminha descalço na neve e aguenta diretamente o sol de verão.

A figura de Diógenes confina com certo tipo de santo popular, o beato, "o louco de Deus", o peregrino, os portadores de utopias, cuja vida ensina outra vida, proposta alternativa de existência, o modelo de um possível, um dos possíveis do tesouro de possibilidades humanas.

diógenes e o zen

Os antigos discutiam se o cinismo era doutrina filosófica ou modo de vida.

Isto é: palavras ou não palavras.

A filosofia, seja lá o que for, são *palavras*, enquanto portadoras de conceitos. Não só as palavras, porém, podem gerar conceitos.

As imagens, os gestos, as atitudes, as situações materiais, também podem significar, conceitualmente.

De todas as convergências e tangências entre o cinismo grego e o zen sino-nipônico, esta a mais visível: é consciência atingida *sem palavras*.

O zen se passa todo num plano transverbal.

O treinamento nas comunidades zen encaminha as consciências em direção a um despertar (*satôri*, em japonês), uma iluminação, indescritível e intransferível. O desabrochar de uma consciência icônica, talvez. Os processos usados pelos mestres, no adestramento dos pretendentes à iluminação, são os mais aberrantes, para nossos conceitos ocidentais de pedagogia, centrados na palavra.

Pancadas, pedidos absurdos, atitudes, os processos de treinamento incluem a concentração em certas anedotas exemplares, atribuídas a velhos mestres, chamadas, em japonês, *koans*.

Diógenes, ao meio-dia, procurando um homem com uma lâmpada acesa, é um *koan* perfeito. Como *koan* é aquilo de Diógenes mandar sair da frente de seu sol um Alexandre Magno que lhe oferecia a satisfação de qualquer desejo.

Um *koan*

Po-chang tinha tantos alunos que se viu obrigado a abrir outro mosteiro.

Para achar alguém apto a ser mestre na nova casa, juntou seus monges e colocou um cântaro na frente deles, dizendo:

— Sem o chamarem de cântaro, me digam o que é isso.

— Você não pode chamá-lo um pedaço de lenha, disse o monge principal.

Nesta altura, o cozinheiro do mosteiro derrubou o cântaro com um pontapé e afastou-se.

Po-chang deu a direção do novo mosteiro ao cozinheiro.

Outro *koan*

Hui-ko procurou Bodhidharma, primeiro patriarca do zen chinês e lhe disse:

— Não tenho paz na minha mente. Pacifica minha mente.

— Traz tua mente à minha presença e eu a pacifico — responde Bodhidharma.

— Mas quando busco minha própria mente, não consigo encontrá-la — diz Hui-ko.

E Bodhidharma:

— Pronto! Pacifiquei tua mente.

Há centenas de *koans*, reunidos em grandes coleções, com os ditos e feitos dos mestres mais famosos.

Nas comunidades, os mestres apresentam, oralmente, um *koan*, para que o discípulo concentre-se, durante um tempo, que pode ser longo, trabalhando mentalmente sobre ele, absorvendo sua "outra lógica".

"A educação intelectual é, antes, ação maciça e imediata de um aforismo, meditação sobre um tema, que construção racional, meditação que prepara a ação, e contrasta intensamente com a pura contemplação da verdade", diz E. Bréhier sobre os cínicos e os métodos formativos do cinismo grego. Palavras que cabem perfeitamente para descrever as técnicas zen.

A intuição para a vida cínica veio a Diógenes de maneira anti-intelectual e não verbal, num episódio, narrado por Laércio, com muito sabor zen: "tendo visto um rato que andava de uma a outra parte, sem buscar leito, não tinha medo do escuro nem desejava nenhuma das coisas que constituem uma vida confortável, Diógenes achou remédio a sua indigência".

Isso de receber lição ou mensagem diretamente dos fenômenos naturais, da vida das plantas e animais, lembra os mitos da origem das duas artes marciais, karatê e judô, impregnadas de zen.

O princípio do karatê foi intuído por um monge lutador no dia em que, depois da chuva, olhava uns corvos se secando sobre o telhado.

Ao abrir a asa, um dos corvos bateu com ela numa telha e quebrou-a.

Com isso, o monge soube que penas frágeis, mas concentradas, podem quebrar pedras e telhas.

Quanto ao judô, conta-se que, um dia, um mestre de lutas observava a neve que caía sobre as árvores, entre as quais um salgueiro. A neve se acumulava sobre os galhos das árvores mais rígidas, até quebrá-los com seu peso. Só o salgueiro permanecia intacto sob a neve: seus galhos flexíveis dobravam, deixando a neve cair. Deste princípio de *não resistir*, vencendo com a própria força do oponente, nasceu o judô, ensinado pela própria natureza.

Como no zen, o cinismo, oral, direto, foi transmitido de mestre para mestre: Sócrates, Antístenes, Diógenes, Crates e Zenão, o fundador do estoicismo.

Coincidências quase literais entre o ensinamento zen e cínico.

Um aforismo zen diz: "hora de comer, comer".

Laércio reporta de Diógenes que, uma vez, comia em pleno fórum, quando alguém o repreendeu pelo inapropriado do lugar. "No fórum, é que eu tive fome", respondeu-lhe o cínico.

esta noite
eu corro

nenhuma pedra
pra jogar no cachorro

RYOTA, HAIKAISISTA DO SÉCULO XVIII, DISCÍPULO DE BASHÔ

Inúmeras anedotas zen, com amplo curso nos mosteiros da seita, registram as circunstâncias da iluminação de mestres do passado.

O estudo e a meditação sobre essas anedotas são parte integrante do preparo dos noviços e treinamento dos monges, ao lado dos *koans*, miniparábolas desconcertantes, atribuídas a autoridades ancestrais.

O preparo mental dos monges zen não é feito através de arquiteturas teóricas ou construções mítico-teológicas conceitualmente elaboradas: o treino zen (a palavra de origem esportiva é mais adequada) é brusco, súbito, violento. Como o "despertar" (*satôri*, em japonês), que pretende provocar. Ou, pelo menos, propiciar. *Satôri*, um orgasmo da alma, orgasmo-metamorfose?

Vamos pôr no ringue lado a lado um mestre do Ocidente e um mestre zen.

Deste lado, com as vinte toneladas da sua *Summa theologica*, o dominicano italiano Tomás de Aquino (1227-74), de origem nobre, campeão da síntese entre a filosofia grega (Aristóteles) e a religiosidade judaica mais profunda (Jesus e os Evangelhos), tal como a Igreja católica a administra há bem dois milênios.

Neste outro lado do ringue, o chinês Hui-Neng (658-713), conhecido pelos japoneses como Enô, sexto (e último) patriarca do zen chinês, o mestre do Sul, da escola da iluminação súbita.

Momento de encontro e confronto entre o zen e o catolicismo não faltou. Foi quando aquele basco Francisco Xavier (século XVI), homem de d. Iñigo Loyola, fundador da ordem jesuíta, aportou no Japão, na esteira das navegações ibéricas, e começou a tentar converter, sozinho, o Império do Sol Nascente à religião de Roma.

Os resultados do encontro foram os mais contraditórios.

Nas cartas que remetia aos superiores na Europa, reportando o andamento da catequese, Xavier se rejubila com a conquista para Cristo de tantas almas simples e com as facilidades do apostolado. Claro. Os jesuítas adotaram no caso do Japão uma estratégia perfeita para a catequese: apresentaram o cristianismo como uma nova seita do budismo, vinda da China! Negócio fechado: milhares de conversões.

Nesse entusiasmo triunfal, nas cartas de Xavier, uma das notas dissonantes: queixas quanto aos adeptos e monges de uma certa seita zen (deve ser a primeira vez que a palavra "zen" aparece na Europa).

De acordo com Xavier, não levam nada a sério, fazem brincadeiras sem parar, zombam, contam histórias absurdas, com grande desprezo por tudo o que é sagrado.

Por outro lado, Xavier granjeou a simpatia e recebeu o apoio de hierarcas zen, como Ninshitsu, superior da seita, que gostou muito do emissário de Loyola, talvez vendo naquele asceta, vestido de preto, alguma coisa tão louca que só podia ser zen.

Xavier fala do amigo:

tenho falado com diversos bonzos ilustrados, especialmente com um que é tido na mais alta estima por todos, pelo seu saber, conduta e dignidade, como pela avançada idade de oitenta anos. Seu nome é Ninshitsu, que em japonês significa "Coração da Verdade". É uma espécie de bispo entre eles e, se o nome que usa é apropriado, é realmente um homem abençoado... Esse homem tem sido para mim um amigo maravilhoso.

O diálogo entre eles, porém, não deve ter sido muito fácil.

Xavier ficou confuso, logo de cara, ao conversar com Ninshitsu.

O velho mestre zen parecia não saber se "possuía" ou não uma alma. Para ele, era inteiramente estranho o conceito de que "uma alma" era uma espécie de objeto que "alguém" pode "possuir" e até mesmo "salvar".

Havia um plano no qual nenhuma tradução era possível. Mas, também, havia outro plano.

O fato é que, no Japão, vários missionários jesuítas se tornaram adeptos da cerimônia da arte do chá, num diálogo entre civilizações, muito raro de ocorrer.

Técnicas zen hindus foram sendo introduzidas na China, desde o século II a.C. A tradição gostaria que Bodhidharma, o primeiro patriarca da seita zen, tivesse chegado a Cantão lá pelo século V da nossa era, tendo ensinado, na China do Norte, por meio sé-

[134]

culo. Convenceu seus seguidores a abandonarem todas as escrituras budistas, exceto a "Escritura sobre a entrada de Buda em Lanka". Esta ensina que o verdadeiro estado de nirvana é o vazio total e que a emancipação do espírito deriva da intuição dessa altíssima, a mais alta das verdades.

A assim chamada Doutrina Lanka de Bodhidharma foi transmitida por muitas gerações a Hui-Neng, homem de origem humilde, um lenhador analfabeto, ideias revolucionárias e duradoura influência. Nascido em Fan-Yang, a sudoeste de Peking, Hui-Neng perdeu o pai muito cedo. E levava vida penosa, sustentando a mãe, como apanhador e vendedor de lenha.

Aos vinte e quatro anos, vendendo lenha na cidade, ouviu alguém recitando o Sutra do Diamante, uma das escrituras hindus, traduzidas para o chinês. Hui-Neng quis saber mais. Enviado a Hupei, submeteu-se à direção de Hung-Jen, o quinto patriarca, tornou-se monge e acabou superior do mosteiro Fa-Hsing, recebendo a dignidade de patriarca das mãos do próprio Hung-Jen.

Essa transmissão do patriarcado consistia na entrega do manto pessoal e da tigela de pedir esmolas.

Atuou por trinta e sete anos, atraindo os mais famosos mestres zen da época, incluindo os quarenta e três "herdeiros da lei", que disseminaram seus ensinamentos por toda a China, o Sudoeste asiático, a Coreia e o Japão.

Do pensamento de Hui-Neng, chegou-nos um texto, "A escritura plataforma", sermão pronunciado pelo sexto patriarca, no mosteiro de Ta-fan.

De Hui-Neng, descendem, espiritualmente, Bashô e seu haikai, bem como as artes zen, das quais o haikai se alimentou.

os dôs

Além do treinamento especial em mosteiros tradicionais, sob a direção de mestres experimentados, o zen é acessível, para todas as pessoas, através de "caminhos" (em japonês, *dô*, leitura nipônica da palavra chinesa *tao*, ambas escritas com o ideograma 道, como na palavra *ju-dô*).

Esses *dô* (ou caminhos) são vias de acesso a uma experiência: através da sua prática, vivem-se circunstâncias zen, circunstâncias em que o zen pode manifestar-se, ocasiões nas quais se torna visível, nas cores dos nossos gestos.

Bashô praticou vários deles.

Os principais: *ken-dô* (o caminho da espada), *kyu-dô* (o caminho do arco e flecha), *chá-dô* (o caminho do chá), *chu-dô* (o caminho da caligrafia), *ka-dô* (*ikebana*, o caminho das flores). E — claro — o *haiku* (o caminho do haikai), a partir de Bashô, um *dô*.

Ele transformou a prática frívola do haikai em caminho espiritual para a experiência zen. Assim como Jigorô Kano, duzentos anos depois, transformou as técnicas de luta corpo a corpo do Japão feudal numa arte chamada *judô*, hoje esporte olímpico.

1. ken-dô

Todos os povos lutaram com espadas. Nenhum levou o culto da espada tão longe quanto os japoneses.

A *kataná* (donde vem a palavra portuguesa "catana" = "facão", trazida das viagens marítimas) era arma decisiva nos combates homem a homem, nas guerras entre os senhores feudais do Japão medieval. Bashô, samurai do barão Yoshitada Todô, devia manejá-la muito bem.

Vamos imaginá-lo adolescente, numa academia de esgrima, treinando com outros jovens samurais, sob a direção de um mestre (um *sen-sei*, em japonês, aquele que "nasceu antes").

A prática do *kendô* se faz com espadas de bambu, rachadas na ponta, para fazer barulho, quando atingem o corpo do parceiro de treino. Com espadas de bambu, o discípulo aprende a se movimentar, a golpear certo, a desviar os golpes e a estar sempre em boa posição.

Em *kendô*, fundamental o conceito de *MA*, em japonês, "distância". De saber jogar com *MA* depende a performance do espadachim.

Um combate homem a homem com espadas japonesas (mais

propriamente um sabre, usado com as duas mãos, mais com o fio que com a ponta, mais cortando que perfurando) acaba muito rapidamente. As espadas não se tocam, como na esgrima ocidental com florete (sobre a qual o filósofo francês René Descartes escreveu um opúsculo, na juventude).

Em meia dúzia de movimentos, o confronto está liquidado, o perdedor mutilado ou sangrando.

Para maior brilho dessa arte, os japoneses desenvolveram extraordinário artesanato na fundição do aço das lâminas e na feitura das espadas.

Uma *kataná* é uma obra-prima, como objeto: lâmina de aço puríssimo, poder de corte digno de uma navalha, peso, desenho, curvatura, empunhadura perfeitos.

Há museus da espada no Japão. Algumas, assinadas por artesãos célebres, têm nome, como se fossem pessoas. Como a Excalibur, dos cavaleiros do rei Artur.

Um samurai você reconhecia pelas duas espadas que portava ao cinto, a *kataná*, espada propriamente dita, que definia seu "status", e a *kô-kataná*, o pequeno sabre, ambos em luxuosas bainhas.

Eram o último bem de que o samurai se desfazia. Muitos tiveram que trocá-las por arroz, na decadência da classe samurai que acompanhou a ditadura Tokugawa, a introdução das armas de fogo e a ascensão da burguesia mercantil, no Japão dos séculos XVI-XVIII, fechado como o Paraguai do dr. Francia.

O uso da *kataná* chegou a ser uma arte zen.

Nela, os conceitos de "não pensamento", espontaneidade, liberdade natural do corpo para se mover conforme sua própria lógica, lógica que não difere da lógica das coisas, a queda da pedra, a transformação da flor em fruto, a vitória da água sobre os outros elementos, no *kendô*, o zen achou um lugar para manifestar-se.

Junto com as manhas e destrezas no manejo da espada, o *kendô-ka* assimilava toda uma doutrina espiritual: "não prestar atenção em sua própria espada [...]. Não prestar atenção na espada do outro [...]. Não interromper o fluxo das coisas com o ego".

O *ken-dô* chegou a produzir sua própria teoria, em termos de conceito, de palavra. Estamos nos referindo a um dos mais extraordinários textos zen, que o Japão nos legou, a chamada "Carta sobre a compreensão imóvel". Trata-se de uma carta enviada por um mestre desconhecido a Takuan, instrutor de esgrima do século XVII.

Quando um adversário te desafia para lutar e todo o teu sentido converge sobre a tua espada, deixas de ser senhor dos teus próprios movimentos, ficando escravo dos movimentos dele. Chamo a isso servidão, visto que te deténs num único ponto. Se tua atenção, por um instante sequer, estiver presa à espada na mão do adversário ou à tua própria espada, enquanto ponderas como deves brandi-la, ou à personalidade, à arma, ao alvo ou ao movimento, dás ao adversário uma vantagem e ele poderá atingir-te. Não deves também te preocupar com a oposição entre ti e o adversário, senão é outra vantagem para ele. Sobretudo, pensar em ti. Em cada um de nós, existe algo que se chama "compreensão imóve". É isso que deves exercitar.

Imobilidade não quer dizer ficar parado como uma pedra ou um tronco de árvore sem entendimento. A compreensão imóvel é o que há de mais ágil no mundo, está pronta a assumir todas as possíveis direções e não tem nenhum ponto de paragem.

Imóvel significa sem excitação, significa não fixar nem deter a atenção num único ponto, impedindo-a, assim, de se voltar para outros pontos que se seguem continuamente. Ali está uma árvore, com tantas hastes, ramos e folhas. Se a tua mente se detiver numa das folhas, não vais poder ver todas as outras, mas queremos poder ver cada uma das suas folhas. Para isso, não devemos parar em nenhum ponto que se desintegre da sequência do existente.

Nenhuma dúvida que Bashô tenha praticado o *kendô* nos anos mais impressionáveis de sua vida. Ele era da "escola das facas". Como conciliar o *kendô*, arte de matar, com o zen, afinal, uma manifestação do budismo, que prega o respeito absoluto à vida (budistas não matam nem mosquitos)?

Não é fácil enxergar o *kendô* nos poemas de alguém tão feminino como esse Bashô, que chorava ao se separar de seus discípulos.

A espada, porém, está lá.

Na exatidão. Na economia. Na precisão do corte. "Uma faca só lâmina."

"Poesia é coisa de mulheres, indigna de um guerreiro. Um homem nascido samurai deve viver e morrer, espada na mão" (Koba Yoshimasa, general japonês do século XVII). Neste desenho de Bashô, o samurai é representado de maneira grotesca, bufa, paródica, muito ao modo de zen. A truculência do guerreiro, armado de espadas, alabarda na mão, é ironizada por um traço circense, "ingênuo", felliniano.

2. kyu-dô

Como o Caminho da espada, o do arco e flecha (*kyu-dô*) é outra arte marcial que serve de suporte para a experiência zen.

Sobre esse Caminho, dispomos de um testemunho excepcional, o livro *Zen na arte dos arqueiros*, do filósofo alemão Eugen Herrigel. Herrigel foi para o Japão lecionar filosofia.

Ouviu falar em zen. Soube que o zen só se vivencia através da experiência.

Soube que a arte do arco e flecha era uma das artes zen. E foi praticá-la, baseado no vago fato de que era bom atirador de carabina em caçadas na Baviera.

O que Herrigel encontrou, sob a direção do mestre Kanzo Awa, era bem diferente.

Jamais imaginaria que tanta coisa pudesse se esconder entre o desejo, o arco e flecha e o alvo.

Desde o começo do aprendizado, que Herrigel relata minuciosamente, Awa vai introduzindo, a flechadas, o filósofo alemão num estranho universo espiritual, que não se distingue da técnica de disparar flechas num alvo.

Herrigel passa por toda uma mudança de gestos e hábitos respiratórios, até se tornar capaz de manejar o arco e flecha de modo espontâneo.

Primeiro, descobre que acertar no alvo ou na mosca não é a meta: é consequência natural da assimilação do método, baseado no relaxamento, na concentração desconcentrada, na não intenção.

Awa a Herrigel: "Não pense no que tem que fazer, não reflexione em como fazê-lo. O tiro só se produz suavemente, quando toma o arqueiro de surpresa".

De flecha em flecha, Herrigel começa a entender.

Samurai, Bashô deve ter sido exímio arqueiro.

Do *kyu-dô*, guardou a pontaria certeira. A calma em disparar. O tiro na mosca.

3. chá-dô

A tradição representa Bodhidharma, o primeiro patriarca do zen chinês, como homem de aspecto feroz, com espessa barba e olhos muito abertos e penetrantes ("andava como um boi e olhava como um tigre"). Adormeceu, uma vez, em meditação, e ficou tão furioso que cortou as pálpebras, que, ao caírem no chão, deram origem à primeira planta do chá. Desde então, o chá tem proporcionado aos monges zen uma proteção contra o sono, nas longas sessões de meditação, e de tal modo esclarece e revigora a mente que já foi dito, com elegante trocadilho, em chinês: "o gosto do zen (*ch'an*) e o gosto do chá (*ch'a*) são o mesmo".

O uso do chá, introduzido, no Japão, por monges zen, no século XII, logo foi sendo formalizado numa cerimônia altamente ritualizada, chamada *chá-no-yu*.

A cerimônia do chá é muito simples e, ao mesmo tempo, muito complexa. Alguém convida quatro ou cinco amigos. Estes se reúnem em volta de uma chaleira de água fervendo.

O dono da casa distribui os utensílios para o consumo do chá.

A água fervendo é derramada sobre a planta, que todos sorvem, em silêncio e tranquilidade.

Por trás de toda essa simplicidade, inúmeras sutilezas.

O lugar da casa onde se pratica *chá-no-yu* deve ser especial e disposto de certa maneira. Os utensílios usados para a cerimônia (taças, chaleiras, colheres) devem ser obras de arte, de preferência assinadas por artesãos famosos.

Harmonia, *respeito*, *pureza e tranquilidade*, as qualidades da arte do chá.

Todô Shinshirô, o senhor a quem Bashô, jovem samurai, servia, era devoto da arte do chá. Com sua morte, Bashô foi para Kyoto, onde a arte estava sendo profundamente praticada.

Blyth: "o modo como um mestre do chá caminha, sua inconsciência, seu andar-como-se-não-estivesse-andando, era o que Bashô queria atingir no haikai".

4. haiku-dô

Quão longe nos é dado ver, o tema central do zen é a superação das dualidades. A dissolução dos maniqueísmos. A síntese dos contrários. Além do bem e do mal. Do sagrado e do profano. Do espiritual e do material. Do transcendental e do imanente. Do aqui e do além. Isso, Matsuó Bashô procurou em seus haikais. Neles, a mais funda espiritualidade manifesta-se nos eventos mais vulgares.

Os pensamentos mais sutis revelam-se nas condições mais materiais. E a mais alta poesia, nas circunstâncias mais pedestres e corriqueiras. Assim, Bashô transformou uma prática de texto, uma produção verbal, em "caminho" para o zen, a mais extraordinária aventura espiritual do bicho homem.

O caminho do haikai, arte zen, parece um contrassenso nesse zen tão não verbal. Exatamente por isso desconfiamos que o haikai, talvez, não seja escrito em palavras.

Duvidamos até que seja *escrito*.

Ele é *inscrito*. Desenhado. Incrustado, como um objeto, em outro sistema de signos.

Palavras mais que palavras: gestos, vivências, coisas em si.

5. zen

Existe uma relação muito direta entre zen e poesia. Entre zen e arte. O zen parece ser uma "religião" de artistas e poetas.

Coloco "religião" entre aspas, porque essa palavra, que, em latim, quer dizer "re-ligação" (*religio*), é ocidental demais para designar, por exemplo, o conjunto das crenças hindus, onde há correntes *ateias*, até o budismo, que é, quanto a deuses, agnóstico. A norma, no Extremo Oriente, é o sincretismo.

Um japonês da Era Clássica, como Bashô, era, ao mesmo tempo e sem conflitos, budista, confucionista e xintoísta.

A exclusividade de uma confissão religiosa é produto tipicamente semita, judaico, cristão, islâmico. As três grandes religiões do Ocidente são *excludentes*. "Não admitirás outros deuses, ao lado de Javé, Jesus, Alá."

Bem mais plásticas são as coisas no Extremo Oriente.

O zen (chinês) resulta da interação entre o budismo hindu e o taoismo sínico. No Japão, esta doutrina não teve dificuldade em assimilar os valores animistas do *shintô* nipônico, culto das forças da natureza, onde todas as entidades naturais (árvores, rios, montanhas, ventos, praias) são *kámi*, "deuses".

Ponto de confluência de inúmeras "religiões", ponto-diamante, o zen é uma fé de artistas. Uma fé que valoriza, absolutamente, a experiência imediata. A intuição. O aqui e agora. A superfície das coisas. O instantâneo. O pré ou post-racional.

acenda a luz de leve
eu lhe mostro uma beleza
a bola de neve
BASHÔ

Conforme a tradição, Bashô teria tido, em vida, três mil discípulos.

Depois de sua morte, a mínima forma a que conferiu uma chispa definitiva tomou conta do Japão e extravasou até o Ocidente, onde aportou em fins do século passado.

Seu advento se deu com o das gravuras japonesas, que tanto influenciaram os impressionistas da Europa, com fundas marcas na gênese da chamada "arte moderna", a meio caminho entre a abstração e o figurativo, feita mais de vazios e lacunas do que de massas e superfícies.

As minúsculas pegadas do haikai são visíveis no imagismo inglês, liderado por Ezra Pound nos anos 1920. Franceses, ingleses, alemães e até latino-americanos o praticaram na alvorada do século XX.

Em 1919, o mexicano Tablada publica sua coleção de haikais: *Un día...*

É de suspeitar odores nipônicos no "imagismo" de García Lorca e na brevidade aforismática do poeta espanhol Antonio Machado.

No Brasil, o haikai disse *ô-hayô* com o modernismo de 1922.

Por via francesa, evidentemente.

Tiveram caso com ele, nos anos 1920, entre outros, Afrânio Peixoto, Ronald de Carvalho e, principalmente, Guilherme de Almeida, que bolou para o haikai uma forma brasileira, chumbada numa estrutura fixa de rimas, como se fosse um microssoneto parnasiano.

Difícil não desconfiar, de resto, que os poemas-minuto de Oswald de Andrade, micromomentos de superinformação, não tenham inspiração no haikai, que Oswald, claro, conhecia, em versão francesa ou através de contemporâneos e colegas de agitação.

Nos anos 1930, até a celebérrima pedra no caminho de Drummond traz consigo um certo perfume zen, que acusa, lá atrás, o haikai de Bashô.

Nem faltam registros de livros de haikai brasileiros nos anos 1940. Nos anos 1950, o haikai encontrou-se com a poesia de vanguarda: no concretismo paulista. De comum entre eles, a ênfase na síntese, na brevidade, na inventividade de linguagem.

Poucos criadores brasileiros, porém, prestaram tantos serviços à forma cultivada por Bashô quanto Millôr Fernandes. Não contente em popularizar a palavra "haikai", Millôr ainda produziu alguns dos melhores espécimes no gênero, entre nós.

Via Millôr, o haikai é uma das formas do humor brasileiro de hoje, ao lado do cartum, do "picles" e da frase de efeito.

Em Millôr e seus discípulos, prevalece, é claro, o elemento humorístico sobre o lírico. Mas esses dois elementos não são tão distantes assim.

Na poesia brasileira escrita nos anos 1960, por sobre as diferenças, a grande semelhança: a preferência pela expressão breve, aforismática, afim ao grafite, ao título de propaganda, ao slogan.

Os distintos cavalheiros e damas presentes terão, agora, a oportunidade de apreciar um grande pequeno espetáculo: um desfile, em arquipélago, de haikais.

Todos os micropoemas são, igualmente, candidatos ao prêmio luxo e ao troféu originalidade.

Com os senhores, os descendentes de Bashô.

o vaga-lume
— ó,
　　quase eu disse
mas estava só
TAIGI, SÉCULO XVIII

　　pobre sim pobre pobre pobre
a mais pobre das províncias
　　mas sinta essa brisa.
ISSA, SÉCULO XVIII

nuvem de mosquito
　atrás dela
　　quioto
ISSA

no pântano da montanha
nada se move
na manhã de neve
CHIYO-NI, SÉCULO XVIII, CONSIDERADA A MAIOR HAIKAISISTA DO
JAPÃO, TRADUÇÃO DE ALICE RUIZ

outono a tarde cai
penso apenas
em minha mãe e meu pai
BUSON, SÉCULO XIX

　de mim
inscrevam aqui
　adorava
haikai e caqui
SHIKI, SÉCULO XIX

numa estação do metrô

A aparição dessas caras na multidão;
Pétalas num galho úmido, escuro.
EZRA POUND

Folhinhas.
Linhas. Zibelinas só-
zinhas.
MAIAKÓVSKI,
TRADUÇÃO DE AUGUSTO E HAROLDO DE CAMPOS

América do Sul
América do Sol
América do Sal
OSWALD DE ANDRADE

Lava, escorre e agita
A areia. E enfim, na bateia,
Fica uma pepita.
GUILHERME DE ALMEIDA

Stop.
A vida parou.
Ou foi o automóvel?
CARLOS DRUMMOND DE ANDRADE

    ao vento que ruge

Que sílaba você investiga,
Vocalissimus,
Nas distâncias adormecidas?
Diga-a
WALLACE STEVENS

estrela errante
Fugaz como o instante em que a miro,
une o céu à terra
e a seu pranto de ouro meu suspiro.
JOSÉ JUAN TABLADA

chove
Em que ontem, em que pátios de Cartago,
Cai também esta chuva?
JORGE LUÍS BORGES

Ontem
    em tua cama
Éramos três:
Você eu a Lua
OCTAVIO PAZ

Quis gravar "Amor"
No tronco de um velho freixo:
"Marília" escrevi.
MANUEL BANDEIRA SOBRE UM VERSO DE
TOMÁS ANTÔNIO GONZAGA

Tivemos uma troca de palavras
Mesquinhas
Agora eu estou com as dele
E ele está com as minhas
MILLÔR FERNANDES

jardim japonês
(o signo com vida em si)
convida a viver
PEDRO XISTO

posfácio

A NOITE
ME PINGA UMA ESTRELA NO OLHO
E PASSA

Magra é a safra de um poeta de haikai.

Já não bastasse a extrema escassez de meios que essa forma implica, algumas palavras, alguns buracos, o haikai demanda dias e dias de brisa e mormaço, birita e desempenho, desespero e euforia, namoros e despedidas, só os piores e os melhores pedaços da vida.

Um belo momento, pinta:

saudades desfraldadas
nunca esqueço vocês
em minhas orações subordinadas

O fenômeno pode ocorrer em papel nobre ou vil, cobre ou madeira, colomy ou sulfite, pele humana ou talão de cheque, fita magnética ou memória de namorado, não sendo raro que se dê em guardanapos de bar.

Nesses casos, meus caros, pode desaguar nisto:

— garçom, mais uma dose!,
coração doendo
de amor e arteriosclerose

Nem sempre é bem assim.

Periga suceder que tenha acontecido alguma coisa no quintal que todo poeta de haikai tem que ter.

Assim, ó:

verde a árvore caída
vira amarelo
a última vez na vida

Ah, haikai, doce como um amigo, bem-vindo como um aumento, amargo feito um soneto, quantas horas te cacei, vaga-lume bêbado.

Enfim, apanhei-te, cavaquinho!

pra que cara feia?
na vida
ninguém paga meia

Prezado haikai, venho por meio desta entrecortada convidá-lo a participar da minha próxima festa, que terá lugar no momento e ocasião que você achar mais oportuno.

Sendo só o que se apresenta no momento etc.

Uma semana, um mês, um ano não dão para a saída: nada passa igual a um dia.

De repente, por dentro de um dia, passa um haikai, que acabou de roubar a alma de um instante, como se roubaria um beijo, se o tempo fosse uma mulher bonita.

Ou:

soprando esse bambu
só tiro
o que lhe deu o vento

Isto é:

a chuva é fraca
cresçam com força
línguas-de-vaca

Certas coisas são fatais. Viver exige muitos haikais.

Este, por exemplo, é absolutamente indispensável:

NUVENS BRANCAS
PASSAM
   EM BRANCAS NUVENS

   Sobretudo, se escrito em letras brancas num papel transparente ou vidro. Ou esquecido, logo depois de lido.

A viagem mais para fora é a viagem mais para dentro.

tempo de bashô

1644:

Quando Bashô nasceu, as principais potências do Ocidente eram a França, a Espanha, a Inglaterra e a Holanda, todas brigando na Europa, na América, na África e na Ásia, a imensa gula de mercados do capitalismo mercantil se transformando em imperialismo transcontinental.

Na França, reinava Luís XIV, o Rei Sol. Na Espanha, Filipe IV. Na Inglaterra, a revolução puritana contra o rei, liderada por Cromwell.

Na Holanda, a luta nacional contra a ocupação espanhola.

No Brasil, em Salvador, Bahia, então capital, um governador--geral administrava o país em nome do rei d. João IV, de Portugal.

Bashô nasceu vinte e oito anos depois da morte de Shakespeare.

1667:

Morre o jovem barão Yoshitada Todô, suserano a quem Matsuó servia. Matsuó vira *rônin*.

1694:

Morre Bashô, em Osaka, no dia 12 de outubro.

indicações de leitura

Para a tradução dos textos de Bashô, me servi da edição das obras completas, constante da coleção Nippon Haishô Taikei, editada por Kanda Hosui, em japonês.

Nem sei como agradecer a existência de uma obra como o *Haiku*, de R. H. Blyth, quatro volumes, em inglês, trazendo traduções literais, comentários e originais japoneses e chineses: há mais de vinte anos, *Haiku* é o meu livro de cabeceira [Reginald Horace Blyth, *Haiku: In Four Volumes*. Tóquio: Hokuseido Press, 1950].

Em português, no Brasil, a melhor introdução ao assunto são os ensaios de Haroldo de Campos, no volume *A arte no horizonte do provável*, editora Perspectiva (1969). Da mesma editora, ver o ensaio de Octavio Paz, no livro *Signos em rotação* [1972].

Quem quiser entender de zen, matricule-se na mais próxima academia de artes marciais.

Leia também: *A operação do texto*, de Haroldo de Campos, que traz um texto fundamental sobre o teatro nô [São Paulo: Perspectiva, 1976].

jesus a.c.

[1984]

Para Domingos Pellegrini, que, de repente, apareceu falando de.
Para Alice Ruiz que, através de Francisco, o ama.
Para Paulo César Bottas, amigo dele.

carta de intenções

Este livro é dirigido por vários propósitos.

Entre os principais, primeiro, apresentar uma semelhança *o mais humana possível desse Jesus*, em torno de quem tantas lendas se acumularam, floresta de mitos que impede de ver a árvore.

Outro, o de ler o *signo-Jesus* como o de um subversor da ordem vigente, negador do elenco dos valores de sua época e proponente de uma *utopia*.

Outro ainda seria a intenção de revelar o poeta que Jesus, profeta, era, através de uma leitura *lírica* de tantas passagens que uma tradição duas vezes milenar transformou em platitudes e lugares-comuns.

o profeta em sua terra

Jerusalém, urgente — Na tarde de ontem, alguém que atende pelo nome de Jesus invadiu as dependências do Templo, agredindo e expulsando toda a casta de vendedores que ali exercia seu ofício.

O lunático, galileu pelo sotaque, entrou, subitamente, chutando as mesas dos mercadores de pombas e outros animais destinados ao sacrifício. Na confusão que se seguiu ao incidente, entre as moedas que rolavam pelas escadas, gaiolas quebradas, pombas que voavam, acorreram os guardas, que não conseguiram deitar as mãos no facínora.

O tal Jesus desapareceu no meio da multidão, que o acoberta, porque nele acredita ver um profeta. A reportagem apurou que o referido é natural de Nazaré, na Galileia, filho de um carpinteiro.

Arrebanhou inúmeros seguidores entre os pescadores do mar da Galileia. Dizem que opera milagres. E descende, por linha direta, do rei Davi.

Entre os seus, fala aramaico, dominando, porém, o hebraico dos textos sagrados, que cita com frequência, chegando mesmo a discutir com os doutores da lei, fariseus e saduceus. Muitos veem nele o Messias. As autoridades estão prontas para fazer frente a qualquer nova alteração da ordem provocada pelo tal Jesus ou por seus seguidores.

nem só de pão

Ouçam, céus, e, terra, abra as orelhas que
Yahweh falou.
ISAÍAS, 1,2

O Oriente Médio era o lugar culturalmente mais rico da Antiguidade. Ponto de cruzamento da influência dos primeiros impérios, de civilizações letradas e complexas (egípcios, mesopotâmios, hititas, fenícios, lídios), passagem obrigatória de mercadorias entre a Ásia e o mundo mediterrâneo, a chamada Ásia Menor (Turquia, Síria, Líbano, Israel, países árabes) foi a pátria de algumas das maiores "conquistas" da humanidade.

A começar pelo alfabeto, invenção dos mercadores fenícios a partir dos hieróglifos egípcios.

A moeda, também, nasceu aí, na Lídia, hoje parte da Turquia. Nessa região, porém, não nasceram só inovações materiais. Nela, surgiram os mitos mais fundantes que informam o imaginário do Ocidente até hoje.

Essa parte do globo, afinal, foi berço do judaísmo, do cristianismo e do islã, as religiões de Moisés, Jesus e Maomé.

Não nos deixemos iludir pelas aparentes diferenças entre essas três confissões religiosas, nem por seus conflitos históricos. Com variantes de detalhes, as três afirmam, no fundo, os mesmos princípios: o tribal monoteísmo patriarcalista, o moralismo fundado em regras estritas, a tendência ao proselitismo expansionista, a intransigência.

"Não haverá outros deuses diante de ti", parecem dizer as três afirmando Javé, Jesus e Alá.

Trata-se, como se percebe, de uma religiosidade *semita*, de beduínos dos desertos e oásis da Arábia, como foram, a princípio, hebreus, babilônios, assírios, arameus e árabes, pastores nôma-

[161]

des de ovelhas, dispondo do cavalo, do camelo e do dromedário como instrumentos de transporte.

Os primeiros semitas a se sedentarizarem em centros urbanos estáveis, constituindo civilizações, foram os babilônios, os assírios e os fenícios. O comércio e as guerras fizeram o resto, tornando o Oriente Médio um nó górdio de influxos cruzando de todas as partes: mercadorias, principalmente. Mas, também, ideias. Instituições. Conceitos. Mitos. Jesus é parte dessa história.

Como se conhece Jesus?

Tudo o que se sabe dele nos chegou através de coletâneas de textos conhecidos pelo nome grego de "Evangelhos", literalmente, "boa mensagem", palavra que, claro, Jesus nunca conheceu. Era um judeu da Galileia, falante do aramaico, um dialeto semita, aparentado ao hebraico, a língua corrente na Palestina, depois do cativeiro da Babilônia (quando viveu, o hebraico já era, há séculos, apenas, o idioma sagrado dos textos religiosos, uma língua morta, portanto).

Em seu mundo sobrepunham-se três idiomas: o aramaico do povo, o grego das classes cultas das grandes cidades da Ásia e o latim do dominador romano.

De grego e latim, certamente, Jesus nunca soube uma palavra.

Suas parábolas, frases e ditos memoráveis foram formulados em *aramaico*, esse dialeto semita, menos conciso que o hebraico, mas que chegou a ser língua comum em todo o Oriente Médio (até a correspondência da chancelaria assíria saía em assírio e aramaico).

Como Buda e Sócrates, Jesus não deixou nada escrito.

Tudo que sabemos dele nos foi reportado por esses evangelhos, que nos chegam da Igreja primitiva, depois que comunidades judaico-cristãs se espalharam por todas as grandes metrópoles helênico-romanas do Mediterrâneo (Éfeso, Antióquia, Mileto, Tessalônica, Tarso, Alexandria, Roma).

São textos tardios (o Evangelho de João deve ter tido sua redação final mais ou menos cem anos depois da morte de Jesus). Houve centenas de evangelhos. Cada igreja local devia ter o seu. Fora quatro dentre eles, canonizados pela Igreja, quando esta se organizou como poder, os demais evangelhos foram condenados e negligenciados. Seus textos só chegaram até nós fragmentariamente. Ou através de vagas notícias dos escritores cristãos dos três ou quatro primeiros séculos da nossa era. São os *apócrifos*, o Evangelho dos Hebreus, o Evangelho dos Doze ou dos Ebionitas, o Evangelho dos Adversários da Lei e dos Profetas, o Evangelho de Pedro, o Evangelho da Perfeição e outras coletâneas perdidas... Os evangelhos ditos canônicos atribuem-se a Mateus, Marcos, Lucas e João, discípulos diretos ou discípulos dos discípulos de Jesus.

Tempos de Isaías: rei assírio fura os olhos do rei prisioneiro (séc. VII a.C.).

São textos escritos em grego. Não o grego de Platão ou dos grandes escritores da Atenas de quatro séculos antes.

É um grego meio popular, conhecido como *koinê* (= "comum"), o grego que se tornou língua franca em todo o Oriente depois da conquista do Império Persa por Alexandre da Macedônia, língua de mercadores e administradores, falada por fenícios, judeus, persas, lídios, cilícios e, naturalmente, romanos.

Nenhum evangelho é em aramaico. Jesus já se nos aparece *traduzido*. Tradição muito antiga quer que o evangelho atribuído a Mateus tenha sido escrito, originalmente, em língua semita, hebraico ou aramaico. Os evangelhos de Mateus e Marcos parecem, com efeito, representar uma camada mais antiga da tradição do que os textos de Lucas e João, visivelmente, elaborações posteriores da Igreja (ou das igrejas) já organizadas litúrgica e teologicamente.

Ao que tudo indica, o de Marcos talvez seja o mais antigo de todos, seu autor, um judeu convertido, vivendo numa comunidade romanizada, talvez, na própria Roma. Seu approach é o mais popularesco de todos. Em Marcos, Jesus é sobretudo um taumaturgo, um fazedor de milagres, curando a lepra, a febre, a paralisia, a cegueira e expulsando demônios dos possessos.

E a parte propriamente *doutrinária*, em Marcos (o pensamento, digamos assim, de Jesus) é sempre expressa numa imagética muito especial, ligada ao mundo físico das classes populares da Galileia.

Já em João, são atribuídas a Jesus teorizações teologicamente tão complexas que sempre se suspeitaram, nelas, influências da filosofia grega tardia, desenvolvida nos círculos mais cultos de Alexandria, no Egito, a capital intelectual do Mediterrâneo de então.

Como se vê, estamos lidando com uma documentação heterogênea, advinda de várias fontes, frequentemente contraditórias.

Como achar o verdadeiro Jesus por trás dessa floresta de versões sobre sua pessoa, feitos e ditos?

Parece óbvio que os evangelhos representem a compilação de tradições transmitidas oralmente no interior da(s) igreja(s) primitiva(s), "feitos e ditos do Senhor", passados de boca a boca, de orelha a orelha, evidentemente, ampliados e deformados pela imaginação oriental, tão afeita a prodígios.

O próprio caráter fragmentário e descosturado dos evangelhos enquanto textos confirma essa hipótese.

Os episódios evangélicos são ligados, parataticamente, pela

conjunção "e", o que faz deles uma *obra aberta*, onde outros episódios poderiam ser insertados, sem dano do conjunto.

"E Jesus disse." "E Jesus foi." "E Jesus veio."

Não resta, porém, a menor dúvida de que, por trás desses ditos e feitos, existiu uma pessoa real, de carne e osso, um rabi da Galileia, que mudou o mundo como poucos.

A ser verdade tudo o que dizem os Evangelhos, não há nenhum personagem da Antiguidade sobre o qual saibamos tanto quanto Jesus. Infância, família, formação: detalhes mínimos, que não temos sobre Péricles, Sócrates, Alexandre, César, Augusto, Cícero ou Virgílio.

O impacto que sua vida e doutrina provocaram nos contemporâneos atingiu tal intensidade que, hoje, ainda vibra.

Talvez, ser Deus seja apenas isso.

a voz gritando no deserto

Voz clamando no deserto: Preparar a via do
Senhor: Retas fazer suas sendas.
ISAÍAS, 40,3 E MATEUS, 3,3

O essencial da mensagem de Jesus parece ser o anúncio do iminente advento de um certo "Reino de Deus". Na maior parte dos casos, *depois* desta vida. Mas, também, às vezes, nesta vida.

Um dia, esta vida será o depois desta vida.

Esta *pro-jeção*, Jesus herdou dos profetas hebreus, dos quais ele foi o maior, inventando o futuro, já que o presente histórico é insuportável. Foram os profetas que inventaram o futuro, assim como os poetas inventarão o presente e os homens de ação inventam o passado sem cessar.

Os profetas bíblicos (Isaías, em primeiro) surgem quando o povo hebreu, depois de algum fastígio entre os pequenos principados da Ásia Menor, perde a autonomia política, esmagado entre as potências do Egito e da Assíria.

A palavra "profeta", porém, é grega. E não dá conta de toda a riqueza de significados do original hebraico, nabi.

Em grego, a palavra "pro-feta" quer dizer "o que fala para a frente", o que adivinha o futuro, portanto. Como Tirésias, Pítia ou Sibila.

Ora, um nabi era mais que isso.

Era uma espécie de "louco de Deus", desfrutando das imunidades das crianças, dos muito velhos ou dos bobos da corte. E de seus riscos. Muito semita, a categoria nabi tem sua correspondência entre os árabes, nos conceitos islâmicos *imam* e *mahdi*.

Imam e *mahdi*, são indivíduos, possuídos por Alá, que Alá envia, periodicamente, entre os homens, para purificar a fé. Para restaurar uma pureza das origens. Para *exagerar*.

Não é de admirar que, entre os "pro-fetas", estejam os maiores poetas dessa literatura hebraica que o Ocidente chama de Antigo Testamento. A começar por esse extraordinário Isaías, que Jesus, superpoeta, gostava de citar.

Para Isaías, o exercício da profecia, como entre os antigos hebreus, era singularmente facilitado por uma característica da língua hebraica, onde não há *tempos*. Mas *modos*.

Idioma flexional, como o grego e o latim, o hebraico tem uma forma de verbo que pode significar, *ao mesmo tempo*, pretérito e futuro. A palavra *amarti*, em hebraico, pode significar tanto *"eu disse"* como *"eu direi"*.

Imagine as possibilidades de ambiguidades proféticas das *hazon* (visões), que se expressavam numa língua na qual você não sabe se está falando de feitos passados ou *eventos por ocorrer*.

Trocando em miúdos: se o profeta hebreu diz "cairás, cidade maldita", pelo tempo do verbo, você não pode garantir se a cidade já caiu ou *vai cair*.

Muito difícil, para nós, vivenciar ou mentalizar um universo onde as coisas que já existiram e as que vão existir estão situadas *no mesmo plano*.

Graças a essa característica da língua hebraica, o profeta bíblico parecia se situar num tempo especial, *um extratempo*, onde todo o por ocorrer já teria ocorrido. Algo como se a ficção científica coincidisse com o realismo socialista. Ou vice-versa.

Nisso, Isaías é o máximo. Pela extrema criatividade imagética, voos quase surrealistas de fantasia, vigor e pujança de expressão e formulação, Isaías tem de ser contado entre os grandes poetas da humanidade, no time de Homero, Virgílio, Dante, Shakespeare, Bashô, Goethe.

Ao profeta Jeremias, atribuem-se as Lamentações, longo poema elegíaco sobre a queda de Jerusalém nas mãos da Babilônia, em linguagem *maneirista*: cada verso começa com uma letra do alfabeto hebraico, até perfazê-lo todo, num imenso acróstico.

No Antigo Testamento, o *Tanach* hebraico (*Tanach* é uma sigla, reunindo a inicial T, de *Torá*, N, de *Neviim*, e Ch de *Chetuvim*, nomes hebraicos para os demais livros), brilham em poesia os textos atribuídos a dezessete profetas. Os primeiros viveram e atuaram por volta do século VII a.C., no auge das agruras que afligiram o povo hebreu, estraçalhado entre os poderes do Egito e da Babilônia-Assíria, culminando com a deportação quase integral dos judeus para a Mesopotâmia, no chamado Cativeiro da Babilônia.

Nesse quadro, os profetas exerceram agudo papel político, como assessores e conselheiros dos reis de Judá e Israel. Alguns pagaram com a vida esse envolvimento direto com a história. Quer a lenda que Isaías, aos cem anos de idade, por intrigas de cortesãos, foi acusado de alta traição, condenado à morte e serrado ao meio.

O profeta Jeremias, pelos mesmos motivos, teria ido passar seus últimos dias no Egito, em exílio.

Outro dos grandes poetas/profetas de Israel foi Ezequiel, que revela entre suas visões uma de veículos extraterrestres, onde os aficionados do gênero acharam por bem ver relatos sobre a visita de discos voadores ao nosso pobre planeta.

Pitoresco o livro do profeta Jonas, engolido pela baleia. Jesus o cita para anunciar sua morte e ressurreição, depois de três dias no ventre da morte, um dos mitos mais tocantes da Igreja primitiva, reflexo dos mitos de Osíris/ Átis/ Adônis, milenares na bacia do Mediterrâneo.

Depois de Míriam, irmã de Moisés, e Samuel, que ungiu Davi como rei, o primeiro profeta que a Bíblia menciona é Elias, que atuou nos tempos de Acab, rei de Israel, lá por volta do século VIII a.C. Sua gesta, narrada no Terceiro Livro dos Reis, guarda assinaladas semelhanças com a de Jesus.

Como Jesus, Elias é um taumaturgo. Ressuscita o filho da viúva de Sarepta, assim como Jesus ressuscitou Lázaro. Multiplica a farinha, como Jesus multiplicou os pães. E, como um xamã índio, faz cair a chuva.

Célebre sua disputa de poderes mágicos com os profetas do deus Baal, divindade cananeia que sempre tentou Israel.

Como Jesus, Elias foi perseguido pelo ímpio rei, Acab, que, conforme a Bíblia, "tinha passado a fio de espada todos os profetas".

A profecia sempre foi uma profissão perigosa.

Sucessor de Elias foi Eliseu, que o profeta encontrou lavrando com seus bois e consagrou-o profeta, prefigurando o que João faria com Jesus e o que Jesus faria com os pescadores da Galileia, que transformou em apóstolos e portadores de suas palavras e parábolas.

Eliseu abandona seu arado, como Pedro e os demais largam suas redes depois de ouvir o apelo do rabi.

Na aparência, Elias parece *pro-fetizar* João, o Batista. No Quarto Livro dos Reis, Elias é descrito como "um homem de barba espessa e cabelos longos, cingido sobre os rins com uma cinta de couro". Espantosa a fábula de seu fim.

Elias caminhava ao lado de seu discípulo Eliseu, "eis que um carro de fogo e uns cavalos de fogo os separaram, e Elias subiu ao céu, no meio de um redemoinho".

No século xx, os devotos dos discos voadores não deixam de suspeitar, no episódio, a passagem de veículos extraterrenos.

Com Eliseu, ficam o manto e os poderes miraculosos do profeta, demonstrados, a seguir, numa série de prodígios.

Elias persistiu na memória do povo durante séculos.

Assim, ele comparece no episódio da Transfiguração de Jesus, no capítulo 17 de Mateus, gesta que, para nós, do século xx, tem também um indisfarçável odor extragaláctico de ficção científica.

O episódio merece ser transcrito na íntegra:

Tomou Jesus consigo Pedro, Tiago e seu irmão João e levou-os a um alto monte, e *transfigurou-se diante deles*. E seu rosto ficou refulgente como o sol e as suas vestiduras tornaram-se brancas como a neve.

E eis que lhe apareceram Moisés e Elias falando com ele.

E Pedro, tomando a palavra, disse a Jesus: "Senhor, bom é estarmos aqui, se queres, façamos aqui três tabernáculos, um para ti, um para Moisés e um para Elias".

Estando ainda a falar, eis que uma nuvem resplandecente os envolveu e eis que da nuvem saiu uma voz que dizia...

No episódio, uma superposição das imagens de Elias e Jesus, quase até a coincidência. O trocadilho. Elias aparece na vida de Jesus, por fim, no trágico equívoco de uma má interpretação linguística, quando das últimas palavras, agonizando na cruz.

Conforme o evangelho de Marcos, momentos antes de expirar, Jesus, em desespero, exclamou, em aramaico, *"Eli, Eli lamá sabachtani?"*, "meu Deus, meu Deus, por que me abandonaste?".

Marcos registra: "ouvindo isto, alguns dos circunstantes diziam: ele chama por Elias".

Jonas (em hebraico *Ioná*, a pomba), que profetizou lá pelo século VI a.C., era natural de Get de Zabulão, ao norte de Nazaré, na terra de Jesus, portanto.

Dentre os dezessete profetas cujas visões (*hazon*) foram escritas e chegaram até nós, destaca-se, pela antiguidade, Abdias (em hebraico, *Abd-Iahu* = "o servo de Deus", o equivalente de *Abd-Ala*, em árabe). Seu texto parece ser, linguisticamente, o mais antigo de todos.

Nem só nos textos, porém, se revela a originalidade dos nabi. Sua vida, também, sempre trouxe o selo da estranheza e do exagero. Do excesso, da excentricidade e do milagre.

Jesus foi um nabi. Antes dele, deve ter havido milhares.

Conforme os evangelhos, imediatamente antes, surgiu João, chamado o Batista. Suas relações com Jesus parecem ter sido muito próximas: a tradição quer até que ele seja primo de Jesus. Depois das lendas relativas ao nascimento, os Reis Magos, o massacre das crianças por Herodes, a fuga da Sagrada Família ao Egito, todas pesadamente tingidas do fantástico oriental (o que não quer dizer que não haja resquícios e indícios de dados reais por trás da fábula), Jesus aparece, adulto, apresentando-se diante de João, para ser por ele batizado no rio Jordão.

De João, Mateus tira uma fotografia impressionante. É um eremita meio selvagem, vivendo no deserto, no depoimento de Mateus, "com vestimenta de pele de camelo, com uma cinta de couro, seu alimento era gafanhotos e mel silvestre".

Quase dá para ver o tipo, um daqueles furiosos loucos de Deus, a boca cheia de pragas e maldições contra todos os que pareceram trair a original pureza de uma fé. Reacionários, saudosos de um passado? Revolucionários, querendo novas coisas e novos códigos? Cada um escolha o adjetivo que combine melhor com a tanga de pele de camelo do profeta João.

O fato é que Jesus o procurou para se submeter a um ritual seu, o batismo. A palavra é grega, e significa apenas "banho".

Seu caráter simbólico é o mais óbvio possível, a tradução material de uma atitude espiritual. O batismo de João estava articulado com a confissão dos pecados, com a categoria ascética da penitência.

A água lava o corpo, a boa vontade lava a alma.

O ritual da "lavagem espiritual", em riachos, rios e mares, é universal, como o caráter sacro das águas vivas.

Mas, entre os judeus, esse rito parece que começou a competir com o da circuncisão, a ablação do prepúcio, que sempre foi, desde Abraão, a marca distintiva do *Ham Israel*. Na realidade, a circuncisão é uma prática encontradiça em todo o Oriente Antigo, a operação constando de gravuras egípcias das primeiras dinastias. Jesus, claro, era circuncidado. Donde veio aos hebreus o rito do batismo?

Detalhe de um manuscrito do mar Morto, pergaminho essênio datando do século I a.C. Teria Jesus lido este texto?

A história dos conflitos originais entre o judaísmo e o cristianismo poderia ser, liturgicamente, entendida como uma luta entre os ritos da circuncisão e do batismo.

É aqui que entram em cena os essênios, uma estranha seita judaica que viveu em mosteiros, submetida a uma regra monástica própria, chegando a produzir sua própria literatura à margem do judaísmo oficial.

Há inúmeras menções aos essênios na literatura antiga, tanto judaica, quanto grega. Nenhuma, porém, nos evangelhos.

As mais célebres ruínas de um mosteiro essênio situam-se em Qumran, às margens norte do mar Morto, numa paisagem quase lunar, pedra, sol e areia.

Nas proximidades das ruínas, foram descobertos manuscritos, datando do século I a.C., depositados em grandes urnas, ocultas em grutas e cavernas das elevações circundantes.

A descoberta dos chamados Manuscritos do Mar Morto é um dos capítulos mais emocionantes da arqueologia do século XX.

Em pergaminhos (e até papiros) conservados pela secura do clima, os *maguilot* ou rolos do mar Morto são a biblioteca do mosteiro essênio de Qumran, escondidos às pressas diante da arrasadora invasão romana do ano 70, conduzida por Tito.

Na literatura essênia, descoberta nas grutas dos arredores de Qumran, os testemunhos de uma vida espiritual intensa.

E uma surpresa.

Os essênios, parece que cultivavam a memória de um "Mestre da Justiça", um superior da ordem essênia, que teria sido sacrificado pelas autoridades na capital, em Jerusalém. Como Jesus!

Acontece que as evidências arqueológicas e textuais dos Manuscritos do Mar Morto apontam para mais de um século *antes de Cristo*. Teria havido um Jesus essênio, *antes de Jesus*?

A riqueza dos signos é feita da abundância das interpretações.

Para sairmos desse impasse, nada melhor que recitar um dos Hinos da Ação de Graças dos essênios:

Graças, Senhor,
porque me colocastes no escrínio da vida
e me cobristes contra
as armadilhas da fossa.
Homens violentos quiseram me matar,
eu me apoiava sobre tua aliança.
Esses, bando da mentira, horda do demônio,
não sabem que de ti
vem minha glória
e que em tua bondade
me salvarás,
pois diriges os meus passos.
[...]

Esse é o mais bem conservado hino essênio de Ação de Graças, na tradição dos Salmos, em particular do Salmo 1.

Nos rolos, os especialistas identificaram, além de textos dos livros de Moisés e dos profetas, uma literatura especificamente essênia. O *Manual de disciplina*, regra da ordem essênia. Comentários sobre o texto dos profetas. Hinos rituais próprios, os *Hinos de Ação de Graças*. E — mais espantoso — uma espécie de "apocalipse", chamado *A guerra dos filhos da Luz contra os filhos das Trevas*.

Como eram, afinal, esses essênios?

Ao que tudo indica, uma das três seitas em que se dividia o judaísmo na época de Cristo, com os fariseus e os saduceus.

Os essênios procuravam preservar o judaísmo em sua máxima pureza mosaica, numa época em que as influências gregas e romanas seduziam os espíritos.

A comunidade essênia funcionava, pois, como *um profeta*: Qumran é uma voz clamando no deserto.

No mosteiro essênio, cultivava-se a comunidade de bens, a santificação da comida em comum e o celibato, todas coisas que vamos encontrar na doutrina de Jesus e no cristianismo primitivo.

Em Qumran, os arqueólogos descobriram a piscina que servia para as abluções e lustrações rituais: o rito do batismo é, com certeza, de extração essênia.

O que havia de essênio em João e em Jesus, fica difícil de analisar dois mil anos depois.

O que não se pode duvidar é que eram homens do seu tempo, atravessados por ideias e conceitos que circulavam no meio em que viveram.

Batizado por João, num episódio que a lenda evangélica cumulou de prodígios (fogo sobre a água, descida do Espírito Santo), Jesus começa sua missão *repetindo* João. Jesus. João. João. João.

Mateus reporta o apelo inicial de João: "façam penitência, aproximou-se o Reino de Deus". Pois é *com essa mesma frase* que Jesus começa sua atuação. O processo lembra muito a passagem da autoridade nos mosteiros zen, do Extremo Oriente, de mestre a mestre, registrado num livro chamado *A transmissão da lâmpada*.

Complexa a luz dessa lâmpada que João passa a Jesus. Mas, ao mesmo tempo, muito simples.

Jesus veio para *exagerar* a pureza da doutrina de Moisés.

Nenhuma razão para duvidar que não estivesse sendo sincero, ao dizer:

Nem pensem que vim
para dissolver a lei
ou os profetas.
Não vim dissolver,
mas realizar.
Amém vos digo,
até passar o céu e a terra
da lei, não vai morrer um jota
nem uma vírgula.

Está na hora de fazer as pazes com a palavra fariseu.

Na origem, *fariseu* vem de um radical hebraico, que quer dizer *separado*. Os fariseus eram, antes da destruição da Palestina pelos romanos, um grupo de judeus particularmente zelosos das leis judaicas. Com a destruição do reino e do Templo e a dispersão dos judeus pelo mundo, essênios e saduceus desapareceram.

O judaísmo, desde então, obedece a diretrizes *farisaicas*.

A partir dos evangelhos, a palavra *fariseu* adquiriu conotações negativas: Jesus se opõe, constantemente, a eles, acusando-os de ritualismo vazio e formalismo religioso.

Acontece que os fariseus não são coisa tão simples assim. Por uma ironia da história, é possível dizer que *Jesus era fariseu*. Quando Jesus viveu, vivia, na Babilônia, um rabi judeu chamado Hilel, fariseu, que interpretava Moisés e a Lei da maneira liberal, tal como Jesus fazia. Contra Hilel e a linhagem de seus filhos e netos, levantou-se o rabi Shaddai, fariseu que exigia o exato cumprimento da Lei, ao pé da letra.

Não se pode pensar Jesus fora do quadro da religiosidade judaica do início da era cristã.

Nem se pode deixar passar o dado de que os fariseus, no evangelho, sempre abordam Jesus chamando-o de rabi, o título devido ao mestre.

Jesus, porém, é duro com eles.

Em sua ira de poeta/profeta, lança-lhes na cara:

Ai de vocês, escribas
e fariseus hipócritas!
sepulcros pintados,
lindos por fora,
por dentro,
cheios de ossos de mortos
e podridão!

Evidentemente se referia aos fariseus que conhecia, que encontrava nos lugares que frequentava, os fariseus da sua circunstância imediata.

No fundo, Jesus e fariseus queriam a *mesma coisa*: uma vida de pureza ritual e densidade espiritual, conforme a Lei de Moisés, a *mitzvah*, o mandato.

Os caminhos propostos é que diferiam.

Jesus parece propor uma *interiorização* radical dos gestos rituais, em cuja prática consiste isso que é ser judeu de religião.

Entre Moisés e Jesus, há, pelo menos, um bom milênio.

Natural que, em mil anos, a religiosidade judaica tenha evoluído para exigências mais sofisticadas e formas mais complexas e abstratas de expressão.

Afinal, quando Moisés formulou a Lei, os hebreus eram um povo de beduínos nômades, recém-fugidos do cativeiro no Egito, onde os faraós da XXIII dinastia os empregavam, como escravos, entre dezenas de outros povos, na edificação dos templos e palácios que fizeram a glória do país do Nilo.

Depois disso, o povo hebreu passou por uma extraordinária peripécia histórica, conquistando Canaã, constituindo-se em Estado, triunfando com o rei Davi, prosperando com seu filho Salomão, vivendo, enfim, toda a complexidade política e militar dos reinos semitas do Oriente Médio, primeiro, estraçalhado entre as superpotências egípcia e assíria, depois, invadido por persas, gregos macedônios e, enfim, romanos.

Por bem ou por mal, a Palestina e o povo hebreu se viram envolvidos pela imensa onda de helenismo que desabou sobre a Ásia com a invasão de Alexandre.

A doutrina de Jesus representa uma resposta criativa aos novos tempos que o povo judeu vivia.

Assim, não admira que tenha se defrontado, diretamente, com a Lei de Moisés:

Vocês ouviram
o que foi dito aos antigos:
não matarás.
Quem matar,
seja réu de juízo.
Eu, porém, contradigo:
quem se irritar com seu irmão,
seja réu de juízo.

Jesus não está negando Moisés. Está, apenas, conduzindo a crueza da lei mosaica a extremos de interiorização e sutileza, exigidos por uma época mais sofisticada, de maior concentração interna do repertório espiritual e ético próprio do povo hebreu, de maior troca de informações com outros universos culturais de grande riqueza sígnica (gregos, romanos).

Com exageros *utópicos*, inclusive:

Vocês ouviram
o que foi dito aos antigos:
olho por olho, dente por dente.
Eu, porém, contradigo:
não resistam ao mal.
Se alguém bater em vocês
num lado do rosto,
ofereçam a outra face.

Numa ocasião, Jesus chegou a paralisar a execução de um ritual mosaico.

Foi quando fariseus e sacerdotes trouxeram ante sua presença uma mulher, surpreendida em flagrante adultério.

Conforme a lei mosaica, a adúltera deveria ser apedrejada pelo povo até a morte.

No relato, Jesus estava acocorado, escrevendo no pó do chão.

É o único lugar do evangelho em que Jesus *aparece escrevendo*.

Os evangelhos não reportam o que estaria escrevendo, naqueles belos caracteres quadrados com que se escreve o hebraico literário, que Jesus lia nas sinagogas.

Ou estaria apenas desenhando um navio, um peixe ou um rosto?

Uma lenda da Igreja primitiva quer que estivesse escrevendo o nome da adúltera. Madalena?

Os fariseus que, conforme os evangelhos, "o tentavam", arrastam a adúltera, a mulher surpreendida fazendo amor com quem não era o legítimo marido.

Diante de Jesus, os fariseus lançam a perigosa pergunta:

É uma adúltera.
Conforme Moisés,
deve ser apedrejada.
O que você diz?

Jesus, sem tirar os olhos da escrita que produzia no pó do chão, fulminou:

Quem não tiver pecado,
atire a primeira pedra.

Homem assim não ia ter vida longa nem morrer na cama.

Ia ter um fim como João, seu "guru" e batista, que teve a cabeça cortada por Herodes.

Isaías, serrado ao meio. Jeremias, exilado no Egito. João decapitado. A vida de um nabi não era muito segura.

Não se brinca, impunemente, com os poderes deste mundo.

Jesus chegou a tocar no sacrossanto repouso do sábado, talvez, com a circuncisão, os dois ritos fundamentais do judaísmo.

É extraordinariamente minucioso o elenco de proibições, interditos e tabus do sábado judaico, o dia em que se repete, ritualmente, o descanso de Javé, no sétimo dia, depois de criar o universo.

No sábado judeu, as atividades são reduzidas a um mínimo.

Rabinos extremamente meticulosos, ao longo dos séculos, foram legislando os gestos que violam o sábado, indo do trabalho à alimentação, da vida diária à sexual, limitando até o número de passos lícitos, nesse dia de não fazer nada.

Ora, sucedeu que, num sábado, discípulos de Jesus passavam ao lado de um campo de trigo. Estavam com fome, agarraram espigas e as comeram.

Fariseus estavam presentes e, escandalizados, interpelaram Jesus:

Teus discípulos
violam o sábado.
É proibido
colher nesse dia.

Jesus arrasou:

O sábado foi feito para o homem,
não o homem para o sábado.

capítulo 0, versículo 1

Levanta a rocha e ali me encontrarás, racha a madeira e ali estou eu.
FRAGMENTO DE UM EVANGELHO APÓCRIFO DE ORIGEM EGÍPCIA,
AS *LOGIA DE OXYRHINCHUS*

Pode alguma coisa que preste vir de Nazaré?
JOÃO, 1,46

Nazaré, o lugar onde nasceu o nabi Joshua Bar Yosef, era um vilarejo da Galileia, no extremo norte da província romana da Judeia, hoje, Israel.

Nas ruelas estreitas entre as casas pequenas, crianças brincam os eternos jogos da infância, sem saber que, a muitas léguas dali, existe uma cidade imensa chamada Roma, onde reina o imperador Augusto, poderoso como um deus, que, com três palavras num papiro, pode colocar em movimento a mais eficaz máquina de guerra que a Antiguidade conheceu: o exército romano.

Disso tudo, nada sabem as crianças judias de Nazaré.

Seus pais são pequenos agricultores, cultivadores de uvas e oliveiras, alguns mercadores e muitos artesãos, tecelãos, pedreiros, oleiros, ferreiros, carpinteiros.

De um carpinteiro chamado Yosef e de sua mulher Maria, nasceu Joshua.

Seu nome era muito comum entre os judeus, sendo uma ligeira alteração do nome de Josué, o sucessor de Moisés e *cappo* das tribos hebreias que invadiram a Palestina depois da morte do grande patriarca.

Entre as crianças de Nazaré, brinca um menino que, um dia, vai mudar o mundo como ninguém.

Ihoshuha, Joshua, Josué, Jesus: longa viagem vai fazer este nome.

As tradições apostólicas e os relatos evangélicos cercaram seu nascimento e primeiros anos de toda sorte de lendas das mil e uma noites, de que o Oriente gosta.

Desde o nascimento do ventre de uma virgem até a visita de três magos ao menino recém-nascido, cada um portando presentes, ouro, incenso e mirra.

As contradições entre uma história verdadeira e lendas e fábulas que se teceram em volta de Joshua aparecem à primeira vista.

O evangelho atribuído a Mateus abre com a enumeração da genealogia de Joshua, desde o patriarca Abraão.

Na lista dos antepassados de Joshua, está o rei Davi, o que o faz herdeiro legítimo do trono de Israel.

Esta genealogia termina na pessoa de Yosef (José), pai de Jesus.

Imediatamente após, Mateus reporta a lenda da concepção virginal de Jesus, nascido de Maria, fecundada por força divina, *sem concurso de homem*.

Ora, a ser assim, para que a genealogia de seu pai?

Versões evangélicas também o dão como nascido em Belém, Beth-Lehem, em hebraico, "a casa do pão", muito ao sul de Nazaré.

Isso se deve a um fato muito estranho.

A vida do profeta Jesus foi toda profetizada antes de ser vivida.

Inúmeros episódios de sua vida foram, evidentemente, moldados *sobre* a profecia. Mateus é especialista nisso. Seu relato é todo percorrido por construções do tipo: "isso se fez, para que se realizasse a profecia que diz...".

O nascimento de Jesus em Belém, por exemplo, é resultado de uma leitura do profeta Miqueias, que viveu, pelo menos, *seis séculos* antes dele.

E tu, Beth-Lehem
da terra de Judá,
não és a menor
entre as principais de Judá:
de ti, vai sair o chefe,
que reja Israel, meu povo.

Beth-Lehem era a cidade natal do rei Davi, sob cuja direção o povo hebreu conheceu um clímax de glória militar.

Nada mais natural que fazer Jesus nascer na terra do seu antepassado, do qual herdava o título de rei: o messianismo judeu nasceu e se desenvolveu com os profetas, quando a nação perdeu a independência (séculos VI e V a.C.).

Na teocracia semita, o líder religioso é sempre chefe político. E vice-versa. Basta ver o caso, hoje, do Irã do Ayatollah Khomeini.

Descendente do rei Davi, Jesus era o líder carismático do povo numa guerra de libertação contra o imperialismo romano.

Sua condenação final diante do poder de Roma, encarnada na pessoa do procônsul Pôncio Pilatos, é significativa: o povo o aclamava, abertamente, como rei.

Ao colocarem sobre a cruz onde o supliciavam uma placa com a inscrição "Jesus de Nazaré, rei dos Judeus", os romanos mostravam que não estavam brincando em serviço.

Deixemos de lado as lendas messiânicas sobre o nascimento em Belém.

Jesus sempre é chamado de "nazareno", natural de Nazaré.

E os primeiros cristãos eram chamados de "galileus".

A fábula da fuga ao Egito deu margem a muitas outras lendas. Está em Mateus.

Jesus nasce, os magos vêm visitá-lo, o rei Herodes fica sabendo, consulta os sábios para saber onde nasceria o Messias. Citando Miqueias, os sábios apontam Beth-Lehem: Herodes ordena o massacre de todas as crianças com menos de um ano de idade.

Avisado por um anjo, José pega a mulher e o filho e foge para o Egito, donde só volta depois que o mesmo anjo, pontual funcionário do Senhor, lhe avisa em sonho que dá para voltar, tudo está limpo.

A fábula é inverossímil.

Só ver a distância a percorrer entre a Galileia e o Egito, numa época quando as estradas da Ásia viviam infestadas de assaltantes e ainda havia grande quantidade de leões, depois extintos pela caça contínua e sistemática.

[181]

Não é assim, no entanto, que se trata uma fábula: uma lenda vale por seus significados *simbólicos*.

A fuga da família de Jesus para o Egito era uma volta às origens. Afinal, foi lá que o povo hebreu viveu escravo dos faraós. De lá, Moisés o tirou para a liberdade, a plenitude, a maioridade, depois da invasão de Canaã (a Palestina), realizada com implacáveis hecatombes, massacres e aniquilação, ao estilo assírio, de cidades inteiras, como conta o Livro de Josué.

Enquanto as lendas correm, as crianças continuam a brincar nas ruas da aldeia de Nazaré.

Brincam de esconde-esconde.

O mais difícil de encontrar é Joshua Bar Yosef. Ele sempre se esconde nos lugares mais difíceis.

Isso tudo é fantasia. Pelos evangelhos, nada sabemos da infância nem da adolescência de Jesus.

Há inúmeros evangelhos apócrifos dos primeiros séculos da era cristã, chamados *Evangelhos da infância*, tecidos de lendas fabulosas sobre um garoto Jesus cheio de poderes e os exercendo com arbitrariedade. Num episódio de um desses evangelhos apócrifos, um menino pula nas costas de Jesus e morre imediatamente, só para Jesus ressuscitá-lo, diante do desespero dos pais.

Numa rua de Nazaré, o filho do carpinteiro continua brincando.

Sobre ele, um dia, haverá lendas, como a de que nasceu de uma virgem, um dos arquétipos religiosos da humanidade, encontradiço nos mitos do nascimento de Buda, do rei persa Ciro ou do deus asteca Quetzalcoatl. Virgem/Mãe: coincidência dos contrários.

Nas ruas de Nazaré, os meninos procuram atrás de cada parede, de cada porta, de cada pedra. Ninguém encontra Joshua.

Uma lenda evangélica conta que, um dia, ele desapareceu. Sua mãe o procurou e foi encontrá-lo numa sinagoga lendo textos sagrados e os explicando aos doutores.

Nas ruas de Nazaré, ainda nada.

Pisamos em terreno seguro, provavelmente, quando o encontramos apresentando-se, no rio Jordão, para ser batizado por João, o Batista.

Conforme os evangelhos, Jesus está agora com trinta anos, na força da idade.

Israel tem um novo nabi, como Elias, Eliseu, Isaías, João.

Onde esteve Jesus até ser batizado por João?

Essa elipse, esse hiato, esse vácuo, já produziu bibliotecas de hipóteses, desvarios teosóficos, delírios exotéricos, em que Jesus teria frequentado, no Egito, escolas de altos saberes.

Alguns gostam de imaginá-lo iogue na Índia.

Outros imaginam-no monge essênio, egresso do mosteiro judeu de Qumran.

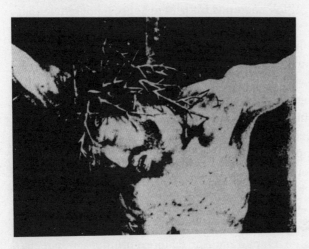

Visualmente, Jesus é uma entidade imaginária. Nenhum retrato, estátua ou imagem contemporânea: severas proibições mosaicas contra a reprodução da forma exterior dos seres coibiram, na fonte, o desenvolvimento da pintura, do desenho, da iluminura, da escultura entre os antigos hebreus. Os motivos, religiosos: ícones são ídolos, os falsos deuses, mera matéria tentando concorrer com a Pura Ideia, que é Javé. Imagens visíveis, materiais, isso com os gregos, os romanos: *goiim*. Depois, porém, que o cristianismo tomou conta da bacia do Mediterrâneo, ninguém foi mais imaginado que Jesus. Em pinturas e vitrais nas igrejas. Mosaicos em mosteiros. Esculturas, em todas as matérias. Praticamente não há episódio da vida de Jesus, conforme os Evangelhos, que não tenha sido traduzido, iconicamente, para a pintura ou a escultura ocidentais: a arte renascentista italiana que o diga.

Nas vielas de Nazaré, continuam a procurá-lo.

O menino continua desaparecido.

Mas um jovem nabi, de trinta anos, começa a agitar a Galileia, repetindo o apelo de seu mestre João, que repetia Isaías: "o reino de Deus vem aí". O menino escondido tem três anos para desembocar no destino de todos os profetas de Israel: serrado como Isaías, decapitado como João, crucificado pelos romanos.

O jovem nabi *é nazir.*

Nazir, entre os antigos judeus, era alguém devotado a Adonai (Deus), desde a infância, ao que tudo indica, por sua mãe.

Essa devoção consistia na privação de várias coisas: o vinho, os prazeres sexuais, a aparência pessoal.

Os evangelhos nada nos informam sobre a aparência física de Jesus. Não sabemos se era alto ou baixo. Gordo ou magro. De olhos azuis ou castanhos.

O menino continua escondido.

As igrejas fizeram dele um retrato hiperidealizado, lindo rosto, quase andrógino, com grandes olhos sonhadores, às vezes, absurdamente azuis num semita sefardi: excessos de amor.

Tudo o que podemos saber de Jesus, fisicamente, é que usasse cabelos compridos: os *nazir* não cortavam cabelo.

Talvez usasse roupa branca: era um traço ritual dos essênios. E não devia ser pessoa de compleição frágil: basta ver o episódio da expulsão dos vendilhões do templo, quando fustigou e expulsou dezenas de pessoas das escadarias do mais célebre santuário de Israel.

Fora isso, só temos a tradição da Igreja primitiva, que registra que Jesus era *feio*, talvez o reflexo de uma profecia de Isaías, onde o Messias é apresentado como pessoa de aspecto desprezível, metáfora do estado político do povo hebreu, na época da invasão de babilônios e assírios.

Onde está o menino?

A brincadeira de esconde-esconde prossegue, nas vielas da pequena Nazaré da Galileia.

Todos já foram encontrados, menos Joshua.

Uns pensam encontrá-lo debaixo duma pedra, como se fosse um escorpião.

Outros imaginam vê-lo do lado de uma nuvem, um falcão, quem sabe.

Para alguns, ele desaparece como um fantasma, na luz do meio-dia. Nos evangelhos, seus dados de parentesco são muito embrulhados.

Parece ter sido o mais velho numa família numerosa, com vários irmãos e irmãs.

Ao que tudo indica, no começo de seu "nabinato", sofreu a oposição e a negação de seus irmãos diretos.

Seus primeiros discípulos teriam sido seus primos, dentro de uma tradição muito semítica de conversões em sua própria casa (a primeira pessoa convertida ao Islã por Maomé foi sua própria mulher Kadidja).

Alguém acaba de ver Jesus desaparecer por trás de uma porta. *O menino Joshua sabe se esconder muito bem.* Em que ano mesmo que ele está? Esse menino vai à escola? Que tipo de escola?

Nos pequenos vilarejos judeus, o mestre-escola era o *hazzan*, o leitor das sinagogas, aquele que ensinava a ler as belas letras do alfabeto com que se lia a Lei de Moisés, sem o que não se podia realizar a *mitzvah*, o mandato: a cultura judaica é *uma cultura escritural*, baseada em textos (para o islã, os judeus fazem parte da categoria privilegiada dos "*ahl al-Kitab*", os povos do livro, as minorias cuja fé se baseia em textos).

Em seus melhores anos, Joshua deve ter assimilado o repertório textual básico de qualquer judeu de sua época: a Torá, a Lei de Moisés, os Profetas, tesouro escritural de sua tribo.

Seu processo de aprendizagem da escrita hebraica deve ter sido o do Oriente Médio, ainda usado entre os árabes.

Um processo sintético, no qual o professor faz os alunos memorizarem uma frase, oralmente, após o que distribui a frase escrita correspondente fazendo os alunos repetirem, olhando para a frase escrita, até que a leitura começa a fluir.

Um processo pedagógico que começa ao *contrário* do ocidental, onde o aluno aprende primeiro o ABC, o código em estado puro, para depois aprender a combiná-lo em palavras e orações.

O processo oriental vai da frase para o alfabeto, o nosso vai da letra para a frase.

Como qualquer garoto judeu da Galileia, Joshua ia dos conjuntos para os elementos. Das totalidades para as partes. Do geral para o particular.

Mas onde é que esse menino se meteu?

Na sinagoga de Nazaré, com o *hazzan*, Jesus ouviu/leu o tesouro textual de sua comunidade: Torá, Profetas, Salmos, Livros Sapienciais.

Sua leitura, estudo, compreensão e prática constituem a *mitzvah*, a via judaica. Dela, Joshua vai ter um entendimento *profundo, radical, intransigente*. Parecia reinar nas antigas sinagogas da Galileia uma grande liberdade de expressão, sem restrições de hierarquia eclesiástica.

Pelos evangelhos, lá vai que era possível alguém na assembleia, possuído pelo Espírito (*nefesh Adonai*) sentar no lugar principal, ler textos sagrados e interpretá-los para os circunstantes. O povo de Israel era uma espécie de *povo de sacerdotes*, onde as distinções entre leigos e eclesiásticos eram mínimas.

Daí, aquilo de Mateus, no capítulo 13:

E chegando em sua terra
os ensinava nas sinagogas,
até que se espantaram e disseram:
— Donde lhe vêm estes saberes e poderes?
Esse não é o filho do operário?

Jesus, na escola, argumenta, ainda menino, com os sacerdotes e doutores da Lei, tema caro a muitos evangelhos apócrifos.
O saber dos pequenos contra a onisciência dos grandes, traduzido em nível etário.
Ilustração num evangelho da catedral de Milão, séc. v.

Os meninos continuam a procurá-lo nas esquinas e becos de Nazaré.

André quase o viu. Bartolomeu pensa conhecer seus truques, quando se esconde. Tiago desconfia que ele esteja atrás daquela árvore.

Pedro Cefas lança as redes. Mateus dá um desconto. Cada um dos futuros doze discípulos diretos lança suas sortes.

Como sempre, Joshua desapareceu.

Nada mais emocionante que brincar de esconde-esconde com o filho do carpinteiro.

Após. Apóstolos. Apostas.

Discípulo de João, Joshua terá discípulos, portadores da sua doutrina e de seus poderes milagrosos, dar luz aos cegos, curar doenças, expulsar demônios. Assim, Eliseu herdou o manto e a força taumatúrgica de mestre Elias.

Os discípulos diretos de Jesus foram conquistados entre a gente simples da Galileia, pescadores e artesãos de forte fé e tardo entendimento. Simples, Joshua amará os simples:

Naquela hora,
chegaram os discípulos
dizendo:
— Quem é o maior no reino dos céus?
E chamando um menino
Jesus o colocou de pé
no meio deles
e disse:
— Assim digo a vocês,
se vocês não mudarem
e ficarem parecidos com crianças
como esta,
vocês não vão entrar no reino dos céus.

Cadê Joshua?
Entre os simples, depois, o acharão.

Uma pergunta, nunca feita, pode, agora, ser perguntada.

De que vivia Jesus durante os três anos de sua pregação e docência?

Que fosse carpinteiro como seu pai Yosef, resta pouca dúvida, passando os ofícios, no Oriente, de pai para filho, ao longo dos séculos.

Curioso, porém, que nenhuma parábola sua tenha como tema a arte da carpintaria. Suas metáforas e apólogos são todos extraídos da vida agrícola. Ou piscatória.

Para um poeta como ele, talvez, seu ofício do dia a dia não oferecesse estímulo bastante para a poesia.

Talvez, à luz de uma estética da recepção, adequasse seu discurso ao universo dos pequenos lavradores e pescadores dentre os quais arrebanhou seus primeiros seguidores.

De qualquer forma, nessa fértil e verde Galileia de seu tempo, não devia haver muita distância entre as atividades artesanais e agrícolas.

O fato é que, em nenhum momento, os evangelhos o mostram *trabalhando.*

A não ser aquele trabalho superior, que é o exercício da vida do espírito.

Em nenhum momento, Jesus planta, colhe, cozinha, serra, tece ou pesca.

Tudo o que faz é pregar.

Seu pai Yosef também pregava pregos na madeira, coisa que Jesus devia saber bem.

Só que a pregação de Jesus é feita de outros pregos. Pregos conceituais. Pregos-signos. Os pregos que um dia pregariam a ele, carpinteiro, numa cruz de madeira.

Afinal, onde está Joshua?

Em seus anos de pregação, Jesus viveu, de aldeia em aldeia, de casa em casa, sustentado por amigos, mulheres, discípulos, admiradores ou até por estranhos, nesse Oriente onde o hóspede é um rei na tenda do seu anfitrião.

Onde, diabo, esse menino se meteu?

Pelos evangelhos, Jesus fez, basicamente, duas coisas: curou doenças e pronunciou sentenças. Fez bem para o corpo. E para a alma.

Sua virtude taumatúrgica *significa* sua força doutrinária: saber, poder.

Ah, Joshua, desta vez, eu te pego!

Muitos amigos teve Jesus. Dentre os mais caros, Lázaro, com suas duas irmãs, Marta e Maria, amigas do doce rabi da Galileia.

Jesus parece ter sido muito livre na escolha de suas companhias. Os evangelhos estão cheios das queixas dos fariseus pelo fato de Jesus frequentar pecadores, estrangeiros, publicanos (coletores de impostos para Roma), meretrizes e até gente pior.

Jesus se saía com coisas do tipo:

Não vim para salvar os justos.
Justos não precisam de salvação.

Quem sabe tenha sido meio chegado ao vinho. O que estranha. A abstinência de vinho era regra essênia. E uma das proibições de quem fosse *nazir*.

Um dos milagres mais conhecidos de Jesus é a transformação de água em vinho num casamento, em Caná.

E, na última ceia, quando codifica um rito para seus discípulos, identifica o fruto da vinha com seu próprio sangue (embora, aqui, o relato pareça ter sido moldado sobre o rito, um rito comemorativo da Igreja primitiva, embrião da missa).

Eta garoto bom de se esconder!

Quando se aproximava a Páscoa judaica, Jesus teve vontade de ir celebrá-la na capital, em Jerusalém, a cidade de Davi.

O *Pessach*, a Páscoa judaica, é a celebração da passagem do mar Vermelho, da saída do povo hebreu do cativeiro do Egito para a liberdade, metáfora máxima para a libertação do espírito.

Para comemorá-la, comia-se um cordeiro assado, em companhia de amigos. Mal sabia Jesus que, nesta Páscoa, o cordeiro a ser comido seria ele mesmo.

Aquela sombra não seria Joshua?

Lá vai o cordeiro entre os lobos; o provinciano rabi da Galileia entra na Grande Cidade.

Na época da Páscoa, Jerusalém regurgitava de gente vinda de todas as partes, judeus de todos os lugares para celebrar a Páscoa à sombra do Templo, objeto de uma veneração geral, santuário máximo de Israel.

Jesus tem um trocadilho no qual confunde seu corpo com o Templo, quando diz, diante da imponente arquitetura, que a destruirá e a reconstruirá em três dias. Falava de sua própria morte e ressurreição, comenta o evangelista.

Em Jerusalém, Jesus sabe que está mais em perigo do que nunca. Aí, imperam os fariseus, saduceus, levitas, escribas, sacerdotes, toda a alta hierarquia do judaísmo oficial, mancomunada com o poder romano, guardado por legiões imbatíveis, sob o comando de uma autoridade nomeada diretamente pelo imperador.

Os donos da religião não gostam de seus comentários à Lei de Moisés. Os romanos, donos da situação, não gostam de judeus se reunindo em torno de líderes, ligados por ideias orientais que eles não entendem. Uns sentem cheiro de heresia. Outros veem subversão da ordem. Jesus entra em Jerusalém.

A cidade ferveu daquela vida frenética de uma metrópole das mil e uma noites.

Mil mercadores ambulantes apregoam seus produtos, compra-se, vende-se. Ouvem-se, pelas esquinas, dezenas de línguas e dialetos, aramaico, grego, latim, árabe, siríaco ou essas misturas que o comércio sempre improvisa.

As autoridades já tinham sido alertadas sobre sua presença na cidade, onde ele entra cercado de seus discípulos e simpatizantes.

Jesus caiu na armadilha.

É preciso distingui-lo, porém, nessa multidão que vai e vem, onde passam profetas, nabis, pequenos mestres e seus séquitos.

Os donos da religião logram contato com um dos discípulos do Galileu, Judas Iscariotes, que, por dinheiro, concorda em denunciá-lo.

Denunciado por Judas, Jesus é preso pelas autoridades.

Depois de ter sido submetido a mil sevícias e ultrajes, é condenado pela autoridade romana ao suplício, tipicamente romano, da cruz.

Como é duro de achar esse Joshua!

a escritura crística

Nada está oculto, que não venha a ser revelado, nem tão secreto que não venha a se saber.
O que digo a vocês nas trevas, digam na luz, e o que vocês ouvem, ao pé do ouvido, proclamem sobre os telhados.
MATEUS, 10,27

Como se percebe, o título deste capítulo é totalmente inadequado. Primeiro, porque Jesus não deixou nada escrito. Tudo o que se sabe de seus feitos e ditos foi transmitido pela tradição oral, enfim registrada em evangelhos.

Depois, porque o nome "Cristo" é grego: com certeza, Jesus, falante do aramaico, jamais ouviu essa palavra, que é, apenas, a tradução do vocábulo hebraico *meshiah*, "o ungido", "o consagrado com óleo", como Davi foi ungido rei pelo profeta Samuel.

Já no nome pelo qual é mais conhecido indicam-se as duas direções de sua doutrina.

Seu nome mesmo, Jesus, é judeu. E isso o reporta às suas origens, à fé tradicional do povo em que nasceu.

A palavra grega "Cristo" transporta a mensagem de Jesus até um mundo muito mais amplo, o universo das cidades helenísticas, entre as quais se pode incluir, comodamente, Roma, a cidade senhora do mundo ocidental civilizado por volta do ano I da era cristã, esse mundo que girava em volta do Mediterrâneo. Jesus (o cristianismo) é a tradução de uma palavra aramaica para o grego.

No meio-dia do poder romano, entre as cidades gregas da bacia do Mediterrâneo, o aramaico era algo assim como o guarani do Paraguai, o quêtchua e o aymará dos Andes ou o basco na Europa, em nossos dias um calão qualquer, falado por povos sem importância.

Não para aí o mistério.

Jesus *não falava claro*. Nabi, profeta, falava por parábolas. Vale a pena saber que *parábola*, em grego, quer dizer "desvio do caminho". O essencial das mensagens de Jesus está longe de ser transmitido por cadeias de raciocínios. Mas através de "estórias paralelas", as parábolas, unidades poéticas e ficcionais, capazes de irradiar significados espirituais e práticos, abertas à exegese, à explicação, à liberdade. Jesus, Joshua Bar-Yosef, pensa *concreto*.

Daí a duração do seu pensar, constituído pela infinitude de interpretações de suas elementaridades doutrinárias.

Admire-se, por exemplo, a formosura da parábola do semeador, a primeira relatada por Mateus.

Naquele dia, saindo Jesus de casa, sentou-se à beira do mar. E juntou-se em volta dele uma multidão de gente, de forma que Jesus teve que subir numa barca e sentar-se nela.

A multidão estava de pé na praia.

Falou-lhe muitas coisas por parábolas, dizendo:

O semeador saiu a semear.
Parte da semente
caiu ao longo do caminho,
vieram as aves do céu
e comeram-na.
Parte caiu na pedra,
não tinha terra,
nasceu, veio sol e secou.
Parte caiu entre os espinhos,
os espinhos a sufocaram.
Parte, enfim, caiu em terra boa
e deu frutos,
cem por um, outros sessenta por trinta.
Quem tem ouvidos para ouvir, ouça.

Não se sabe o que admirar mais aqui.

Mas merece destaque o contraste entre um Jesus falando, de uma barca no mar, sobre alguém que semeia na terra.

Na circunstância desta parábola, um mistério nos hipnotiza. Concretamente, nela, Jesus flutua sobre as águas, falando da terra. Água. Terra. Pescar. Semear. Jesus fala por elementaridades: numa palavra, *fala coisas*. Na parábola do semeador, Jesus fala, na realidade, dos efeitos e consequências da pregação de sua palavra. A semente, aí, é metáfora e imagem da palavra. O mais estranho vem a seguir: "e chegando-se a ele, os discípulos disseram: por que lhes fala em parábolas?".

A vocês, é concedido
conhecer os mistérios do reino dos céus,
a eles, não.
Pois a quem tem, vai ser dado,
e abundará.
De quem não tem,
até o que tem
vai ser tirado.
Por isso, falo a eles por parábolas.
Para que, vendo, não vejam.
E, ouvindo, não ouçam
nem compreendam.
Assim se cumpra neles a profecia de Isaías:
ouvindo de ouvir, não vão entender,
e, videntes, vendo, não vão ver.

A parábola é um gênero oriental, encontradiço entre todos os povos da Ásia, a revelação de verdades abstratas através da materialidade de uma anedota, uma unidade ficcional mínima. Aquilo que Joyce chamava de "epifania".

Uma epifania é uma manifestação espiritual e, especialmente, a manifestação original de Cristo aos reis magos. Joyce acreditava que esses momentos chegam para todos, se somos capazes de compreendê-los. Às vezes, nas circunstâncias mais complexas, levanta-se repentinamente o véu, revela-se o mistério que pesa sobre nós e manifesta-se o segredo último das coisas.

Harry Levin, *James Joyce: A Critical Introduction* [Norfolk, Conn.: New Directions, 1960].

As parábolas de Jesus são *epifanias* (em grego, "sobreaparições"), nós de histórias donde se desprende um princípio geral.

Assim fez Confúcio. Assim fez o autor do Gênesis. Assim fizeram os cínicos gregos. Assim fizeram os rabinos. Assim fizeram os gurus da Índia. Assim fizeram os sufis do islã.

Esse procedimento de *revelar ocultando* tem um sabor, indisfarçavelmente, zen.

Por isso, Jesus diz:

Graças te dou meu Pai,
senhor do céu e da terra,
porque escondeste estas coisas
aos sábios e doutores
e as revelastes aos pequenos.

Intriga, em Jesus, ao lado de um processo de re-velação, um de *velação*.

De ocultamento da doutrina. De despistamento.

As parábolas de Jesus são ícones. E, na família dos signos, ícones são signos *produtores de informação*, signos emissores.

Há dois mil anos, extrai-se significado das parábolas atribuídas a Jesus pelos evangelhos. Nem é outra coisa que estamos tentando fazer aqui.

"Quem tiver ouvidos de ouvir, ouça." A linguagem de Jesus é *cifrada*.

É a linguagem de um nabi, um profeta, como tantos que o povo de Israel produziu, a linguagem de um poeta, que nunca chama as coisas pelos próprios nomes, mas produz um discurso paralelo, um análogo, que os gregos chamavam *parábola*, "desvio do caminho".

Essa linguagem paralela rima com o anúncio de um eminente

(e paralelo) "reino de Deus", frequente entre os profetas da Bíblia: a profecia de Abdias, talvez o mais antigo profeta cujo texto chegou até nós, termina falando no *meluchah Adonai*, em hebraico, o reino de Deus, tema central do discurso de Jesus, a escritura crística.

Nisso, Jesus estava sendo, talvez, fiel a uma tradição hebraica.

Olhando bem, os judeus substituíram a idolatria das imagens e simulacros pela *idolatria a um texto*: a Torá, os cinco primeiros livros da Bíblia, atribuídos a Moisés. A análise linguística não confirma: os cinco primeiros textos do Antigo Testamento, para os especialistas, parecem ter tido sua redação final por volta do século VII a.C. (Moisés deve ter vivido em torno do ano 1200 a.C.). Nada obsta, porém, que um material mais antigo tenha sido manipulado por mãos posteriores: movemo-nos num território muito judaico, em que textos remetem a textos e mensagens servem de contexto a outras mensagens.

Isso, no entanto, de Jesus recorrer ao *enigma* nunca deixa de evocar a cabala, um dos três pilares sobre os quais repousa a sabedoria de Israel.

Os outros são a Torá e o Talmude (e a *Mishná*).

Aquilo que católicos e protestantes chamam de "Antigo Testamento", para os judeus é o *Tanach*, sigla que designa (T) a Torá, (N) *Naviim*, os profetas, e (Ch) *Chetuvim*, os escritos, os livros históricos, sapienciais e líricos.

No *Tanach*, a Torá desfruta de um status especialíssimo: são os livros de Moisés, Gênesis, Êxodo, Levítico, Números e Deuteronômio, na tradução grega, o fundamento da fé judaica, a essência da crença.

O Talmude (e a *Mishná*) congregam as doutrinas de rabinos posteriores, que regulam a *mitzvah*, o modo de viver que faz um judeu.

Até à minúcia, o Talmude legisla sobre vida e morte, sobre o dia a dia, até a guarda do sábado. Obra de gerações de rabinos, há dois Talmudes, que regem o judaísmo, até nossos dias. Torá. Talmude. Cabala.

Sobre a cabala, é mais difícil falar.

A palavra vem de um radical que quer dizer "transmitir": *cabala* quer dizer "a transmitida".

É a tradição oral de Israel, aquela que não foi escrita, porque *não pode* ser escrita.

A tradição cabalística parece ter passado de boca a boca, de geração em geração, de rabino a rabino, de gueto a gueto.

Essencialmente, parece consistir na leitura dos textos da Torá, a partir de *processos combinatórios codificados*.

Evidente que a prática da cabala só é acessível a quem dominar a língua hebraica.

Um dos processos cabalísticos mais simples é o da *leitura invertida*. O alfabeto hebraico, derivado, como o grego, da escrita fenícia, tem uma ordem, que reflete, em linhas gerais, a ordem do nosso A-B-C. Imaginemos, agora, cabalisticamente, que a série das letras do ABC correspondesse a letras do A-B-C invertido.

Assim:

```
A B C D E F G H I J L M N O P Q R S T U V X Z
Z X V U T S R Q P O N M L J I H G F E D C B A
```

Neste código, A se refere a Z. C é V. F vira S. E assim por diante. Este, o código mais elementar.

A cabala, porém, prevê codificações mais complexas. Com alternâncias dois a dois. Três a três. E, aí, até o infinito.

Fazendo estas trocas conforme os esquemas cabalísticos, os rabinos descobriam *subsentidos* e significados ocultos, no texto sagrado: lendo de trás para diante, alterando a ordem das letras, permutando, *des-lendo*.

Evidentemente, o exercício da cabala só é possível numa língua semita, onde todas as palavras têm um radical trilítero, constituído, basicamente, de três consoantes, que dão o sentido geral da raiz.

A cabala, basicamente, é um jogo com estas três letras de cada radical. Digamos o radical semita para "matar", em árabe e hebraico: *QaTaL*. Lido ao contrário, é *LaTaQ*, "proteger".

O rabino cabalista, ao ler uma frase na Torá com a palavra "*Qatal*" a lia ao inverso, lendo sentidos *ao contrário*.

Assim, o texto dos livros sagrados diz *muitas coisas ao mesmo tempo*. A *críptica escritura crística* parece apontar para esta tradição cabalístico-esotérica, onde a verdade é apanágio de poucos.

"E apareceram os fariseus, que começaram a disputar com ele, pedindo-lhe, para o tentar, um signo no céu."

Jesus tirou um suspiro do coração e disse:

Por que esta geração
pede um signo?
em verdade vos digo,
a esta geração
não será dado signo.

A declaração é tanto mais estranha quanto, nos evangelhos, Jesus vive fazendo milagres, *signa*, prodígios, que demonstram sua força sobrenatural. São, na maior parte, milagres *médicos* ou *econômicos*: cura de doenças (cegueira, surdez, paralisia) ou multiplicação de alimentos (pão, peixe, vinho), o que bem situa Jesus em seu universo de gente miúda, sempre às voltas com a penúria ou a moléstia.

De qualquer forma, os signos foram dados.

E, quase dois mil anos depois, estão longe de parar de rolar. De desistir de sua capacidade de serem interpretados.

Chegando a Betsaida, trouxeram-lhe um cego e suplicavam-lhe que o tocasse. E, tomando o cego pela mão, conduziu-o fora da aldeia e, pondo-lhe saliva sobre os olhos e impondo-lhe as mãos sobre a cabeça, perguntou-lhe se enxergava alguma coisa. O cego, levantando os olhos, disse: *vejo as pessoas andando como árvores*.

Depois, Jesus impôs-lhe, novamente, as mãos e ficou completamente bom, vendo claramente todas as coisas. E Jesus mandou-o para casa, dizendo:

Vai para tua casa,
e se entrares na aldeia,
não digas nada a ninguém.

Esse cuidado com o sigilo acompanha a pregação e a trajetória do "Filho do Homem".

Esse exclusivismo fariseu e essênio transparece no episódio da mulher fenícia, não judia, que o procura, para ouvir dele:

O pão foi feito
para dar aos filhos,
não aos cães.

Há traços de ferocidade na *escritura crística*, o jeito de Jesus fazer as coisas, bastante discrepante das adocicadas versões das Igrejas que dele saíram e o administraram.

Quem disse *não vim trazer a paz, vim trazer a espada*, não estava brincando em sua brabeza beduína.

A saudação semita, hebraica e árabe, é "paz": *shalom, salâm*. Perfeitamente possível imaginar que Jesus tenha afirmado a espada, diante do shalom de um amigo ou discípulo.

Este que diz que veio trazer a espada é o mesmo celerado que devastou as mesas e balcões dos vendilhões do templo, os pequenos mercadores e "camelôs" que vendiam na entrada do templo de Jerusalém. E o mesmo disse, falando de João, o Batista: "desde os dias de João Batista até agora, o reino de Deus adquire-se à força, e só os violentos o conquistam".

Essa violência de Jesus, camuflada, escamoteada e maquilada pelas Igrejas, traduz-se na linguagem do filho de José.

De acordo com os evangelhos, Jesus adorava jogos de palavras.

Inúmeros momentos de sua vida e militância são marcados por trocadilhos.

Ao convidar os pescadores do mar da Galileia a segui-lo, disse: "farei de vocês pescadores de homens".

E ao escolher seu sucessor, Simon Bar-Jona, deu-lhe o nome de *Quefas* = "pedra", em aramaico, "Pedro, tu és pedra, e sobre esta pedra, edificarás a minha igreja", paronomástico veio que, no século XX, foi radicalizado, no *Finnegans Wake*, pelo irlandês e católico James Joyce.

A escritura crística está muito presente, nessa prosa máxima da modernidade, gigantesca e monstruosa parábola que conta a história da queda de um pedreiro irlandês (*"the pftjschute of Finnegan"*) e sua subsequente ressurreição no velório, quando gotas de uísque dos convivas tocam seus lábios.

"Oh, it will be lots of fun at Finnegan's Wake", "vai ser uma farra quando Finnegan despertar", diz a canção do Eire.

Para Joyce, a queda de Finnegan do alto do muro é emblema da queda de toda a humanidade, depois do pecado de Adão, legenda fundamental da mitologia judaico-cristã.

Para Joyce, essa queda, porém, é uma *felix culpa*, no dizer de Agostinho, "uma culpa feliz": por causa dela, Deus se *encarnou* e o princípio de inteligência que rege o universo confundiu-se com essa modalidade de macaco que chamamos homem. A Encarnação é o mistério supremo da cristandade, a humanização de Deus e/ou a deificação do homem.

Quando Marx falou em "... o homem ser deus do homem", estava ecoando o tema crístico por excelência.

Não pode haver trocadilho maior do que entre Deus e homem: por isso, o trocadilho é o recurso fundamental no *Finnegans Wake*, a ressurreição do homem comum.

Nem passa despercebida a relação entre Finnegan, o pedreiro, e Pedro, a pedra sobre a qual Jesus, em elegantíssima paronomásia, edificou sua "eclésia".

O *Wake* é todo percorrido pela presença de Patrick, são Patrício, o apóstolo da Irlanda, o missionário beneditino que converteu os irlandeses ao cristianismo no século VII, dos quais foi o primeiro bispo.

O olho/ouvido trocadilhesco de Joyce percebe a similaridade dos nomes de Pedro/Patrick, brincando com ela, a partir da forma inicial *"thuartpeatrick"*, *"you are Peter/Patrick"*, "tu és Pedro e sobre essa pedra...", na abertura do *Wake*.

Essa críptica escritura crística traduziu-se, no cristianismo primitivo, pelo modo como os primeiros cristãos, perseguidos, se identificavam e, esotericamente, se comunicavam: através do desenho de um peixe, querendo dizer, em grego, *ikhtys* = "peixe".

Talvez, haja aí a alusão à condição de pescadores dos primeiros apóstolos, discípulos diretos de Jesus.

Na realidade, trata-se de um signo muito complexo, um *logogrifo*, acróstico, no qual as letras da palavra grega para "peixe" significam I (*Iésus*, "Jesus"), Kh (*Khristós*, "Cristo"), T (*Theou*, "de Deus"), Y (*Yiós*, "filho") e S (*Sóter*, "Salvador").

O *desenho de um peixe*, assim, para um cristão dos primeiros tempos, das cidades gregas que bordavam o Mediterrâneo, significava e dizia *Jesus Cristo, Filho de Deus, Salvador*.

No universo das charadas, esse peixe-Cristo é um "rêbus", um hieróglifo, um polissigno críptico, que quer dizer (e diz) muitas coisas ao mesmo tempo.

Na ambiguidade pisciana das palavras, Jesus se movia como um peixe na água.

Nem é impertinente lembrar que, na tradição astrológica, Jesus é do signo de Peixes, embora seu nascimento lendário em 25 de dezembro faça dele um filho do signo de Capricórnio.

A multiplicação dos peixes, um dos milagres mais célebres de Jesus, é, no fundo, a multiplicação infinita dos significados.

A melhor parte da mensagem de Jesus é transmitida através de parábolas e trocadilhos, recursos de arte que só um poeta, como um profeta de Israel, podia produzir.

É minha crença que Jesus concentrou *toda a sua doutrina* em parábolas, tudo o mais, axiomas, teorias, conceitos sendo interpolações e comentários posteriores.

Dito isto, não tenho muita certeza: obscura, por natureza, a escritura crística, o discurso de Jesus, melhor dizendo.

A quem vou comparar esta geração? Ela parece as crianças sentadas nas praças, que dizem aos seus camaradas:

Cantamos pra vocês,
vocês não dançaram.
Choramos, choramos,
vocês não choraram.

Evidente que, aí, Jesus reproduz a cantilena de uma brincadeira infantil da Galileia.

Ninguém nunca soube direito o que Jesus queria dizer.

quanto custa jesus

Por acaso, não se compram dois pássaros por um centavo? e nenhum deles cai sobre a terra sem vosso pai.
Os cabelos da vossa cabeça estão todos numerados.
Não temas, portanto, ó melhores que muitos pássaros.

MATEUS, 10,29

A moeda é uma das maiores conquistas abstratas da humanidade.

Surgido na Lídia, por volta do século VII a.C., o dinheiro já aparece ligado à escravidão.

Escravidão, dinheiro, alfabeto — a trindade que define as sociedades da bacia do Mediterrâneo, em seu boom comercial que vai culminar nesse imenso Mercado Comum que foi o Império Romano.

Quando Jesus viveu, a economia de todo o mundo mediterrâneo já era monetária.

Nas mãos de egípcios, gregos, gauleses, ibéricos, judeus, circulavam sestércios e asses, cunhados por Roma, pequenos círculos de metal trazendo o perfil e o nome do imperador, onipresença de Roma.

No mundo em que Jesus vivia, o dinheiro era a evidência da presença do dominador: o povo de Israel estava nas mãos dos *goïm*, os pagãos, idólatras, politeístas, que não reconhecem o poder de Jeová, que não sabem que só há um Deus e que esse Deus escolheu um povo para crer nele e só nele.

Na Judeia, a mais ínfima moeda era um índice da humilhação nacional.

É possível fazer uma leitura *monetária* de Jesus.

Inúmeros episódios da sua saga estão marcados pela presença do dinheiro. Isto é particularmente sonante em Mateus.

Não admira.

Vejam só como Jesus conquista este apóstolo:

Quando Jesus passou por ali,
viu um homem sentado no telônio,
por nome Mateus.
E disse: me siga.
E levantando o seguiu.

O telônio era um pequeno balcão onde os publicanos recebiam os impostos de Roma. Mateus era um publicano, tipo de gente odiada pelos judeus zelosos. Afinal, os publicanos são agentes da dominação romana.

Os publicanos, evidentemente, se entregam a operações financeiras, emprestando dinheiro, cobrando juros, vivendo enfim dessa suprema abstração do trabalho que é a moeda.

Todo o pensamento abstrato dos gregos não passa de uma tradução conceitual de operações monetárias: lógica e juro, metafísica e porcentagem, filosofia e crédito são, no fundo, o mesmo fenômeno. Na época de Jesus, porém, os judeus não eram um povo de comerciantes nem de financistas.

Em toda a bacia do Mediterrâneo, onde eram milhões, disseminados entre todos os povos, os judeus eram célebres como artesãos, carpinteiros, pedreiros, tecelões, ourives, ferreiros. Nesse mundo de coisas, o dinheiro, trans-coisa, poder em estado puro, só pode ser um objeto do diabo.

Aliás, está na hora de falar do diabo.

O judaísmo primitivo desconhece demônios. Nada mais estranho ao puro monoteísmo do que imaginar, ao lado do ser supremo, um opositor, de poderes quase iguais aos dele.

Parece que, aos judeus, o demônio veio da Pérsia.

A Pérsia dualista de Zoroastro e do maniqueísmo: o Princípio do Bem versus o Princípio do Mal.

Mas o demônio soube se insinuar junto ao trono de Jeová.

Lá está ele, no livro de Jó, tentando o justo. Jesus e seus contemporâneos acreditavam no diabo, o inimigo, o outro, o antideus, em hebraico, *satan*.

Este demônio, para Jesus, pode se chamar Mammon. A palavra aparece neste contexto curioso:

Ninguém pode servir
a dois senhores.
Pois vai odiar a um
e amar o outro.
Ou vai apoiar um
e desprezar o outro.
Não se pode servir a Deus
e a Mammon.

Mammon é uma palavra aramaica que significa "aquilo em que se confia", isto é, "crédito", e por extensão "riquezas, bens, dinheiro acumulado".

Publicano de profissão, Mateus registra inúmeros episódios da vida de Jesus ligados ao dinheiro.

Até o caráter subversivo da missão de Jesus aparece ligado à moeda.

Os evangelhos narram a tentativa de armadilha em que seus inimigos o quiseram encurralar.

Fariseus e saduceus se aproximaram dele, apresentaram-lhe uma moeda com que se pagava o tributo a Roma. E lhe fizeram uma pergunta política:

A lei de Roma manda
que se pague este tributo a César.
O que é que você diz disto?

Jesus, que tinha sempre um humor muito pronto, pegou a moeda e perguntou:

De quem é esta efígie
gravada na moeda?

"De César", disseram.

A César o que é de César,
a Deus o que é de Deus.

Na resposta, Jesus contrapunha sua utopia místico-política do "Reino de Deus", a *mlechah Adonai*, à estúpida realidade do Império Romano, criando-lhe um concorrente.

O tema monetário aparece ainda em parábolas importantes, como a da dracma perdida. Ou na fábula do óbolo encontrado na boca do peixe.

A comunidade, a *fratria* dos seguidores de Jesus parece ter tido um esboço mínimo de organização financeira.

Entre os doze principais que o seguiam, a administração do dinheiro comum (traço essênio?) estava a cargo de Judas Iscariotes.

Pois foi Judas, o homem do dinheiro, quem traiu Jesus, apontando-o às autoridades.

Por exatamente trinta dinheiros. Trinta belas moedas de prata, com a imagem do imperador de Roma.

jesus macho e fêmea

"E soprou o Senhor Adonai um sono sobre Adão: quando dormiu, tirou uma de suas costelas e encheu o lugar com carne. E da costela que tirou de Adão o Senhor Adonai edificou a mulher." Nesse mito do Gênesis, o fundamento metafísico do rigoroso patriarcalismo semita (hebreus e árabes).

Notável na estrutura do mito da origem de Eva é que ele constituiu *uma inversão da realidade*: biologicamente, é o homem que sai da mulher, não a mulher do homem.

Curiosamente, o Gênesis, ainda por cima, referenda o mito com uma pseudoetimologia, um argumento filológico, fundando o mito no próprio tecido morfológico da linguagem.

"E ela se chamou 'mulher' porque do 'homem' foi extraída."

Em hebraico, homem é *isch*, mulher, *ischah*: nenhuma dúvida, *ischah* é uma forma derivada de *isch*...

O patriarcalismo falocrático, próprio dos pastores nômades, que eram todos os semitas em sua origem, encontrou sua tradução mais literal na poligamia, regime no qual a mulher desaparece enquanto pessoa, reduzida a uma fração de um harém. Os antigos hebreus e o judaísmo posterior são fundamentalmente patriarcalistas, bem como o cristianismo e o islã, derivados diretos da fé de Moisés.

Nesses três credos (no fundo, um só), a mulher não tem acesso às funções sacerdotais: os intermediários entre o sacro e a humanidade são rabinos, padres, ulemás.

Isso vem de muito longe.

No livro do Gênesis, os primeiros grandes patriarcas hebreus (Abraão, Isaac, Jacó) têm muitas mulheres, como cabe a um próspero sheik do deserto.

Como distinguir o esplendor do reino de Salomão, sem lembrar as setecentas mulheres do seu harém, entre as quais brilhava, inclusive, uma filha do faraó do Egito?

Nesse universo patriarcal, falocrático, poligâmico, a mulher só pode ter uma existência, uma condição ontológica rarefeita, essencialmente subalterna, secundária, menor, algo entre os camelos e rebanhos e os humanos plenos, que são os machos.

Daí os rigores da lei mosaica contra o homossexualismo e a sodomia, instâncias de aguda feminilização do homem, punidos com a morte.

Por isso mesmo, espanta o registro da saga de várias mulheres, entre os antigos hebreus, tal como os apresenta o Antigo Testamento: Míriam, irmã de Moisés, Judite, Rute, Ester.

Antes dos reis Saul e Davi, os hebreus eram regidos pelos *shofethim*, "juízes". Um desses juízes foi Débora, uma mulher que dirigiu o povo hebreu durante os duros tempos da ocupação da Palestina contra os filisteus que a habitavam (uma antepassada de Golda Meir?). Um *shofeth* era, ao mesmo tempo, um líder militar e a suprema autoridade judiciária entre as doze tribos em que se dividiu o povo hebreu na conquista de Canaã/Palestina.

Como explicar a presença de uma mulher exercendo um cargo dessa importância numa sociedade onde o fálus é o cetro e a coroa apenas uma hipérbole da glande?

No Livro de Josué, Débora é chamada de "profeta": uma mulher podia ser nabi, em Israel.

Essa anomalia talvez se explique pela permanência de resquícios matriarcais-tribais entre os hebreus. Talvez se trate da infiltração de valores egípcios: na terra donde Moisés tirou seu povo reinou Hatsepschut, faraó-mulher, que a tradição grega, através do historiador Heródoto, chamou de Nitócris.

Os gregos da era clássica, aliás, sempre se espantaram com a liberdade de movimentos de que desfrutava a mulher no Egito, mais um dos absurdos desse povo cujos costumes soavam tão estranhos aos ouvidos helênicos.

Nos tempos de Jesus, a situação da mulher hebreia não deve ter melhorado muito, embora a poligamia dos tempos patriarcais pareça ter quase desaparecido, substituída pela monogamia, pelo menos entre as classes mais modestas.

Complexas as relações de Jesus com as mulheres.

Parece que sua doutrina e sua presença exerciam grande fascínio sobre elas.

Marcos descreve a cena logo depois que Jesus, crucificado, morreu, "dando um grande grito".

Ali estavam também algumas mulheres que olhavam de longe, entre as quais Maria Madalena, e Maria, a mãe de Tiago o Menor e de José e Salomé, as quais, estando ele na Galileia, o seguiam e o serviam e muitas outras que com ele tinham subido a Jerusalém.

Seguiam-no e o serviam. Muitas outras. A saga de Jesus está cercada de mulheres.

O Evangelho de Lucas é mais exato.

Indo ele, logo depois, por cidades e aldeias, pregava e anunciava o reino de Deus. Acompanhavam-no os doze e algumas mulheres que tinham sido curadas de espíritos malignos e enfermidades. Maria, chamada Madalena, da qual havia expulsado sete demônios, Joana, mulher de Cuza, administrador de Herodes, e Suzana, e outras muitas, que o *serviam com seus bens.*

Eram as mulheres do séquito de Jesus que asseguravam sua subsistência, bem dentro de um esquema mãe-filho: eram as mulheres que davam de comer a Jesus.

Nada de anômalo nisso: a espiritualidade nas mulheres é mais intensa. Entre elas, todos os criadores de religiões, os inventores do signo transcendental, encontraram logo seus mais pacientes ouvintes e seus primeiros seguidores.

Até nesse tão masculino islã, o primeiro convertido por Maomé à fé de Alá foi sua mulher Kadidja.

Na expansão da fé cristã, no Império Romano, o papel das mulheres parece ter sido fundamental.

Religião de escravos, em seus primórdios, o cristianismo passou por um processo de ascensão social até chegar ao palácio dos imperadores romanos. Nessas altíssimas rodas, os primeiros convertidos foram imperatrizes e grandes damas da família imperial. A partir da dinastia Flávia, em meados do século I, suspeita-se que inúmeras imperatrizes e familiares de imperadores romanos fossem adeptas do cristianismo.

O terreno já estava preparado pela infiltração da fé judaica entre as mulheres desde os primórdios do império.

A historiografia romana imperial registra relações íntimas entre Pompeia, amante de Nero, e o judaísmo de Roma (milhares de judeus na capital do império no início da era cristã).

Com Jesus, não deve ter sido diferente.

As mulheres o ouviam melhor que os homens.

Nele, viam um pai? Ou um filho?

De pai, ele tinha o tom autoritário de quem sabe o que diz, porque fala em seu próprio nome: a certeza de quem é senhor de uma verdade que criou.

De filho, devia ter algo dessa fragilidade infantil dos homens muito espirituais: Jesus sempre gostou de crianças, e dizia mesmo que elas entrarão no Reino dos Céus antes de todos.

No Antigo Testamento, não há crianças.

Adão e Eva já são criados adultos.

E Moisés, bebê flutuando num cesto no Nilo, prepara apenas a saga do líder adulto.

Os evangelhos, porém, estão cheios de mulheres e crianças.

Muito curiosas as relações de Jesus com Maria, sua mãe.

Parecem ter sido muito ligados. O pai José desaparece logo da cena, ausente de todos os episódios: evidente que já tinha morrido quando Jesus, aos trinta anos, nabi sagrado em água, pelas mãos de João, o Batista, inicia sua militância.

Em algumas passagens dos evangelhos, Jesus parece ter em relação à mãe uma oblíqua atitude de repulsa.

Na fábula da transformação da água em vinho, num casamento no vilarejo de Caná, Jesus e sua mãe, convidados, discutem.

No episódio, Jesus a chama apenas de "mulher".

Em outra ocasião, Jesus pregava cercado de ouvintes.

Alguém chega e lhe comunica que sua mãe e seus irmãos (parece que sua família não acreditava muito nele) tinham acabado de chegar para vê-lo.

"Minha mãe e meus irmãos? Minha mãe e meus irmãos são os que me ouvem", respondeu aquele que multiplicava pães e peixes e transformava a água em vinho (a lenda evangélica pode estar baseada, imagino, em alguma expressão popular judaica que significava "fazer o impossível"). De qualquer forma, a mãe estava com ele na hora de sua execução. E a ela, nessa hora, recomendou seu amado discípulo, João, o mais jovem dos seus seguidores, por quem tinha um carinho especial (na Ceia, o evangelho o registra com a cabeça reclinada no peito de Jesus).

De novo, chama Maria de "mulher": "Mulher, eis aí teu filho". Depois da morte de Jesus, conforme os Atos dos Apóstolos, seus seguidores diretos parecem ter tido Maria em grande consideração. E ela parece ter desempenhado um papel prestigioso na formação da Igreja primitiva, traduzida na importância teológica que viria a adquirir na história do catolicismo (Maria vem a ser quase uma deusa-mãe, objeto de um culto especial, aberrante no mundo rigidamente patriarcal e machista do judaísmo primitivo).

Muitos episódios da saga de Jesus envolvem mulheres.

Nos evangelhos, porém, não há traços da vida sexual de Jesus.

Não admira. Jesus era *nazir*, um homem abstinente dos prazeres da bela aparência e do desfrute de fêmeas.

Não custa ver aí mais um traço essênio, já que esses monges do judaísmo professavam a abstinência do sexo como suprema oblação do seu mais forte desejo. Como negação da carne e da matéria. Como o mais alto sacrifício.

Para nós, geração permissiva, que viemos depois de Freud e Reich, é incompreensível um mundo em que o sexo é negado. Mas isso é possível. Milhões de monges e monjas, padres e freiras disseram não ao mais imperioso desejo.

Vamos imaginar que Jesus disse não.

O desejo, porém, tem estranhas formas de se manifestar.

Formas sublimadas. Espiritualizadas. Abstratizadas.

Jesus, por exemplo, era muito namorador.

Em inúmeros episódios, vamos surpreendê-lo fazendo essa

coisa vaga que pode ocorrer, sempre, entre homem e mulher (entre homem e homem, mulher e mulher), que se chama *namorar*.

Vejo Jesus namorando em duas ocasiões.

Com a mulher samaritana à beira do poço.

Jesus caminhava, naquele bruto sol da Ásia, ardendo de sede, quando chegou a um poço.

Água à vista. Mas cadê o balde?

Nisso, surge uma mulher samaritana com um balde e uma corda.

Os samaritanos eram uma minoria dissidente do judaísmo ortodoxo, desprezados por todos os verdadeiros crentes.

Jesus entabula conversação com ela e pede-lhe água.

Ela se espanta: "Como é que um judeu como você pede água a mim, samaritana?".

Com ela, a seguir, Jesus entra num daqueles jogos parabólicos e trocadilhescos, nos quais ele era exímio:

se você me der dessa água,
vou te dar a água da vida,
água que, uma vez bebida,
sacia a sede para sempre.

Nenhuma dúvida de que Jesus ganhou seu gole d'água.

Duas mulheres aparecem, nos evangelhos, em relação muito pessoal com o profeta, Maria e Marta, irmãs de Lázaro, um dos melhores amigos de Jesus: cada vez que chegava a sua aldeia, era na casa dele que o filho de Maria se hospedava. A lenda da ressurreição de Lázaro por Jesus atesta a solidez dessa amizade.

Lucas registra uma cena de terna intimidade entre Jesus e as irmãs de Lázaro.

Indo Jesus e os seus a caminho, ele entrou numa aldeia.

Uma mulher, de nome Marta, recebeu-o em sua casa.

Ela tinha uma irmã chamada Maria, a qual, *sentada aos pés de Jesus, escutava-lhe a palavra.*

Marta estava atarefada pelo muito trabalho doméstico e,

aproximando-se, disse: Jesus, não te importa que minha irmã me deixe sozinha fazendo todo o serviço? Manda ela me ajudar.

Jesus respondeu, dizendo: Marta, Marta, você se inquieta e se perturba com muitas coisas. No entanto, só uma coisa é necessária. Maria escolheu a parte melhor, que ninguém vai tirar dela.

Ao longo dos séculos, nos círculos de religiosidade cristã, o episódio sempre foi usado como parábola que ilustrasse a eminência da vida teórica sobre a prática (um mestre zen acharia exatamente o contrário...).

Marta, apenas (apenas, Alice?) lavava roupas, amassava o pão, assava o peixe, cozinhava a lentilha e queimava os dedos tirando a coxa de carneiro do forno, arrumando a casa, preparando a comida de todos.

Maria, sim, é que estava certa, arrodilhada aos pés do profeta, ouvindo as maravilhas que saíam da boca do nabi e poeta, palavras bonitas de tão verdadeiras, parábolas fascinantes, aforismos que deixavam alguma coisa vibrando dentro do coração da gente... Em João, o episódio aparece mais rico de detalhes.

Seis dias antes da Páscoa, Jesus veio a Betânia, vila onde estava Lázaro, que Jesus tinha ressuscitado dos mortos.

Ali prepararam uma ceia para ele, e Marta servia, e Lázaro era dos que estavam à mesa com ele. Tomando uma libra de unguento de nardo legítimo, substância aromática de altíssimo preço, Maria derramou o óleo perfumado nos pés de Jesus e enxugou-o com seus cabelos.

João acrescenta: "e a casa se encheu do cheiro do nardo".

Aberrante esta sensorialidade do cheiro do nardo nos quadros tão abstratos e conceituais da religiosidade judaica: nada mais resta que lembrar as cores, formas e aromas, eróticos, do Cântico dos Cânticos, o grande poema do amor físico, o *Shir Ha-Shirim*, uma das maiores obras-primas da literatura hebraica.

A este ato de amor, este excesso, este literal derramamento de

Maria sobre Jesus, estranha metáfora de uma ejaculação às avessas, culminando com a fricção dos cabelos de Maria nos pés de Jesus, segue a intervenção de Judas Iscariotes, o discípulo que portava a bolsa de dinheiro da minicomunidade que cercava Jesus, roubava os companheiros e acabou por vender Jesus por trinta dinheiros. O unguento que Maria derrama nos pés de Jesus vale dez vezes esse preço. Judas: "Por que não se vendeu esse unguento por trezentos dinheiros e não se deu aos pobres?".

Jesus responde a Judas como se já estivesse morto, "guarde para minha sepultura", o nardo sendo a substância com que se untavam os cadáveres.

Nesse relato, o cruzamento do tema erótico com o tema monetário, dentro da escritura crística.

De repente, uma mulher misteriosa e sem nome cruza os caminhos do profeta. É a adúltera, surpreendida em pleno delito, e trazida pelos fariseus até Jesus.

— Quem não tiver pecado, atire a primeira pedra.

Jesus parecia ter uma compreensão muito profunda da mulher. Não o bastante, evidentemente, para ver em Deus uma Mãe.

Para o filho de Maria, Deus é sempre pai, a nostalgia do pai, talvez aquele pai José, que morreu cedo demais, deixando um vazio insuportável e impossível de preencher.

Um vazio que só um Pai podia completar, com toda a grandeza do seu tamanho de pai. O pai cósmico, o Pai Total, o doador máximo de todos os sentidos, a suprema lógica última.

Pais, porém, são homens.

Em cada homem, o sexo do pai.

Por isso, Jesus não teve *apóstolas*.

Os doze que o acompanhavam mais de perto eram homens. A eles, confiou tarefas, transmitiu doutrinas, passou poderes.

Por que Maria, Marta ou Madalena não foram chamadas como apóstolas, transmissoras da doutrina, como o foram o bancário Mateus ou Pedro, obtuso pescador a quem Jesus confiou a administração da sua *habhurah*, seu grupo, sua "eclésia", talvez sabendo que a administração aos obtusos pertence?

Depois da morte de Jesus, as várias "eclésias" regionais foram se transformando em Igreja, com embriões de hierarquia, Igreja que herdou do Império Romano uma vocação para a unidade, a centralização e a ortodoxia.

Esse processo atinge seu primeiro ponto agudo com Paulo, judeu da Diáspora, fariseu, grego da cidade de Tarso, na Cilícia.

O nome pelo qual é conhecido o primeiro grande "epíscopo" da "eclésia", em que se transformava a *habhurah* de Jesus, é uma latinização de Saul, nome do primeiro rei hebreu, o maior personagem da tribo de Benjamin, a que a família pertencia. A transformação do fariseu em cristão está materialmente registrada nesta passagem de S para P, em que Saul vira Paulo.

E vira o contrário. Saul é um nome de rei. Paulo, em latim, quer dizer "pouco". Mas não foi pouco o que fez este judeu de origem, grego de língua e romano de cidadania, este homem que reunia em sua pessoa todo o melhor da civilização mediterrânea.

Com ele, a *habhurah* de Jesus, o pequeno círculo de crentes, se alastra e começa sua escalada até se transformar em religião oficial do Império Romano e do Ocidente. O primeiro grande "bispo" (em grego, *epí-skopos*, literalmente "o que olha por cima"), Saul/ Paulo, além de ser um administrador com letra maiúscula, foi o primeiro teórico da doutrina de Jesus, nas notáveis cartas que escreveu às várias "eclésias", igrejas regionais, as epístolas de Paulo, no Novo Testamento, textos só menores em autoridade aos próprios evangelhos.

Foi também um grande poeta/profeta capaz de dizer "a sabedoria deste mundo é loucura diante de Deus", na mesma carta à "eclésia" de Corinto, na Grécia, onde consagra, para sempre, a inferioridade da mulher e seu afastamento definitivo do altar.

Depois de Paulo, na Epístola aos Coríntios, só restava às mulheres se transformarem em bruxas.

A cabeça de todo varão é Cristo, e a cabeça da mulher é o varão [...]. Na Igreja, o varão não deve cobrir a cabeça, porque é imagem e glória de Deus, mas a mulher é glória do varão, pois o varão não procede da mulher e sim a mulher do varão, nem o varão foi criado para a mulher, mas a mulher para o varão.

jesus jacobino

Meu reino não é deste mundo.
JESUS

A história é um pesadelo do qual quero acordar.
JAMES JOYCE

Eis que o reino de Deus está dentro de vocês.
LUCAS, 17,21

Jesus, reformador ou revolucionário?

Essas categorias são muito modernas, filhas das Revoluções francesa, russa, mexicana, chinesa e cubana, talvez as únicas, até agora, dignas desse nome.

A tomada do poder pelas classes oprimidas raras vezes (alguma?) ocorreu na história.

A doutrina de Jesus, porém, tomou o poder no Império Romano, sem disparar um tiro, quer dizer, sem disparar uma flecha nem levantar uma espada.

Isso é um fato.

Como é fato que foi a burguesia quem inaugurou a idade das revoluções, com essa Revolução Francesa, que Lênin e Trótski, pais da russa, chamavam A Grande Revolução.

Nela, a atuação mais radical foi a do Partido Jacobino, liderado por Robespierre, dito o Incorruptível, oposto aos girondinos, de tendência moderada (1793-4).

Durante a breve ditadura dos jacobinos, milhares de cabeças rolaram na guilhotina, condenadas pela sumária justiça revolucionária (revoluções não costumam primar pela gentileza nem pelas boas maneiras).

Robespierre e os jacobinos queriam a pureza máxima do ideal

revolucionário: democratização, republicanismo, securalização, em uma palavra, o racionalismo da burguesia iluminista, moldando a sociedade à imagem dos seus interesses e à semelhança dos seus negócios.

Robespierre pode parecer o paralelo mais inadequado para Jesus. Nenhum símile entre quem salvou a adúltera de apredejamento, contra as leis de Moisés, e o advogado que, 1790 anos depois, condenou à morte, implacável, seus próprios companheiros de partido e de militância, com o rosto de pedra de um rei assírio. Uma coisa, porém, Jesus e Robespierre têm em comum. Eles querem *o exagero*, a pureza de um princípio.

Nisso, são revolucionários. Apenas os métodos diferem.

Erro pensar que Jesus veio abrandar os rigores farisaicos da religião de Israel. Ele veio para tornar *mais agudas* as exigências dessa fé.

Um dos pontos essenciais de sua doutrina é *a interiorização dos ritos*.

Daí, sua hostilidade constante contra o exibicionismo da piedade dos fariseus.

Jesus os detesta porque mandam tocar trombeta na hora em que vão depositar esmolas no templo, para que todos saibam como *eles* respeitam a Lei.

Os fariseus lhe devolvem o rancor na mesma medida, classe ideologicamente dominante (o poder romano era inteligente demais para mexer na religião dos seus incontáveis súditos, pontuais pagadores de impostos, que importa que não adorem?). Influências essênias, contato com João, o Batista, Jesus acelera ao máximo essa tendência de *interiorização dos ritos* judaicos, que já tinha começado com os profetas, no século VII a.C.

O dentro e o fora começam a desaparecer: exterior e interior tendem a se encontrar num ponto infinito.

Jesus está *inventando a alma*: o supersigno que todos somos "dentro". Essa, talvez, foi a sua revolução, a mais imperceptível de todas.

Jesus ocupa um lugar muito especial na lista dos Cromwells, Robespierres, Dantons, Zapatas, Villas, Lênins, Trótskis, Maos, Castros, Guevaras, Ho-Chi-Mihns, Samoras Machel.

Talvez seja inadequado aplicar à irradiação da doutrina de Jesus o qualitativo de "revolução", uma categoria política essencialmente moderna, afinal, com implicações não apenas ideológicas, mas, sobretudo, econômicas, administrativas, sociais e pedagógicas. E bélicas. Uma categoria essencialmente *laica*.

A saga de Jesus só faz sentido no interior de um mundo de intensidade religiosa máxima, como o judaísmo antigo, onde as motivações da fé comandavam todos os aspectos da vida. Uma existência inimaginavelmente mais rica do que esta jângal sem grandeza que é a vida das grandes massas nas megalópoles abortadas pela Revolução Industrial.

Só um energúmeno iria pedir a um profeta da Galileia, na época de Augusto, programas concretos de reforma agrária, projetos de participação nos lucros da empresa ou altas estratégias de tomada do poder através da organização militar das massas.

Ninguém, porém, que conheça os evangelhos pode deixar de ver o caráter violentamente utópico, negador (utopias são negações da ordem vigente: o imaginário é subversivo), prospectivo, des-regrado(r) da pregação de Jesus. Nem vamos sublinhar o teor *popular* de sua doutrina.

Impossível superar esta bem-aventurança:

Felizes os pobres,
porque deles é o reino.

A contradição (binária) *pobre X rico*, a mais elementar de todas, Jesus viu. E fulminou, brilhante:

Mais fácil
passar um camelo
pelo buraco de uma agulha
do que um rico
entrar no reino dos céus.

O profeta era radical:

Não se pode servir
a dois senhores:
a Deus e a Mammon.

Mammon, a divindade cananeia, cultuada pelos comerciantes, que propiciava bons negócios e fortuna em dinheiro.

Com Mammon, Jesus não queria parte.

Mais que populismo, esse *pauperismo* de Jesus parece ter raízes na tradição judaica.

Jesus apresenta traços *ebionitas*.

Ebio, em hebraico, é "pobre".

Os *ebion* constituíram uma seita judaica, uma *habhurah*, anterior a Jesus, que se transformou numa das centenas de seitas judaico-cristãs que proliferaram por todo o Mediterrâneo, depois da morte do profeta.

Seu credo fundamental consistia em afirmar a santidade essencial da pobreza, da penúria de bens, da frugalidade, uma doutrina *contra o ter*.

O tema ebianista foi modulado muitas vezes na história do cristianismo, sempre com implicações subversivas e utópicas: Francisco de Assis, um de seus momentos mais altos. Concílio Vaticano II. Igreja dos pobres, no Terceiro Mundo. A essencial subversividade ("negatividade") da doutrina de Jesus revela-se, porém, na própria realidade que ele anunciava, uníssono com os profetas de Israel: o iminente *advento de um Reino*. O Reino de Deus.

Um momento de atenção na palavra "reino", vocábulo político, com implicações de poder, autoridade e mando.

Jesus não inventou a expressão nem o tema. Já está lá em Abdias, o mais antigo dos profetas (século VII a.C.).

O Reino de Deus *era a restauração da autonomia nacional do povo hebreu*. Sobre isso, a autoridade romana não se equivocou, ao pregar o profeta na *crux*, exemplar suplício com que os latinos advertiam os rebeldes sobre os preços em dor da sua insurreição. Esse o suporte material, socioeconômico-político, da pregação, por Jesus, de um (novo) Reino, um (outro) poder.

Nessa tradução/translação do material para o ideológico, Jesus forneceu *um padrão utópico* para todos os séculos por vir.

As duas grandes Revoluções, a Francesa e a Russa, estão carregadas de traços messiânicos de extração evangélica.

Ambas prometeram a justiça, a fraternidade, a igualdade, enfim, a per-feição, o ideograma da coisa-acabada projetada sobre o torvelinho das metamorfoses.

Natural que seja assim. Afinal, as utopias são *nostálgicas*, saudades de uma shangrilá/passárgada, estado de excelência que lá se quedou no passado, Idade de Ouro, comunidade de bens na horda primitiva, antes do pecado original da divisão da sociedade em classes, plenitude primitiva, paleolítica, intrauterina, antes do pesadelo chamado história.

Apokatástasis pánton, locução grega, registrada nos Atos dos Apóstolos, expressa a esperança de Jesus e da Igreja primitiva (das Igrejas). "Restauração de todas as coisas", mas também "integral subversão de tudo": apocatástase.

A revolução é o *apocalipse*, o Juízo Final de uma ordem e de uma classe social: o cristianismo primitivo cresceu à sombra da expectativa da *segunda vina*, quando Jesus, vitorioso sobre a morte, voltaria, apocalipticamente, para julgar, ele que foi julgado e condenado pelas autoridades: o retorno do reprimido, a vendeta, o acerto de contas entre os miseráveis da terra e seus prósperos opressores e exploradores.

Nenhuma das religiões da terra foi construída em torno de um mito tão forte, tão fundo, tão básico.

A única exceção, quem sabe, seria o budismo.

Afinal, budismo e cristianismo têm um lugar para dialogar no tema da dor. E na nota da solidariedade. Da sim-patia, da compaixão.

Por aí, o budismo e o cristianismo, também, podem conversar, ainda, com o comunismo, cujas metas e mitos guardam tantos parentescos com as vivências mais fundamentais de um príncipe do Nepal chamado Buda e de um "rabi" hebreu, filho de um carpinteiro, chamado Jesus.

A força política da ideia de Jesus, porém, está no estabelecimento de um *ultralimite*.

Amar os inimigos? Vender tudo e dar aos pobres? Ser "prudente como as serpentes e simples como as pombas"?

O programa de vida proposto por Jesus é, rigorosamente, *impossível*. Nenhuma das Igrejas que vieram depois invocando seu nome e cultuando sua doutrina o realizou.

Religião saída de Jesus não poderia ter produzido Cruzadas, inquisição, pogrons e as guerras de religião entre católicos e protestantes, que ensanguentaram a Europa nos séculos XVI e XVII.

O programa de Jesus é uma utopia.

Curioso que, na frondosa bibliografia sobre os socialismos utópicos, nunca apareça a doutrina de Jesus como uma das mais radicais.

o que foi feito de jesus

Deus factus est homo ut homo fieret Deus.
Deus se fez homem para que o homem se tornasse Deus.

AGOSTINHO

Uma nação de estilo mágico é a comunidade confessional, a associa-
ção de todos aqueles que conhecem o caminho da salvação e que são
unidos, intimamente, pelo idjma *desta crença.*

OSWALD SPENGLER, *O DECLÍNIO DO OCIDENTE*

Traduções (tanto católicas quanto protestantes) dos evangelhos costumam vir carregadas de adições de nomes e títulos de capítulos, que não existem no original: os textos gregos de Mateus, Marcos, Lucas e João são blocos de episódios e relatos, sem títulos dividindo as partes.

Tanto quanto possível, os evangelhos procuram manter uma cronologia lógica e linear de biografia, nascimento, desenvolvimento e morte de Jesus.

Mateus, Marcos e Lucas acompanham mais ou menos o mesmo desenho no enredo da saga de Jesus: muitos episódios de um são variantes de episódios dos outros evangelhos.

Por isso, esses três são chamados de *sinóticos*, em grego, literalmente, "os que veem junto".

Singular é o caso do evangelho atribuído a João.

João teria sido o mais jovem dos discípulos de Jesus. Em seu nome, correm três epístolas do Novo Testamento. E — sobretudo — o Apocalipse, livro-fecho das Sagradas Escrituras, o Livro último, a profecia do Juízo Final, culminação da história.

A ser assim, João é um dos maiores poetas da literatura hebraica antiga: inexcedível, o esplendor imagético do Apocalipse.

Houve muitos apocalipses: era, entre os judeus, um dos gêneros textuais mais praticados um pouco antes e um pouco depois do advento de Jesus.

Nestes livros do fim do mundo, narrava-se, com abundância de detalhes fantásticos, a catástrofe máxima da culminação dos tempos, quando a história, a aventura humana, adquiria seu sentido último, pesada e medida por um superOlhar vindo de Fora.

O conceito de apocalipse, como os de demônio e inferno, estranhos ao judaísmo primitivo, parecem ser de origem persa: assim falavam o Zend-Avesta e Zaratustra nas crenças de Israel, depois que o rei iraniano Ciro libertou os hebreus do Cativeiro da Babilônia (616 a.C.).

A mesma pena que escreveu o quarto evangelho teria, também, escrito o livro-ponto-final das Escrituras?

O fato é que o evangelho atribuído ao apóstolo João difere bastante dos demais.

Na ordem dos fatos. No encadeamento entre os episódios. Nos detalhes inéditos. Em tudo, o evangelho de João discrepa.

Incontáveis gerações de exegetas despenderam eternidades para colocar em concordância o evangelho de João e os sinóticos.

Mas não é esta diferença "ficcional" que separa João e os outros. Jesus, nas palavras de João, parece ser outra pessoa. De fato, já é.

Na lembrança da sua "eclésia", o nabi galileu começa a se transformar na Segunda Pessoa da Trindade, não mais filho de Deus, como todo mundo, mas Deus mesmo, sua parte que se fez carne e se envolveu, irremediavelmente, com a história concreta dos homens.

Começa o mistério da Encarnação, mito fundante do cristianismo e fonte de toda a sua vitalidade duas vezes milenar: a noção de que Deus, a Transcendência Absoluta, viveu, gozou e padeceu na carne do homem toda a miséria e a desgraça da condição humana.

A coincidência homem/deus era comum no Oriente.

Os egípcios não tinham nenhuma dificuldade em ver na pessoa dos seus faraós a presença de um nume, um deus. Um orixá, diria como brasileiro?

Com Jesus, foi diferente.

No evangelho de João, ele começa a aparecer, não como *mais um deus* ao lado dos outros, mas como parte da divindade mesma, da qual é parcela materializada em carne e osso no planeta Terra, feito palco de um drama divino, como se a Suprema Inteligência, Lógica e Sentido Último deste Escândalo que se chama Ser tivesse vontade de viver aqui. Num mortal e sofrível corpo de homem.

Cena pascal, a última ceia de Jesus, com os discípulos, doze como os signos do zodíaco e as tribos de Israel (séc. IV a.C., igreja de Santo Apolinário, em Ravena). A tradição guardou a imagem de Jesus hirsuto, barbudo e cabeludo, essênio, *nazir*, *habi*, discípulo de João Batista.
À mesa, pão e peixes. A ceia pascal judaica é o arquétipo do "ágape" das igrejas primitivas, de que, hoje, a missa católica é uma projeção amplificada teatralmente, ao longo dos séculos, conforme a necessidade dos fiéis e a fantasia do clero.

Conforme a tradição, o mais jovem dos discípulos diretos de Jesus teria vivido mais de cem anos, modo oriental de dizer que é muito tardio o evangelho que leva seu nome.

Em João, definitivamente, Jesus deixa de ser uma pessoa real.

E ingressa, triunfante, na galeria das ideias-primas, aquelas que *proclamam o sentido* dentro da vida humana.

Há uma rima entre a condição escrava dos hebreus no Egito dos faraós, donde Moisés os tirou, e o status do cristianismo nascente, religião de escravos no Império Romano.

Oprimido entre muitos inimigos, o judaísmo, a fé de Jeová, reagiu criando o cristianismo, sua modalidade expansiva, proselitista, imperialista, universal.

Judaísmo e cristianismo sobreviveram a todos os Baal, todos

os Zeus, todos os Ra, todos os Júpiter de que foram contemporâneos e oponentes.

Católico ou protestante, o cristianismo é, sob muitos aspectos, o triunfo do judaísmo.

No ímpeto profético inspiradíssimo da abertura do evangelho de João, sempre se suspeitou da presença de odores de incensos gregos (e egípcios), vindos das escolas filosóficas de Alexandria, no Egito, então, a capital intelectual do mundo mediterrâneo, onde milhares de judeus viviam havia séculos:

No princípio,
era a palavra.
E a palavra
estava em Deus.
E Deus era a palavra.
Isto, no princípio,
estava em Deus.
Tudo aconteceu
através disto
e sem isto nada aconteceu
do que acontecido está.

Quão longe toda essa metafísica da fé simples dos patriarcas hebreus, ninguém saberia dizer com precisão. No introito de João, Jesus desprende-se da carne humana.

E começa a sua carreira como ideia. Ou como o quê?

parabolário

parábolas do reino

Símile é feito o reino dos Céus
ao homem que semeou boa semente
em seu campo.
Quando seus homens dormiram,
veio um inimigo
e sobressemeou erva ruim no meio do trigo,
e se foi.
Quando o trigo cresceu,
e deu fruto,
então também apareceu a erva ruim.
Vieram pois os servos do pai de família
e lhe disseram:
— Senhor, por acaso não semeaste
boa semente no teu campo?
Donde vem a erva má?
E ele lhes disse:
— Um inimigo fez isso.
Os servos, porém, lhe disseram:
— Se queres, vamos e a colhemos.
E ele disse:
— Não, para que não suceda que, por acaso,
colhendo a erva má,
arranquem com ela o trigo [...]

Símile é o reino dos Céus
a um grão de mostarda
que um homem, pegando,
semeou em seu campo.

[226]

Que é a menor de todas as sementes.
Quando, porém, crescer
é maior que todas as hortaliças,
e se faz árvore,
de tal forma que as aves do céu venham
e habitem em seus ramos.

Símile é o reino dos Céus ao fermento
que uma mulher pega e esconde
em três medidas de farinha,
até que tudo está fermentado.

O semeador, o grão de mostarda, o fermento do pão: é do mundo material, do trabalho simples, que Jesus extrai os símiles para anunciar o advento de uma nova ordem de coisas.

Mateus arremata: "todas estas coisas Jesus falou por parábolas às turbas. *E sem parábolas não falava a elas*".

Nutritivo observar que, em português, a palavra "palavra" vem, exatamente, do grego "parábola": toda palavra é parábola.

Símile é o reino dos Céus
a um tesouro escondido no campo.
O qual, o homem que acha
esconde
e, para desfrutar dele,
vai, vende tudo o que tem
e compra aquele campo.

Símile é o reino dos Céus
ao homem de negócios
que procura boas pérolas.
Acha uma pérola preciosa,
vai, vende tudo o que tem
e a compra.

Aqui, os termos de comparação deixam de ser agrícolas e fabris e passam a ser comerciais, *monetários*.

Assim, símile ao reino dos céus
são redes lançadas ao mar,
pegando todo tipo de peixes.
As quais, quando estão cheias,
puxam para terra firme,
botando os peixes bons na cesta,
os ruins jogando fora.

As seis parábolas sobre o Reino têm seu símile no mundo do trabalho (agricultura, artesanato, culinária, comércio), culminando na parábola piscatória, haliêutica, evidentemente muito ao gosto dos pescadores entre os quais Jesus recruta seus primeiros e mais tenazes seguidores.

Mais adiante, Mateus registra outras parábolas sobre o reino: a dos servos devedores (18,23), a dos operários da vinha (20,1), a do rei que estava casando seu filho (22,1), a das dez virgens (25,1), que emenda direto com a parábola dos talentos (25,14).

Em matéria de sentido, Jesus sabia o que estava fazendo.

Muitos são os chamados
poucos, porém,
os escolhidos.

outras parábolas

O que é que vocês acham?
Se alguém tiver cem ovelhas
e uma se perder do rebanho,
por acaso você não deixa
as noventa e nove pelos montes
e vai buscar a que se perdeu?
E se acontecer de encontrá-la
amém digo a vocês
que mais se alegra com ela
do que pelas noventa e nove
que não se perderam.

Aqui Jesus fala das crianças, pelas quais tinha um apreço especial, em sua inocência vendo um ideal, um limite máximo, que propunha a seus obtusos asseclas.

Vocês são o sal da terra.
Se o sal perder o gosto
com que sal vai se salgar?
Não serve mais pra nada,
a não ser pra ser jogado
e pisado por aí.

Vocês são a luz do mundo.
Ninguém consegue esconder
a cidade sobre o monte.
E não se acende a lâmpada
para colocar sob a mesa,
mas no candelabro
para que luza sobre
todos os que estão na casa.

Ouviram o que foi dito,
amar o próximo,
odiar o inimigo.
Eu, em vez, contradigo:
vamos amar os inimigos,
fazer bem aos que nos odeiam,
rezar pelos que nos persigam
e nos caluniam.

Assim são os filhos
do pai dos céus.
Seu sol, ele faz que resplandeça
sobre os bons e os perversos
e chova igualzinho
sobre os errados e os certos.

Teu olho
é a lâmpada do teu corpo.

Se teu olho está bem,
todo o teu corpo está lúcido.

Se teu olho não estiver,
todo o teu corpo está tenebroso.

Pois se a luz que tens em ti
são trevas,
como não vão ser as próprias trevas?

Olhem só as aves do céu
que não plantam nem colhem
nem armazenam no paiol,
e o pai celeste
as abastece.

Acaso vocês
não são mais que essas criaturas?
Quem de vocês, por exemplo,
pensando,
poderia acrescentar um palmo
à sua própria estatura?

Se preocupar com roupa?
Vejam só os lírios do campo,
não trabalham nem tecem
e olha só como crescem.
Minha palavra a vocês,
nem Salomão em toda sua glória
jamais se vestiu com tanta beleza.
MATEUS, 6,26.

Nos primeiros séculos da era cristã, deveriam circular incontáveis parábolas atribuídas a Jesus, umas, dele, outras, meio dele, outras, livres interpretações e desdobramentos do seu processo, desenvolvidas por intérpretes mais ou menos fiéis.

Em Lucas, o mais "artístico" dos evangelistas (corre que era médico e pintor), várias parábolas, que não constam em Mateus: a da figueira estéril, a da dracma perdida, a do filho pródigo.

Na parábola da dracma perdida, a recorrência do tema monetário:

Qual é a mulher
que, tendo dez dracmas,
se perder uma
não acende a lâmpada
e varre a casa e procura
até achar?
E quando acha,
chama as amigas e vizinhas
dizendo: vamos nos alegrar
achei a dracma que tinha perdido.

Quanto à parábola do filho pródigo, nenhuma dúvida: nela, "Lucas" realiza a mais inteiriça peça ficcional dos evangelhos.

O capítulo 15 de Lucas, a partir do versículo 11, é a molécula de uma novela arquetípica, onde não falta nenhum dos melhores ingredientes do gênero: cor local, surpresa, adversidade da fortuna, rompimento, aventura, a fuga da origem, a volta às origens.

Um homem tinha dois filhos.
E o mais jovem deles disse ao pai:
pai, me dê a porção da substância
(= parte da herança) que me cabe.
E o pai dividiu a substância (a herança).
E não muitos dias depois,
todos reunidos, o filho mais moço
partiu para uma região longínqua,
e aí dissipou sua substância,
vivendo na opulência.
Na região, porém, fez-se forte fome
e ele começou a sentir falta de tudo,
e ele ficou muito mal de vida.
Então, ele partiu
e foi trabalhar para um proprietário da região.
O proprietário o mandou guardar porcos
em sua fazenda.
E tudo o que queria era encher a barriga
com o farelo que os porcos comiam,
mas ninguém lhe dava.
Reverso em si mesmo, disse:
— Quantos empregados na casa do meu pai
abundam em pão,
e eu morro de fome.
Vou me levantar e vou a meu pai
e direi a ele:
— Pai, pequei diante do céu
e diante de ti.
Já não mereço que me chames de filho.
Só quero um lugar entre teus empregados [...]

O resto da fábula todo mundo sabe.

A alegria com que seu pai o recebe e o perdoa. A festa que o velho fez para comemorar a volta do filho. A inveja e o ciúme do irmão mais velho, que não abandonou o patriarca e estranhou que a ingratidão seja recompensada com presentes e banquetes.

A entrada em cena, na trama, do irmão mais velho é um primor de ficção, cheio de cor, detalhe, movimento e até música:

O filho mais velho, porém,
estava na roça.
E quando voltava
e se aproximou da casa,
ouviu música de instrumentos e vozes.
E chamou um servo
para saber o que é que estava havendo.
E este lhe disse:
— Teu irmão voltou,
e teu pai mandou matar
um bezerro gordo
para comemorar.
O mais velho ficou puto
e não quis entrar.
O pai veio até ele
começou a pedir para ele entrar.
Mas ele, respondendo,
disse ao pai:
— Eis que, ano após ano,
trabalho para você,
nunca deixei uma ordem tua sem cumprir,
e você nunca me deu um cabrito
para eu churrasquear com meus amigos.
Mas esse teu filho aí
que devorou sua herança
com meretrizes,
ele volta,
você mata para ele um bezerro gordo.

[233]

Mas o pai disse a ele:
— Filho, você sempre está comigo,
e tudo o que eu tenho é teu.
Mas eu tinha que festejar e me alegrar
porque este teu irmão estava morto
e viveu de novo,
estava perdido
e foi achado.

Felizmente para a fábula, não é fácil decodificar seu sentido, seu significado doutrinário, teórico ou teológico.

A fábula parece pertencer ao ciclo das parábolas sobre o Reino.

E se aparenta a outras tendo como tema a volta do perdido (a ovelha e a dracma perdidas), a certeza do perdão. Nela, Jesus se justifica, para os fariseus, de sua amizade com publicanos e pecadores.

Observar a forte coloração masculina e patriarcal da cena toda, onde não há nenhuma mulher, nenhuma mãe, nenhuma irmã, nenhuma filha, nenhuma esposa.

Uma leitura atual, à luz da economia, da sociologia e da história, pode extrair da parábola um quadro muito claro das relações de trabalho e produção, na Palestina de Jesus, no meio agrário.

O pai-patriarca é proprietário de alguma extensão de terra, cultivada em regime familiar (o irmão mais velho volta do eito).

O trabalhador assalariado está presente: o filho pródigo *se emprega*, para guardar porcos. E, com fome, lembra que os empregados do seu pai ("mercenários", na tradução de Jerônimo) têm pão.

Além destes, havia servos, submetidos, evidentemente, a um estatuto jurídico e social mais arcaico que o dos "mercenários".

O velho patriarca mobiliza seus recursos para festejar a volta do caçula. Chama um servo e manda dar ao filho um manto novo, um anel e sandálias novas.

A propriedade parece ser uma unidade agrícola e pecuária: o patriarca manda matar um bezerro gordo, o mais velho reclama do cabrito que o pai nunca lhe deu.

[234]

Soa-me que é o único lugar dos evangelhos onde apareça alguma menção à música ou a atividades musicais.

De volta do campo, o mais velho ouve música (*"symphoniam et chorum"*, no latim de Jerônimo), alegrando a festa da volta do caçula. Poderia haver, nas vilas, músicos profissionais, que um próspero fazendeiro contratava para abrilhantar suas celebrações.

Ou estes músicos poderiam estar entre os servos, como no Brasil Colônia, quando muita casa-grande tinha sua banda particular, constituída de escravos.

Seja como for, a chamada Parábola do Filho Pródigo é a unidade ficcional mais rica e mais redonda, mais ampla e mais realizada, de todo o Novo Testamento.

A inspiração artística que a conduz faz com que transcenda qualquer finalidade doutrinária mais imediata. E a afirma como objeto artístico autônomo, para figurar com brilho em qualquer antologia da narrativa mundial.

Apócrifos são as centenas de evangelhos dos primeiros séculos da era cristã, que a Igreja nascente desautorizou como testemunhos vorazes da vida e doutrina de Jesus.

Heréticos, fantásticos, subterrâneos, chegaram até nós muito fragmentariamente, não acrescentando grande coisa ao que já sabíamos a partir de Mateus, Marcos, Lucas e João.

Destroço de um desses apócrifos é o chamado Fragmento Evangélico Egerton.

Consta de um fragmento de papiro proveniente do Egito, exarado em grego, em meados do século II.

Nele, brilha esta fábula, que os evangelhos oficiais não registram:

Jesus que estava andando,
parou na margem do Jordão,
estendeu a mão direita...
e semeou o rio...
.... e (?)
à vista deles [...], a água
produziu frutos...

Os acidentes de grafia deste fragmento reproduzem as lacunas do papiro Egerton, que chegou muito danificado até nós: o texto original foi reconstituído, por equipes de especialistas, a partir de conjecturas e probabilidades.

fragmento de um apócrifo

O Evangelho da Infância conhecido como Evangelho Segundo Domingos

Jesus era menino, passou um cego na estrada. Jesus foi guiando o cego o dia inteiro, voltou só à noite. Maria já andava doida:
— Onde você andou, menino de Deus?!
— Por aí. Tem pão, mãe?
José nem falou nada: só deu o pão.
Dias depois Jesus subiu no telhado. Maria mandou descer. José nem ligou:
— Se cair, do chão não passa.
Os outros meninos chamavam Jesus de louco: será que tinham razão? Maria pensava tanto que a massa do pão até azedou. José só coçou a barba:
— O avô que eu mais gostava também era meio louco...
Na feira, Jesus sumia. Maria procurava — cadê, cadê? Jesus conversava numa roda de homens, ela nem acreditava. José erguia os ombros:
— Por que não?
Depois, Jesus ficava horas olhando as estrelas. Maria se preocupava:
— Que é que você tanto pensa, meu filho?
José sentava do lado dele, ficava cortando um cavaco. Na hora de dormir, o menino ainda estava lá olhando as estrelas. Maria chamava:
— Vem dormir, filho.
E José dormia resmungando:
— Quando der sono, ele dorme.
E, um dia, no rio, José viu os primeiros pelos no corpo de Jesus.

Contou a Maria:

— Está virando homem.

Maria suspirou:

— Graças a Deus, quem sabe agora endireita.

Mas Jesus agora só queria discutir com doutores. Maria amassava o pão com o coração miúdo:

— Ainda vão prender esse menino.

— Já é um moço — José sempre corrigia.

Até que um dia Jesus avisou: ia viajar. Maria ficou piscando de espanto, José se coçou muito antes de falar:

— Cuidado com a saúde e veja bem com quem anda.

Jesus voltou anos depois. Maria ajoelhou quando viu aquele homem entrando em casa.

— Graças a Deus — foi só o que ela falou.

— Oi, mãe — disse Jesus abraçando e, depois, olhou em volta:

— Tem pão?

José serrava umas tábuas, parou para abraçar Jesus, continuou a serrar.

— Voltou para ser carpinteiro, filho?

Jesus sentou cansado.

— Não sei o que fazer da vida, pai.

— Viaja mais — José falou se coçando —, um dia você acha o que fazer.

— É — suspirou —, acho que vou andar mais um pouco por aí.

sobre jesus

Os textos evangélicos traduzi diretamente do original grego, tendo diante dos olhos a esplêndida versão latina de Jerônimo (século IV), o maior dos tradutores da Antiguidade, que, na Vulgata, passou toda a Bíblia do hebraico e do grego para o latim.

Sobre os essênios: *Les Manuscrits du desert de Juda*, por Geza Vermès, Desclée Editeurs [1953].

Quanto a uma bibliografia sobre Jesus, com a palavra João, no final de seu evangelho: "Jesus também fez muitas outras coisas: que se escrevessem, uma a uma, creio que nem o mundo todo poderia abrigar tantos livros que se deveriam escrever". Tema central da espiritualidade do Ocidente, sobre Jesus, há bibliotecas.

Isso sem falar em quadros, esculturas, vitrais, composições de música erudita, filmes, óperas-rock.

Jesus é um momento de significação ininterrupta: um signo de leitura infinita.

naquele tempo

Natal: Alterações no calendário, realizadas na Idade Média, produzem esta aberração: Jesus teria nascido, na realidade, uns três ou quatro anos antes do ano que dá início à era que leva seu nome. Sobre o mundo romano, Júpiter, o imperador Augusto.

O próprio dia do seu nascimento é objeto de controvérsia. Vinte e cinco de dezembro, entrada de um solstício, era uma data solene consagrada ao sol, ao deus solar Mitra, nume de origem persa, que fez enorme sucesso entre o povo e os soldados, na Roma Imperial, concorrendo com o cristianismo. Este assimilou do nitraísmo muitos ritos e mitos. Quem sabe a data do Natal.

Jesus com doze anos: Jesus encontrado por seus pais, discutindo com os sábios na sinagoga. Aqui, os evangelhos perdem a pista, só voltando a falar de Jesus depois de um

silêncio

de dezoito anos.

Jesus com trinta anos: Jesus reaparece bruscamente em cena, entrando em ação, em contato com João, o Batista, seu guru.

Jesus começa a clamar o advento do Reino de Deus com as exatas palavras de João, que o batizou.

Jesus com trinta e três anos: Preso, sob a acusação de agitar as massas e pretender o Reino, Jesus é torturado e executado pela autoridade romana, mancomunada com a aristocracia sacerdotal de Jerusalém.

De 70 a 100: Cristalização textual dos evangelhos; proliferação de evangelhos apócrifos.

Fulminante propagação da doutrina de Jesus em todo o mundo da bacia do Mediterrâneo. Paulo transforma a judaica mensagem de Jesus num credo aberto a todos os povos.

Século I: O avanço explosivo do cristianismo entre as massas escravas e proletárias de Roma provoca a reação do poder: violentas perseguições, a era dos mártires, os "testemunhos".
Séculos II e III: A mensagem de Jesus começa a subir na vida. Membros das classes mais altas de Roma convertem-se. A começar pelas mulheres. E por elementos da elite intelectual.
313: Pelo Edito de Milão, o imperador Constantino reconhece ao cristianismo o pleno direito à existência.
394: Com o imperador Teodósio, o cristianismo se torna a religião oficial do Império Romano. Catolicismo.

Jesus, quem será?

trótski
a paixão segundo
a revolução

[1986]

*Para minha filha Áurea que, com quinze anos,
me perguntou o que tinha sido a Revolução Russa.*

*Para Valdir Izidoro Silveira,
militante do PC, humanista.*

*Para o prof.
Luís Filipe Ribeiro, do PSB,
sempre lúcida amizade.*

*Para o professor Marco Antonio Melo, do PT,
que gosta de história quase tanto quanto eu.*

Ivan IV, dito "Groznii", o Terrível (1530-84), vencedor dos tártaros, legislador, administrador, o primeiro grande czar (retrato contemporâneo, de autor desconhecido).

enquanto os mongóis não vêm

Os artistas, dizem, vão mais fundo que os colecionadores de dados e datas.

Se você quer entender a Rússia, não perca tempo lendo manuais de história.

Comece logo lendo *Os irmãos Karamázov*, de Dostoiévski.

Esse romance, de 1880, é a história de um parricídio, o assassinato do velho Karamázov por um dos seus quatro filhos.

Dos quatro, três são legítimos, Alióacha, Ivan e Dmitri. Um quarto, Smierdiakóv, é bastardo, filho de uma serva.

Os Karamázov são completamente diferentes, como tipos humanos.

Alióacha, que sempre teve pendores místicos, é monge num mosteiro próximo à sua casa.

Ivan, que foi estudar na Europa ocidental, é um ocidentalizado, um racionalista, ateu, de espírito crítico, cínico até, um homem das Luzes que, na Rússia, só vê barbárie e atraso.

Dmitri é um impulsivo, um dionisíaco, um hedonista em estado selvagem, conduzido apenas por ímpetos primários, a raiva, a vontade de beber, o desejo por uma mulher. Com certeza, é o que mais se parece com Papai Karamázov.

O pobre Smierdiakóv, filho não reconhecido, sem direito à herança, é epiléptico e vive submetido a uma condição servil na família.

Qual deles matou o velho Karamázov, isso vai saber quem ler o romance de Dostoiévski.

Vamos partir do pressuposto de que cada um dos irmãos representa não apenas um modo de ser da alma russa mas, também e sobretudo, um momento histórico vivido pelo povo russo.

Esse tipo de abordagem do problema "Trótski" vai correr o risco de ser acusado de psicologizante.

[245]

Trótski pertence às exterioridades solares da história. Não aos íntimos abismos da alma.

Afinal, quem deve explicar Trótski é Marx, não Freud.

Não era Marx quem o guiava em seu agir?

Este estudo, porém, quer partir de um pressuposto diferente.

O de que o dentro é o fora. E o fora é o mais dentro.

Não só a história traz a marca dos indivíduos que a fazem. Mas, também, é interiorizada pelos indivíduos que a vivem.

Para os fanáticos pela objetividade e pela precedência do coletivo, poderá parecer indecente pretender que um mero romance pudesse ser um profeta e já conter em si todas as estruturas de um grande evento histórico, que só aconteceria quarenta anos depois.

Essa indecência, se indecência é, é nosso ponto de partida.

Os irmãos Karamázov não só retrata com perfeição a Rússia passada e presente, em suas estruturas mais profundas, mas ainda prefigura uma Rússia por vir.

Quando Dostoiévski escreveu esse romance, Freud apenas engatinhava.

Mas nele já se encontra todo o fundamental da teoria freudiana.

A luta do pai com o filho pela posse de uma mulher (o velho Karamázov e Dmitri disputam os favores de Grúchenka).

O parricídio, o assassinato do pai pelo filho.

Para Freud, é o parricídio primordial que funda a civilização.

E toda revolução social de grandes proporções é uma luta dos filhos contra a tirania dos pais (pais, padres, patrões, padrões).

Após o que, o ciclo recomeça, os filhos assumindo o poder que, um dia, foi dos pais. Os filhos destroem os pais, porque querem ser como eles.

Quando um dos Karamázov mata o pai, começa a Revolução Russa, esse terremoto histórico, onde Trótski teve um papel decisivo.

Relações sociais no campo, antes da Revolução: o senhor da terra e o camponês.
Desenho: Maiakóvski.

aliócha

No outono de 1236, o *khan* mongol Batu, neto de Gengis Khan, derramou sobre todo o Leste da Europa sua inumerável cavalaria, devastando a Rússia, a Polônia e a Hungria.

"Tatar!" era o grito que se ouvia em cada aldeia, em cada burgo, em cada vila, em cada cidade, "tártaros!".

Unificados pelo gênio político e militar de Gengis Khan, os nômades mongóis saíram aos milhares de suas planícies ao norte da China e caíram sobre a Europa como praga de gafanhatos, matando, queimando, saqueando e destruindo tudo à sua passagem.

Ao mesmo tempo, tropas mongólicas desciam para o sul, para o mundo muçulmano, arrasando as principais cidades do islã.

Nenhuma força militar parecia capaz de detê-los.

E só as dissensões internas e as lutas tribais pelo poder conseguiram parar a invasão dos nômades amarelos, que deixavam o deserto por onde passavam.

Mas os mongóis não eram apenas destruidores. Eram também organizadores.

No auge do seu poder, tinham em suas mãos o mais vasto império que o mundo já tinha visto, um império que ia da Coreia, nos confins da Ásia oriental, até a Polônia, na Europa, englobando, ao sul, territórios do islã, no Oriente Médio, Pérsia, norte da Índia, incluindo a China de Kublai Khan, neto do Gengis Khan, em cuja corte tinha muita força um certo italiano chamado Marco Polo...

Elite militar dominante, os mongóis logo impuseram a centenas de povos um ordenamento político: durante séculos, vigorou em todo esse território a chamada *pax mongolica*, uma organização político-administrativa, garantindo o trânsito seguro de caravanas comerciais e o crescimento dos negócios.

Os mongóis se contentavam com o recolhimento dos tributos e a obediência dos súditos.

Em casos de rebelião, tropas imbatíveis estavam sempre à mão para expedições punitivas, conduzidas com implacável rigor.

Quando Batu, no outono de 1236, invadiu a Rússia, os russos eram apenas tribos eslavas espalhadas num imenso território que ia das margens do mar Báltico aos montes Urais, pequenas comunidades vivendo da agricultura, da pequena pecuária, da caça e da pesca, em densas florestas, de invernos rigorosíssimos.

Mais ao norte, perto do mar Báltico, havia cidades russas, que viviam do comércio com os grandes burgos mercantis do mar do Norte, as cidades alemãs da chamada Liga Hanseática. Entre elas, Kiev e Novgorod. Os primeiros núcleos urbanos estáveis da Rússia parecem ter sido entrepostos comerciais dos vikings, que desciam pelos rios em direção ao sul, a Constantinopla.

Lênin afirmava que, ao proletariado, "a consciência tem que vir de fora", já que, entregue às suas próprias forças, a classe operária não consegue ir além do mero sindicalismo reivindicatório, sem chegar até a ideia da revolução e de tomada do poder.

Pois bem. Na Rússia, a consciência sempre veio de fora, dos vikings escandinavos, de Bizâncio, dos mongóis.

É o que poderíamos chamar a síndrome de Ivan, o Karamázov que veio para o Ocidente estudar. E voltou com ideias estranhas.

Ideias estranhas foram introduzidas entre os russos pelos mercadores escandinavos — os vikings, chamados *varegues* —, entre elas a ideia de um Estado russo, além do estágio tribal.

Tão importante foi a ação desses *varegues* que parece que a própria palavra "russo" é um vocábulo finlandês que designava os vikings *varegues*, e não o povo eslavo que, hoje, chamamos russo. O próprio nome dos russos, portanto, não é russo. Era o nome de um povo que dominava os russos (é como se, no Brasil, chamássemos os negros de *lusitanos*).

Os primeiros príncipes de Kiev, a cidade da Ucrânia que lançou as bases do Estado russo, tinham nomes escandinavos: Rurik, Oleg, Ígor.

Por toda a vastidão da Rússia, o poder estava pulverizado nas mãos de pequenos príncipes locais (os *Kniaz*), senhores de *cidades* que, na realidade, eram grandes aldeias fortificadas feitas de madeira (as palavras russas para *cidade*, *grad* e *gorod*, na origem, significavam *fortaleza*).

Novgorod, o centro cultural e comercial ao norte, embora nunca tivesse sido molestado diretamente pelos mongóis, a eles pagou tributo, durante muito tempo.

Os príncipes russos eram pequenos senhores feudais, obedientes súditos dos seus senhores mongóis.

Eram os *khans* da chamada Horda de Ouro que outorgavam aos senhores feudais russos o *yarlik*, em mongol, a investidura na dignidade do seu cargo. Em troca, os príncipes russos arrecadavam tributos entre seus dependentes e os enviavam a seus senhores mongóis.

Os *khans*, porém, podiam, a qualquer momento, retirar o *yarlik* de um príncipe russo, e dá-lo a quem bem entendessem.

Muito cobiçado era o título de Grande Príncipe, que os mongóis manipulavam para manter os príncipes russos divididos e em luta entre si.

Esse título é a origem do *czarismo*, monarquia absoluta que combinou o cacicato mongólico com o absolutismo da corte de Bizâncio.

Com efeito, as tribos russas foram convertidas ao cristianismo, através da ação de missionários gregos ortodoxos, vindos de Bizâncio (Constantinopla), a herdeira de Roma no Oriente. Dentre esses missionários, os irmãos Metódio e Cirilo, criador do alfabeto russo, dito *cirílico*, usando o alfabeto grego como base, mais algumas letras especiais para grafar sons específicos da língua russa.

A Rússia resulta deste cruzamento com os mongóis e o Império Bizantino.

Em 1240, Alexandre Nevski, célebre pelo filme de Einsenstein, príncipe de Novgorod, vencedor dos suecos e dos Cavaleiros Teutônicos, germânicos do Ocidente, apressou-se em prestar vassalagem aos *khans* mongólicos da Horda de Ouro, em suas cortes em Sarai e Karakórum.

Nessas alturas, começa a aparecer o nome da cidade russa de Moscou.

O primeiro de seus príncipes foi Danilo, filho de Alexandre

Nevski. Um de seus sucessores, Kalita, o Cruel, obteve, a preço de ouro, o *yarlik* de Grande Príncipe. Como o arcebispo de Kiev abandonou a cidade e veio para Moscou, esta cidade começa cada vez mais a se tornar o centro cultural e político da vida russa.

Mas ainda estava longe a libertação.

Na época, era frequente que destacamentos e exércitos mongólicos incluíssem príncipes e tropas russas como aliados.

Da parte do Ocidente, as forças mongólicas da Horda de Ouro começavam a encontrar inimigos temíveis, os reinos da Polônia, da Lituânia e da Hungria, que começavam a se estruturar, política e administrativamente, forçados a isso pelo poder tártaro.

Logo, o reino da Polônia seria o último baluarte da Europa e da Cristandade contra as vagas amarelas vindas do interior da Ásia.

A partir de 1350, o poder da Horda de Ouro, depois de algumas derrotas, começa a declinar.

Em 1380, Dmitri, Grande Príncipe de Moscou, derrotou os mongóis na planície de Kulikovo. Era a primeira vez que russos derrotavam tártaros em campo aberto. Os benefícios imediatos foram pequenos. Mas o efeito psicológico, enorme. Os mongóis não eram invencíveis.

Dois anos depois, porém, os mongóis tomam e incendeiam Moscou.

Reconstruída, a cidade foi tomada, de novo, pelos tártaros em 1408. E o Grande Príncipe Vassíli I teve que pagar pesado tributo.

O crescimento do poder do principado moscovita atrai alianças europeias mais a ocidente. E os príncipes de Moscou, cada vez mais importantes, fecham alianças com a Polônia, a Lituânia e a Hungria contra os mongóis, cujo poder entra em declínio.

A independência russa só viria com o czar Ivan III, dito o Terrível, príncipe de Moscou, que subiu ao trono em 1462.

Dos mongóis e de Bizâncio, os príncipes de Moscou, logo czares da Rússia, herdam toda uma máquina burocrático-administrativa, altamente centralizada e baseada na semidivinização do soberano, que de Deus recebia o poder e só a ele devia contas.

Essa máquina é o antepassado remoto da tecnoburocracia soviética.

Concomitantemente, isso que chamamos Rússia foi a extensão gradativa do poder de uma cidade, Moscou.

Moscou não era uma cidade de mercadores como Novgorod. Era uma fortaleza, um posto militar avançado na luta contra os tártaros.

A Rússia foi unificada, *manu militari*, de cima para baixo.

Mas o passado mongol não desapareceu tão depressa.

Até em tempos do czar Pedro, o Grande (1672-1725), a Rússia ainda pagava tributo aos *khans* remanescentes da Horda de Ouro, um dia, senhora absoluta da terra russa.

Mas a partir desse momento a situação começa a se inverter: a contínua expansão do poder moscovita sobre áreas cada vez maiores coincide com o esfacelamento do poder mongol. Em breve, pouco a pouco, são os mongóis que estarão pagando tributo e dependendo politicamente daquela cidade e daquele povo que, há pouco, era seu humilde servo.

Essa Rússia que começa a crescer vai ser, até a Revolução de 1917, uma monarquia absoluta, de direito divino.

No campo, os grandes senhores governam suas propriedades com mão de ferro, tendo exércitos de servos a seu comando (na Rússia, a servidão no campo só foi abolida em fins do século XIX, depois da abolição da escravatura no Brasil).

A Igreja ortodoxa russa é onipresente e quase onipotente.

A vida russa gira em torno de igrejas e mosteiros. O clero domina a vida cultural e espiritual do país.

Separada do Ocidente cristão pela diferença de religião, a Rússia não foi tocada nem pelo Renascimento italiano, nem pela Reforma Protestante, os dois grandes movimentos que fundam a modernidade. É a Rússia de Aliócha Karamázov, paralisada na ignorância e na superstição.

Assim, a Rússia chegou até o Século das Luzes, esse século XVIII que viu nascer a Razão crítica, a tolerância, a luta contra os preconceitos, o Enciclopedismo, o pensamento da burguesia transformado em sistema filosófico.

Nesse momento, um czar também foi acometido da síndrome de Ivan.

Determinado em fazer da Rússia um país moderno, em pé de igualdade com o Ocidente, o czar Pedro, o Grande, o mais genial dos governantes russos, veio incógnito para o Ocidente estudar a técnica naval da Inglaterra e da Holanda. Consta até que teria trabalhado como simples operário nos estaleiros da Holanda para se assenhorear dos segredos da mais moderna técnica de construção de navios.

A intenção básica de Pedro era militar. Ele queria dotar a Rússia de uma frota de guerra capaz de enfrentar os suecos ao norte e os turcos ao sul. A Rússia está em vésperas de virar grande potência.

Mas não foram apenas saberes navais e militares que Pedro assimilou no Ocidente. Ele conheceu um outro mundo, o mundo que já vivia o dinamismo da vida burguesa, mais livre, mais aberto, mais desembaraçado de preconceitos e superstições.

No Ocidente, Pedro-Ivan entra em contato com "a razão".

De volta à Rússia, ao mundo de Aliócha, Pedro introduz, de cima para baixo, o maior pacote de reformas que um país já recebeu de uma só vez.

Brutalmente, colocou fora da lei as vestimentas típicas da Rússia, obrigando todos a se vestir à maneira ocidental.

E como no Ocidente a moda era o rosto escanhoado, proibiu os russos de usar a barba comprida, conforme o costume do país.

Baniu também o velho calendário, adotando o ocidental.

Para montar a máquina militar que desejava, teve que montar, paralelamente, uma máquina de arrecadação fiscal de extremo rigor.

Para coroar todas essas reformas, criou nos pantanais do norte a nova capital, São Petersburgo, hoje, Leningrado.

O verticalismo das decisões de Pedro foi tipicamente russo.

Governava despoticamente sem nenhum tipo de assembleia que representasse o interesse ou a opinião dos vários segmentos da sociedade.

Ao contrário. Para montar sua pesada máquina fiscal, criou uma nova nobreza de funcionários, nomeada por ele e dele dependendo em tudo.

As semelhanças com Stálin são nítidas demais para que deixemos de mencioná-las. Pedro liquidou fisicamente a classe dos grandes terra-tenentes (os *streltsy*), condenando à morte mais de quatro mil deles, assim como Stálin liquidaria a classe dos *kulaks*, médios proprietários, na década de 1930.

Pedro é protótipo do governante modernizador, aquele que introduz reformas sem tocar nas relações sociais nem nas estruturas jurídicas que regem a sociedade. Isso só uma revolução pode fazer. Não era uma revolução que Pedro queria.

Por baixo das reformas de Pedro, tendentes a transformar a Rússia numa nação *moderna*, tudo continuava na mesma: a terra na mão de meia dúzia de grão-senhores, os servos atrelados à terra, a inexistência de uma sociedade civil organizada, nenhuma representação popular, e, sobretudo, uma imensa rede de funcionários públicos dependentes da coroa.

Com Pedro, a Rússia já tinha se tornado um mundo de funcionários públicos, organizados em complexa hierarquia, que ia do czar ao mais humilde escrivão de um vilarejo da Sibéria.

A tecnoburocracia soviética de hoje teve por quem puxar.

Desde Pedro, a Rússia é o paraíso dos burocratas.

O Estado sempre foi tudo na Rússia. E a sociedade civil, tal como a entendemos, nunca pôde se organizar diante dos poderes estatais.

Pedro esmerou-se sobretudo na repressão a toda dissidência.

Durante seu reinado, a censura foi mais rigorosa do que nunca (a Rússia só esteve livre da censura no breve interregno entre 1917, a Revolução, e 1921, quando Lênin e Trótski proíbem toda dissensão no interior do Partido Comunista).

E com ele, a montagem de uma polícia secreta, com redes de espias a informantes, chegou às raias da perfeição.

As prisões arbitrárias e execuções sem julgamento, a tortura como procedimento normal, completam o quadro de um sistema de opressão asfixiante.

As ideias iluministas chegam até a Rússia, mas só até suas camadas sociais mais altas. A imperatriz Catarina II, a Grande (1729-96), deu-se ao luxo de ter como amigos pessoais e correspondentes filósofos liberais como Voltaire, Diderot e D'Alembert, que defendiam, na teoria, um mundo oposto a tudo aquilo que representava aquela Rússia que Catarina herdara de Pedro, o Grande.

Esse mundo oposto logo seria realizado concretamente no Ocidente pela Revolução Francesa (1789), que chegou à Rússia sob a forma de invasão napoleônica.

Mais uma vez, "a consciência vinha de fora".

Mas Napoleão, agente dos ideais da Revolução Francesa (separação entre Estado e Igreja, secularização do ensino, introdução de formas parlamentares de representação popular), foi derrotado pelo inverno e pelo gênio do general russo, Kutuzov, filho de um general de Pedro, o Grande. E, sobretudo, pela bravura especificamente russa, a extraordinária valentia do soldado russo, sempre que o território da Santa Rússia é invadido (Hitler que o diga). Aliócha Karamázov defende com unhas e dentes o único mundo que lhe faz sentido.

Vitorioso, Napoleão teria, certamente, introduzido na Rússia parlamentos e eleições, ensino leigo nas mãos do Estado, tribunais com júri, uma divisão dos três poderes — Executivo, Legislativo e Judiciário —, independentes e soberanos, como na doutrina do enciclopedista Montesquieu.

Com a derrota de Napoleão, a Rússia perdeu sua última chance de se modernizar, em estilo burguês, através de reformas gradativas e incruentas.

Agora, só uma revolução.

No século XIX, sob o impacto da Revolução Industrial, a Rússia de Aliócha entra em profunda crise: a industrialização é inseparável de certos mecanismos liberais. Não se pode industrializar um país com instituições políticas herdadas dos *khans* da Horda de Ouro e dos *basileus* de Bizâncio.

Mas Aliócha é contra toda mudança.

É aqui que Ivan entra em ação.

Mujiques, camponeses russos, o mundo de Alióchá...
Gravura russa de 1650.

ivan

O século XIX nasceu sob o signo de duas revoluções, por suas consequências, talvez, as duas mais importantes da história, a Revolução Francesa e a Revolução Industrial, de origem inglesa.

As consequências da Revolução Francesa se deram, principalmente, no plano sociopolítico, jurídico e institucional.

A Industrial alterou por completo as relações do homem com a natureza e dos homens entre si. E, teoricamente, representaria o triunfo do trabalho humano, através das máquinas, sobre o mundo material.

Em toda parte, o século XIX viveu hipnotizado por essas duas revoluções.

A Francesa trouxe, no plano das instituições, a liberdade do indivíduo e da sociedade civil, a livre-iniciativa no plano dos negócios, a divisão e a autonomia dos três poderes, a adoção de processos de eleição e votação na escolha dos homens públicos, a separação entre Igreja e Estado, o direito a julgamento por júri (de origem anglo-saxã), a liberdade de culto, o direito de livre reunião, de locomoção e de expressão.

Com ela, a burguesia está tomando o poder e transformando seus valores de classe em verdades universais, cristalizadas em leis.

Como não ver que os anseios burgueses pela *liberdade* escondem, na realidade, a defesa da mais importante das liberdades, a liberdade do comércio e a liberdade de explorar, através do salário, a força de trabalho de vastos contingentes humanos?

Seja como for, a Revolução Francesa não se esgota nessa constatação.

Toda revolução verdadeira libera forças superiores a suas limitações de classe. Algumas das conquistas da Revolução Francesa são até hoje sentidas no mundo inteiro como conquistas universais, que devem ser estendidas ao maior número possível de seres humanos.

Curiosamente, há profunda harmonia interna entre a Revolução Francesa e a Industrial, que começou na Inglaterra.

A plena expansão da Revolução Industrial, em moldes burgueses, exige e pressupõe um mundo regido pelas instituições consagradas pela Revolução Francesa.

Os ingleses, aliás, já tinham feito a sua *revolução francesa* muito antes dos franceses. Uma revolução que começa na Idade Média, quando os barões da Inglaterra obrigam o rei João Sem Terra a assinar a *Magna Charta* (1215), que limitava os poderes do soberano. As conquistas da aristocracia na Magna Carta, posteriormente, foram se estendendo, gradativamente, a todas as classes da população. Tal foi, por exemplo, o julgamento por seus pares, o julgamento por um *jury*, singularidade inglesa, hoje prática geral em todo o mundo civilizado.

Os ingleses decapitaram seu rei, Carlos I, em 1649, coisa que os franceses só fariam com Luís XVI, em 1793.

E a independência dos Estados Unidos (1776), a chamada *Revolução Americana* (que não foi uma revolução, pois não alterou as relações de poder e propriedade), é uma coisa muito anglo-saxã, de inglês para inglês: os colonos americanos se revoltaram contra a metrópole porque ela violava direitos que eles, colonos, como ingleses, consideravam sagrados. O direito de só pagar impostos com o direito de ter deputados no Parlamento inglês.

Já no século XVIII, a Inglaterra era admirada pelos filósofos liberais da França como um país livre, a terra dos direitos. Voltaire, que lá esteve exilado, voltou encantado com o liberalismo de suas instituições.

Em termos institucionais, ao fazer sua revolução, a burguesia francesa ficou em pé de igualdade com a Inglaterra. Foi isso que permitiu que a França fosse o único país latino a ter participado, efetivamente, da revolução industrial, técnica e científica da modernidade (Lavoisier, Pasteur, Daguerre, Curie, Santos Dumont, Lumière). Os demais, Itália, Espanha e Portugal, pouquíssimo ou nada contribuíram para o novo mundo que surgia, esse mundo que nasceu, principalmente, na Inglaterra, na França e na Alemanha.

Diante destas realidades, em pleno século xix, a Rússia era um anacronismo, um vasto império, meio medieval, meio asiático, que, no entanto, por sua importância militar, tinha um peso ponderável no jogo de equilíbrio entre as nações da Europa.

A atualização militar exige a mais moderna tecnologia, a indústria começa a penetrar no império dos czares. A chegada do trem e da ferrovia, invenção inglesa, reduz as distâncias, aproxima as pessoas e os lugares, propicia a troca de informações, quebra o ovo em que se encerrava o mundo de Aliócha.

Sobretudo, o mundo industrial vê nascer uma nova classe social, uma classe totalmente nova na história do homem, o proletariado, a mão de obra assalariada, que trabalha na indústria, operando as máquinas, e logo se organiza, reivindica, luta por seus direitos.

O campo se desvaloriza, as cidades incham com o êxodo rural. Nas cidades, aumentam as concentrações de mão de obra fabril, em condições de miserabilidade indescritíveis (mas a Rússia ainda continuava, predominantemente, uma nação de camponeses, o operariado, ínfimo).

As instituições arcaicas do Império Russo não resistirão muito tempo a estas novas realidades econômicas, demográficas e tecnológicas.

Agora, Ivan não precisa mais ir ao estrangeiro conhecer as novidades e voltar com ideias estranhas. O mundo exterior, "a consciência que vem de fora", começa a invadir a Rússia: trem, telégrafo, correio rápido, livros, jornais, notícias, sobretudo investimento de capital estrangeiro.

Durante todo o século xix, a cultura russa se debate entre os eslavófilos, inimigos das novidades estrangeiras, e os defensores de uma atualização da Rússia em relação à Europa Ocidental. Aliócha versus Ivan.

A literatura russa, que atinge, nesse período, uma verdadeira idade de ouro, reflete fielmente esse conflito, nas obras de um Gógol, um Tolstói, um Turguêniev, um Tchékhov e, sobretudo, em Dostoiévski.

O caso pessoal de Dostoiévski é particularmente dramático.

Envolvido na juventude com grupos revolucionários terroristas, é preso, condenado à morte e submetido a uma execução simulada.

Após esse choque e um exílio na Sibéria, o romancista de *Os irmãos Karamázov* torna-se um reacionário tradicionalista, devoto do czar e da Igreja ortodoxa.

No século xix, as ideias subversivas, vindas do exterior, começam a tomar formas políticas subterrâneas, clandestinas, criminosas, desesperadas.

São niilistas, anarquistas, *naródniki*, terroristas, por fim, comunistas, marxistas da Primeira Internacional.

A Rússia está cheia de Ivans.

Tudo começou com o chamado movimento *dekabrista*, ou *dezembrista* (dezembro, em russo, é *dekabr*), surgido no interior do exército czarista. Em dezembro de 1825, um grupo de jovens oficiais, membros de sociedades secretas com objetivos libertários, tenta um golpe de Estado contra o czar Nicolau I. A tentativa foi sufocada e seus responsáveis severamente punidos.

Depois desse golpe, Nicolau I (que reinou até 1855) instaurou um regime de máximo reacionarismo político e social. A censura às ideias e à livre expressão tornou-se mais rigorosa do que nunca, a Rússia se transformava num Estado policial. Os escritores são proibidos de fazer qualquer alusão ao problema da servidão no campo. Ao mesmo tempo, em 1834, instalam-se as primeiras estradas de ferro.

Dentre os inúmeros movimentos que fervilham nesse clima de opressão e sufoco, merecem uma menção especial os populistas, *naródniki* (de *naród*, povo), talvez o mais russo de todos os movimentos revolucionários do século xix.

Os *naródniki* eram intelectuais idealistas, das classes mais altas, que, convencidos da necessidade de uma transformação social profunda, tentaram levar ao povo, sobretudo aos camponeses, uma mensagem de sublevação e revolta. Sua proposta última era a derrubada do czarismo e a instalação de uma espécie de comunismo agrário.

Acreditavam numa espécie de pureza natural do camponês, idealizando aquilo que, um dia, Marx, um judeu urbano, chamou de "idiotia rural".

Em 1879, o movimento *naródniki* dividiu-se em duas alas, uma moderada, onde pontificavam Plekhánov, Axelrod e Vera Zassúlitch. E uma ala radical, terrorista, que fundou o jornal e o movimento *Vontade do Povo*. Foi através do *naródniki* Plekhánov que o marxismo chegou à Rússia.

Depois de vários atentados contra policiais e autoridades, os radicais prepararam um que matou o czar Alexandre ii, em 1881.

A repressão foi implacável. Os chefes do movimento foram presos, torturados e executados.

Um dos irmãos Karamázov (qual?) tinha matado o pai.

Mas as coisas não mudaram. O terrorismo não passa de um gesto de desespero político, estéril e contraproducente, diria depois Lênin, num ensaio em que condena essa prática de atuação política.

Lênin, aliás, foi muito crítico em relação aos *naródniki*, nos quais reprovava a escolha pelos camponeses, de quem ele nunca gostou. Sua inteligência lhe dizia que a revolução e o futuro viriam do proletariado industrial urbano.

O marxismo é uma ideologia essencialmente urbana, nascida do mundo industrial, e se aplica muito mal ao campo.

Apesar do seu fracasso histórico, o movimento *naródniki* foi fundamental no encaminhamento da derrocada do czarismo e da vitória da revolução comunista.

E *naródniki* foi Trótski, na adolescência, antes de se tornar marxista.

Nesse quadro de oposições violentas ao despotismo czarista, não pode ser esquecido o anarquismo e, nele, os nomes de Bakúnin (1814-76) e Kropótkin (1842-1921).

Bakúnin participou da Primeira Internacional, donde foi excluído por Marx e os representantes do "socialismo autoritário".

O caso de Kropótkin é interessante pelo fato de se tratar de um príncipe da mais alta nobreza russa, o que demonstra o alto grau de insatisfação que ia pelas mais elevadas rodas da Rússia (Tolstói e o *tolstoísmo* são evidências disso).

A Alexandre II sucedeu, em 1881, Alexandre III, o penúltimo czar da dinastia Romanov, família que governou a Rússia de 1613 até a Revolução de Outubro.

Durante o reinado deste czar, tão reacionário e inimigo de mudanças quanto seus antecessores, a Rússia conheceu um período de grande desenvolvimento econômico, graças a investimentos de capital estrangeiro (inglês, alemão, francês), tornando-se uma potência econômica e industrial. Socialmente, isso significa o surgimento de amplas massas operárias nos centros urbanos.

Durante o reinado deste czar, sobretudo, cresceu um menino chamado Vladimir Ilitch Uliánov, depois conhecido pelo apelido de Lênin.

E, lá longe, na Ucrânia, um menino judeu, nove anos mais moço que Lênin, chamado Liev Davidovitch Bronstein, conhecido depois como Trótski.

Através deles, o espírito de Ivan Karamázov vai triunfar. Só faltava um empurrãozinho.

A Primeira Guerra Mundial foi esse empurrãozinho.

A subserviência diante da Igreja, esteio mítico da ordem czarista.
Desenho: Maiakóvski.

dmitri

A Rússia, o elo mais fraco...
LÊNIN

A Revolução Russa, o máximo acontecimento político do século, não foi obra, etnicamente, de russos.

Dos seus principais líderes, Lênin era mestiço de calmuco (um tártaro) com alemão (o sobrenome de sua mãe era Stein), natural de Simbirsk, no interior oriental do país.

Stálin (Ióssif Djugachvili) era um asiático, do Cáucaso, da Geórgia, que sempre falou russo com forte sotaque georgiano.

E Trótski (Liev Davidovitch Bronstein) era um judeu ucraniano. Mais uma vez, "a consciência vem de fora".

Todos, porém, cidadãos russos, quer dizer, súditos do czar, cujo império já tinha atingido proporções mastodônticas, indo da costa do Pacífico, da Ásia, até a Polônia.

Com ligeiras variações, o mesmo território da URSS de hoje.

Língua oficial, o russo, sobre centenas de outras línguas, reduzidas à condição de *patois* regionais. Em russo, o ensino nas escolas, os documentos oficiais, a legislação.

Religião oficial, a Igreja ortodoxa russa.

Os três principais chefes da Revolução de Outubro e da implantação do comunismo começaram a conspirar desde cedo.

Todos conheceram a prisão, a deportação, a fuga, o medo da delação, as reuniões secretas, o uso de documentos falsos, todas as agruras de uma intensa vida de criminosos políticos.

Essa militância clandestina está inscrita no próprio nome com que os conhecemos. Lênin, Trótski e Stálin não são seus nomes. São apelidos, codinomes de militância subversiva, dois deles diretamente ligados a vicissitudes da vida de um criminoso político. Vladimir Ilitch chamou-se Lênin, porque esteve preso numa colônia penal no interior da Sibéria, às margens do rio Lena. Quanto a Trótski, era o nome de um dos carcereiros de Liev Davidovitch, em uma de suas inúmeras prisões, e que Liev adotou quando fugiu da prisão, uma vez que seu verdadeiro nome já era conhecido em todas as delegacias da Rússia. Irônico o caso deste obscuro carcereiro cujo nome entrou na história através de um acidente da luta política entre os irmãos Karamázov e o Grande Pai Castrador...

Esse que nós conhecemos como Trótski era filho de um judeu fazendeiro do sul da Ucrânia, proprietário da fazenda Yanovka, na província de Kherson, perto do vilarejo de Bobrinetz.

Desde o início, Trótski já traz as marcas de um destino singular.

Onde é que já se viu um judeu lavrador? Os judeus foram, na Europa, sempre, um povo essencialmente urbano, vivendo de atividades ligadas ao setor terciário.

Seu pai, como fazendeiro, era um típico self-made man, que trabalhava de sol a sol ao lado de outros camponeses, na azáfama da vida rural, plantio, colheita, trato de gado e animais menores, compra e venda de produtos agrícolas.

Parecia mais um camponês ucraniano do que um judeu. Do judeu, não tinha o preparo intelectual e abstrato, a prática das escrituras sagradas, o domínio da língua hebraica, o respeito pelo elenco de tradições e gestos sociorrituais que, sobretudo, fazem de alguém um judeu.

Em Yanovka, falava-se ucraniano, não iídiche, a língua tribal dos judeus ashkenazi, os judeus da Europa centro-oriental.

A mãe, mais sofisticada intelectualmente, e de origem urbana, zelava mais pelos ritos judaicos tradicionais, respeitando religiosamente o sábado.

Mas a fazenda Yanovka ficava muito longe de qualquer sinagoga. Liev cresceu, "menino de engenho", entre trabalhos do campo e rudes lavradores ucranianos, livre, como seu pai, das amarras do judaísmo ortodoxo tradicional.

Talvez esteja aí a raiz da extraordinária liberdade de pensamento crítico que sempre lhe foi característica, como teórico, como orador e como homem de ação. Nessa liberdade, seu estilo

[264]

de pensar tem algo que lembra o pensar de Marx, outro judeu desjudaizado, um pensar de essências e medulas, com a coragem de ir até as últimas consequências do seu movimento inicial, passando por cima dos preconceitos, lugares-comuns e verdades estratificadas.

Um dia, Trótski encontraria igual agudeza em outra inteligência, na de Lênin. Mas o pensamento de Lênin é mais imediatista, mais aplicado diretamente a *O que fazer?*, nome do seu ensaio célebre. Os ensaios teóricos e filosóficos de Lênin não nos levam muito além de Marx e Engels: é um pensamento escolástico, que Stálin depois transformaria em pensamento acadêmico.

Na estratégia e na tática da ação política, a inteligência de Lênin supera em muito a de Trótski, mais hesitante, mais sujeita a erros e leituras equivocadas dos fatos.

Mas a máquina mental e intelectual de Trótski era mais complexa que a de Lênin. Seus interesses eram mais plurais. Suas leituras, mais diversificadas. Seu horizonte, muito mais amplo. Leia-se, por exemplo, o voo utópico do final do ensaio "Arte revolucionária e arte socialista", capítulo oitavo do seu livro *Literatura e revolução*.

Lênin jamais poderia ter escrito essas páginas de um sopro verdadeiramente épico-utópico sobre o novo homem que o socialismo poderia criar. Nem poderia dizer, como diz Trótski, nesse mesmo livro: "a arte se fundirá com a vida, quando a vida enriquecerá em proporções tais que se modelará, inteiramente, na arte".

Lênin sempre olhou meio de lado, desconfiado, para as manifestações de vanguarda artística que marcaram o início do comunismo na Rússia (futurismo, suprematismo, Eisenstein, Maiakóvski, Meyerhold, Tátlin). Seus gostos em matéria de arte eram bem conservadores. Há testemunhos de que chorava ao ouvir "Pour Élise", de Beethoven. E sua visão do cinema era pedagógica e doutrinária: bom para educar as massas.

Dessa vanguarda, Trótski, agudíssimo crítico literário, fez leituras mais ricas, como nos ensaios "O futurismo", de 1922, e "O suicídio de Maiakóvski", de 1930, incluídos em *Literatura e revo-*

lução, o mais extraordinário livro sobre literatura que um político jamais escreveu.*

Quando, já exilado no México, nos anos 1930, Trótski assina um manifesto surrealista com André Breton, vindo da França para conhecê-lo, o velho leão está apenas sendo fiel a algumas de suas riquezas da juventude.

A robustez e a saúde de pensamento, Trótski deve ter herdado do pai. Mas a sofisticação intelectual, que sempre o distinguiu entre os bolcheviques e atraiu invejas e ódios surdos, só pode ter vindo da mãe, que era assinante de uma biblioteca de livros de empréstimo e lia em mais de uma língua.

O que importa guardar dos primórdios de Liev Davidovitch é que Trótski teve uma infância e adolescência sem penúria, como, aliás, Lênin, filho de um funcionário público, de alguma graduação na máquina burocrática. Diverso é o caso de Stálin, filho de um pobre sapateiro do Cáucaso, o único dos chefes da Revolução de Outubro a ter origens realmente populares.

Aos sete anos, os pais de Liev Davidovitch o enviaram para uma escola judaico-alemã a quilômetros de distância da fazenda Yanovka. Não se adaptou, e os pais o trouxeram de volta, sem que tivesse chegado a aprender nem o iídiche nem o hebraico das Escrituras. Em compensação, tinha aprendido bem o russo, ele que só falava o ucraniano dos camponeses. Ao voltar, já escrevia bem em russo, e começava a ler avidamente livros na língua oficial.

Pouco depois, pelas mãos de um parente mais velho, de nome Spentzer, vai estudar em Odessa, o maior porto do mar Negro, uma cidade de clima quente, fervilhante, de vida cosmopolita.

Na casa dos Spentzer, Liev iniciou-se numa vida intelectual muito cuidada, música clássica, hábitos polidos, leituras de clássicos russos e europeus em geral (Goethe, Púchkin, Tolstói, Dickens).

O jovem camponês ucraniano transforma-se num judeu urbano de classe média, um europeu culto e educado.

---

* Trótski também se debruçou sobre questões como a família, o trabalho doméstico, a religiosidade, e até as boas maneiras! (*Questões do modo de vida*). (N. A.)

Em Odessa, frequentou uma escola alemã, ligada à Igreja luterana, onde estudou, entre as matérias do currículo, francês e alemão. Nessa escola, a Realschule, parece ter sido aluno excepcionalmente sério, sempre o primeiro da classe.

Já podemos ver aí os germes da vaidade intelectual que sua figura sempre irradiou, a certeza de ser mais inteligente do que os outros, de ver mais longe ou pensar mais fundo, vaidade que só se transformava em modéstia diante da figura superlativamente carismática de Lênin (e isso só depois de muita briga entre os dois...).

Em Odessa, cidade esfuziante de atrações, frequenta a ópera, como os outros estudantes, veste-se com elegância (traço que sempre o distinguiu) e apaixona-se, platonicamente, por cantoras líricas, como um poeta romântico do século XIX.

Aos dezessete anos, o futuro chefe da Revolução de Outubro ainda não ouviu falar de marxismo. E seu talento para a matemática o inclina a sonhar com uma carreira universitária dedicada à matemática pura.

Tais eram seus dons nesse terreno que, consta, eminentes matemáticos lamentariam depois que tamanho talento se perdesse na mediocridade da vida política: que grande talento a matemática estava perdendo...

A atividade política de Trótski, percebe-se já, não vai nascer de uma revolta contra um estado pessoal de carência.

Como em Lênin, outro bem-nascido (como Mao e Fidel), em Trótski, a revolução vai ser uma *paixão intelectual*, uma certeza lógica, uma convicção feita de ferro em brasa. Uma das cruéis ironias da vida: só os bem alimentados podem lutar pelos famintos. Os muito miseráveis nem sequer se revoltam: deixam-se morrer à míngua. É preciso muita proteína para fazer uma revolução.

Mas na Rússia de Alexandre III (1881-94) não é preciso ser um pária para se revoltar. Todos são párias nessa Rússia cada vez mais opressiva, mais mongólica, mais bizantina, onde o czar, contra as reformas do seu predecessor, tentava restabelecer "o total domínio do pai sobre a família, do dono da terra sobre suas propriedades e do monarca sobre toda a Rússia".

Só havia um jeito: alguém tem que matar o Velho Karamázov, o Pai, o Grande Tirano. Qual dos irmãos se habilita? Aliócha? Ivan? Dmitri?

A ala terrorista *naródniki* tentou. Alexandre III escapou do atentado. Dele participou Alexander Uliánov, o irmão mais velho de Lênin. Preso, Alexander Uliánov morreu sob tortura. A vida toda de Lênin foi inspirada pela lembrança deste irmão mártir.

Nessa época, as ideias socialistas, liberais e revolucionárias penetravam em todas as classes sociais, nas elites, inclusive, e sobretudo.

A paixão intelectual, que era o móvel de Liev Davidovitch, logo iria encontrar um alimento mais sólido do que os vazios arquiteturais da matemática pura.

E veio por intermédio de uma mulher.

Aleksandra Sokolovskaia era a jovem filha de uma família de alta classe média, que reunia em sua casa outros idealistas de sua idade, que discutiam coisas como justiça social, a derrubada do czarismo e as ideologias novas que fervilhavam no momento. O pai de Aleksandra era *naródniki*, como muitos do seu círculo. Mas ela já tinha sido tocada pelo marxismo, que vinha sendo propagado na Rússia, clandestinamente, através de folhetos de divulgação, onde se ouvia falar, pela primeira vez, em "materialismo dialético e materialismo histórico", em "luta de classes como motor da história". Sobretudo, pela primeira vez, contra o agrarismo dos *naródniki*, ouvia-se falar que o futuro estava com os operários fabris, a mão de obra técnica do mundo urbano. Aqueles operários magros, sujos de graxa, com um dedo faltando na mão, perdidos numa prensa, olheiras fundas de jornadas de trabalho de doze horas (ou mais), naqueles operários estava o germe da nova humanidade liberta e redimida da opressão.

Não era romântico.

A base de todo o pensamento radical russo, de classe média, era *naródniki*, idealizando uma suposta "pureza" original do camponês, o homem em estado natural, com muitas influências de Rousseau (o *tolstoísmo* é um momento dessa tendência).

No fundo do movimento *naródniki*, estava, mais uma vez e

sempre, Aliócha Karamázov, o monge ortodoxo, o devoto, a velha Rússia dos ícones das igrejas com cúpula em forma de cebola, dos mujiques e dos *kniaz*, uma Rússia atolada na superstição, no conformismo e no passado, como uma carroça na lama da primavera.

O que o marxismo trazia eram ecos de um novo mundo, o mundo das fábricas e das grandes máquinas, o mundo dos operários e das greves, o mundo urbano do salário, não o mundo da safra e da colheita.

Em 1896, uma greve de 30 mil operários industriais paralisou São Petersburgo.

Trótski, a princípio, tomou o partido *naródniki* contra o marxismo, que lhe parecia "frio e desumano", "uma doutrina seca e sem sangue", "uma ideologia boa para lojistas e comerciantes", dizia.

Sua conversão ao marxismo viria a seguir por influência de Shvigóvski, o jardineiro tcheco da família Sokolovski, que mantinha reuniões secretas com jovens a quem expunha o marxismo.

A conversão de Trótski foi fulminante.

Recusou a mesada que o pai lhe pagava, e passou a viver de aulas particulares. Abandonou os confortáveis aposentos que ocupava, e foi viver numa pensão pobre, junto com outros estudantes que, como ele, estavam vivendo a transição ideológica da doutrina *naródniki* para o marxismo.

Esta metamorfose inesperada é típica de Trótski, e apareceria depois em outros momentos de sua vida, tão rica em transformações.

Esse seu modo de ser lhe criará não poucas complicações no futuro. Para os mais lerdos, gente de psiquismo mais estável, a volubilidade das mudanças que marcam a carreira de Liev pareceram, muitas vezes, apenas manifestações de um oportunismo individualista, evidências da sua inconsistência ideológica e política.

Seu oposto era Lênin, uma inteligência mais metódica, mais modesta diante da realidade, praticando transformações gradativas. Mais certeira em relação a resultados. Mas menos ampla em suas ambições.

Trótski sempre se declarou leninista. Duvida-se.

O verdadeiro herdeiro do tipo de inteligência de Lênin é Stálin, cauteloso, calculista, só tomando decisões quando tem certeza da vitória, ou não tem outro jeito (o Pacto Nazi-Soviético e a demora em reagir à invasão alemã são demonstrações disso). É este tipo de inteligência que caracteriza, até hoje, os governantes e altos hierarcas da burocracia soviética. Stálin é pai de um estilo de governar que vem dando certo há décadas.

Mal convertido ao marxismo, Trótski parte para a luta social direta em contato com os trabalhadores. Assim, idealiza e começa a organizar um sindicato dos trabalhadores do sul da Rússia.

Em 1897, já o encontramos conspirando contra o regime, à frente de uma organização proletária composta por eletricistas, serralheiros, marceneiros, costureiros e estudantes, lutando para articular o sindicato dos trabalhadores do sul da Rússia.

Essa tentativa de organização combatente da classe operária tinha tido seu primeiro momento com o "Grupo de Emancipação do Trabalho", em 1885, criado no estrangeiro por Plekhánov, Axelrod e Vera Zassúlitch. Esse grupo conduziu um grande trabalho de difusão da doutrina marxista e publicou o primeiro *Programa dos social-democratas russos*.

Depois disso, "Alianças para a Luta pela Emancipação da Classe Operária" começam a surgir por toda a Rússia, sempre com a mesma composição: intelectuais, pretendendo apoiar-se na força da classe trabalhadora contra o governo czarista, convertendo o movimento operário em instrumento principal de luta.

Surge o Partido dos Socialistas-Revolucionários, em 1905.

As questiúnculas interiores que costumam dividir os partidos dificultavam qualquer unificação dos esforços, que visavam a um objetivo comum: a derrubada do regime e a instauração de uma nova ordem, centrada na força e nas necessidades da classe operária.

Em 1898, nasce o Partido Social-Democrata Operário. Deste partido, descende o Partido Comunista, que tomaria o poder em 1917.

No exterior, seu porta-voz era o jornal *Iskra, A Faísca*, dirigido por Vladimir Ilitch Uliánov, aliás, Lênin, exilado político.

Até vésperas da Revolução de 1917, os entrechoques internos, os reagrupamentos das facções, as cisões e os *rachas* evidenciam a riqueza de vida política que ia pela Rússia.

É assunto muito intrincado acompanhar as divisões e as alianças, os desentendimentos e os acordos súbitos entre esses grupos. Isso, talvez, só tenha um interesse acadêmico para os que amam as minúcias e sabem extrair delas o sólido e o definitivo.

De definitivo, o que havia é que a ideologia *naródniki* estava superada e o marxismo tomava seu lugar.

Ideologicamente, a Revolução de Outubro estava em marcha.

Só faltava uma faísca, em russo, uma *iskra*, nome da revista dos social-democratas, dirigida por Lênin.

a faísca

Nos anos que antecedem a revolução de 1905, Trótski é preso e deportado, pela primeira vez, em decorrência da agitação operária das docas e fábricas de Odessa pela ação do Sindicato dos Trabalhadores do Sul da Rússia e dos estudantes do círculo do subversivo jardineiro tcheco, Shvigóvski.

A pesada mão do pai cai, pela primeira vez, sobre o filho rebelde e rival.

De prisão em prisão, acabou sendo condenado ao exílio e à deportação na remota aldeia de Verkhoiansk, na Sibéria.

Com ele, ia Aleksandra Sokolovskaia, com quem se casara, na prisão, e sua filhinha de dez meses.

Verkhoiansk era uma daquelas milhares de aldeias de deportados, indesejáveis políticos que a astúcia (ou a crueldade) czarista utilizava para colonizar a Sibéria, em vez de enforcá-los.

Com a ausência de estradas e meios de transporte, e invernos rigorosíssimos, muitos graus abaixo de zero, ser mandado para uma dessas aldeias equivalia a uma morte em vida, uma vida vegetativa, sem jornais, sem notícias, sem possibilidades de contato com o mundo exterior, aquele mundo que fervia de acontecimentos em Petersburgo, em Moscou, em Minski, em Odessa, milhares de quilômetros de distância.

No exílio siberiano, não ficou inativo. Muito pelo contrário.

Levou intensa vida intelectual, literária e pedagógica, estudando, lendo e lecionando para os companheiros de desterro.

Logo se torna líder da União Siberiana Social-Democrata, que congregava deportados e trabalhadores da estrada de ferro Transsiberiana (a expressão "social-democrata" designava, na época, os grupos de teor marxista, em contraposição aos *naródniki* e aos social-revolucionários, os *maximalistas*, adeptos do terrorismo, condenado pelos marxistas como método revolucionário).

Foi em Verkhoiansk, no inverno siberiano, que estudou Marx a fundo, pela primeira vez, e sua inteligência matemática compreendeu e assimilou o pleno significado do pensamento marxista.

Escreveu também para pequenos jornais da região. E não apenas sobre política. Era espantosa a amplidão dos seus interesses literários e intelectuais. Produziu ensaios sobre Nietzsche, Zola, Ibsen, Górki, Maupassant, procurando pensar a cultura à luz dos princípios marxistas, numa perspectiva política. Mas Trótski sempre teve uma noção muito clara da autonomia do estético, para cair no sectarismo primário dos que tentam reduzir a obra de arte a um reflexo mecânico da condição de classe do autor. O agudo e aberto crítico dos ensaios enfeixados em *Literatura e revolução* começou a treinar na Sibéria.

Sobretudo, tinha amadurecido seu pensamento sobre questões de prática política. A função e o papel de um partido, na revolução, que sabia iminente. A importância da organização. A disciplina partidária.

Em 1902, o correio clandestino leva até Verkhoiansk o livro *O que fazer?*, de Lênin e uma coleção do jornal *Iskra*, dirigido por Lênin.

Pela primeira vez, as duas grandes inteligências se encontravam.

Sem dúvida, aí já devem ter nascido as diferenças que separaram os dois líderes durante tantos anos de militância comum. Para o individualismo ligeiramente narcisista de Trótski, sempre foi muito difícil engolir a disciplina militar e espartana do "centralismo democrático" de Lênin, eufemismo que designa a hegemonia vertical do Partido sobre as diferenças de pensamento dos indivíduos.

Afinal, Trótski tinha sido sempre o primeiro aluno da classe...

Um dia, ele aceitará esse "centralismo" com o mesmo brusco entusiasmo que sempre caracterizou suas mudanças.

Por todo o Império Russo, milhares de exilados chegavam às mesmas conclusões. Para derrubar a máquina opressora do czarismo, a organização é a única arma. A organização exige disciplina, abnegação, negação de diferenças pessoais, em nome de uma causa e um objetivo comuns. Divisões são nefastas, e só favorecem o inimigo. A unanimidade é uma virtude. Os partidos da classe operária não são foros abertos de discussão teórica e acadêmica. São instrumentos para a libertação da classe trabalhadora, com imensa responsabilidade histórica.

Muitas das características do comunismo russo podem ser explicadas pela vivência clandestina e conspiratória de seus líderes, que viveram os melhores anos de suas vidas fugindo, na cadeia, no degredo, no exílio, desenvolvendo uma mentalidade *mafiosa*, de seita, sempre prontos a ver em cada colega um delator e em cada novo membro um policial infiltrado. Um dia, esse delírio persecutório tomará o poder.

Entre prisões e degredo, Trótski amargou quatro anos e meio. Tinha vinte e três anos quando decidiu tentar a fuga.

Sokolovskaia, sua mulher, agora com duas filhas, compreendeu que ele tinha que escapar sozinho, e assumiu todas as responsabilidades pela sobrevivência das meninas.

A fuga, bem-sucedida, teve lances de filmes de capa e espada.

Trótski foge de Verkhoiansk, oculto numa carroça de feno. Protegido por amigos, que lhe dão roupas decentes, apanha o trem siberiano em direção ao ocidente. Entra em contato com grupos ligados ao *Iskra* e a Lênin. Sempre clandestino, frequenta círculos revolucionários de Kharkov e Kiev, na Rússia ocidental, e se escandaliza ao ver que recusam qualquer organização central.

De repente, recebe uma mensagem urgente de Lênin, vinda da Inglaterra, onde o líder estava exilado e editava o *Iskra*.

A mensagem dizia apenas: VENHA.

Com recursos das organizações clandestinas, Trótski vem para a Europa Ocidental, para os países industrializados onde Marx predizia que a revolução socialista ia nascer, borboleta que ia brotar da crisálida do capitalismo.

Em 1902, Trótski bate à porta de Lênin, em Londres.

O futuro chefe da revolução mora num quartinho modesto com sua mulher, Nadejda Krupskaia, disfarçado sob o nome de Richter.

O encontro parece ter transcorrido num clima de intensa cordialidade, alimentada pela solidariedade revolucionária.

Trótski, sempre bem-falante, passa para Lênin o que sabia do movimento revolucionário na Rússia, o estado de espírito das massas, o estágio de organização dos partidos e grupos, a correlação de forças.

Nos dias que se seguiram, os dois futuros chefes da Revolução de Outubro estreitam relações, passeiam juntos, nesta Londres que, um dia, abrigou Karl Marx. Não é preciso imaginar muito afeto entre eles. Afinal, eram pessoas muito diferentes. E Lênin recebia qualquer compatriota do movimento revolucionário com a mesma ansiedade curiosa com que, no estrangeiro, se recebe um conterrâneo. Antes de Outubro, muitas brigas os separariam, brigas russas, apaixonadas, com insultos de parte a parte.

Em Londres, as acanhadas acomodações de Lênin e Krupskaia eram ponto de encontro de conspirações políticas e — sobretudo — a redação do jornal *Iskra*, que reunia em seu corpo de redatores a fina flor da subversão russa, no exílio: Vera Zassúlitch, Axelrod, Plekhánov, veteranos revolucionários, este último o introdutor do marxismo na Rússia. E os mais jovens, Lênin e Martov.

Graças ao seu vigor de pensamento e brilho estilístico, características que nunca o abandonaram, Trótski foi prontamente aceito no ninho de cobras que era a redação do *Iskra*. As inevitáveis diferenças logo começaram a vir à tona, naquele ambiente sufocante, obcecado pela ideia de conspiração.

O velho Plekhánov teve por ele, desde o primeiro encontro, uma profunda aversão, que se transformou em sistemática má vontade. Logo Plekhánov estava entrando em oposição ao próprio Lênin, de certa forma, seu discípulo. Em breve, era Lênin que começaria a se desentender com Martov. Não demorou para que Lênin e o recém-chegado Trótski começassem a se estranhar, em termos de tática política, prioridades, pauta de jornal.

Vistas assim, de fora e de longe, essas brigas internas parecem mero subproduto do nervosismo conspiratório de um grupo reunido no estrangeiro, vendo polícia por toda parte, pronto para fugir, portando documentos falsos, um clima febril de criminosos com a cabeça a prêmio. Seja como for, foi nas disputas na redação do *Iskra* que as futuras lideranças e tendências da Revolução de Outubro se definiram. Foi aí que se afirmaram com nitidez a inflexível vontade de revolução e o carisma de liderança de Lênin, para não dizer seu perfil despótico e centralizador, aos olhos de um burguês ocidental, banhado nas liberais águas da Revolução Francesa.

Em 1903, reuniu-se, em Bruxelas, na Bélgica, o segundo congresso do Partido Social-Democrata russo.

Nesse congresso, as diferenças de concepção tática fragmentaram por anos o movimento revolucionário marxista russo. Não havia a menor dúvida de que todos queriam a mesma coisa: a queda do czarismo e a ascensão ao poder da classe trabalhadora. Mas os métodos preconizados para conseguir isso eram muito diferentes, como diferentes eram as inteligências entre os revolucionários russos.

Foi aí que os marxistas russos se dividiram em bolcheviques e mencheviques.

Essa divisão, que, depois, teria consequências tão graves, teve sua origem numa questiúncula interna sobre a composição do quadro de redatores do *Iskra*. Nessa disputa, fez-se uma eleição interna e a proposta de Lênin ganhou por dois votos.

Isso fez dele um bolchevique, em russo, *da maioria*. Os outros, entre os quais Trótski, ficaram sendo os mencheviques, *da minoria*.

Essa distinção logo adquiriria tonalidades políticas mais amplas, e viria a demonstrar duas maneiras distintas de conceber a questão da revolução, da relação entre as classes e do tipo de socialismo que viria a seguir.

A ala bolchevique, projeção do pensamento de Lênin, sempre tendeu para uma espécie de divinização do Partido e da máquina partidária, fonte direta do monopartidarismo, hoje, dos países do chamado *socialismo real*.

Em função da tarefa histórica imediata, a derrubada do czarismo, a concepção leninista de partido era perfeita, do ponto de vista militar. Só um partido unanimemente coeso nos objetivos, estratégias e táticas estaria em condições de fazer frente a um império secular, rico, poderoso, organizadíssimo. Contra Gengis Khan, só outro Gengis Khan.

A semente dessa concepção política foi a redação do *Iskra*, aquele insignificante jornaleco russo, editado na Inglaterra, e distribuído na Rússia, com técnicas de traficantes de drogas.

À independência de pensamento de Trótski (e a força de um pensamento está em sua independência), a visão leninista de partido só poderia repugnar. Trótski ficou com os velhos redatores do *Iskra*, Zassúlitch e Axelrod, contra Lênin, que acabava de dar uma espécie de golpe de Estado na redação do periódico, afastando os mais velhos, seus mestres até ontem.

Não era apenas a concepção do partido único, monopolizador da verdade ideológica, cérebro da classe trabalhadora, superior ao Exército, à intelligentsia e à própria sociedade civil, que estava em jogo.

As diferenças entre bolcheviques (leninistas) e mencheviques também se acentuavam na ênfase e no papel dados a cada classe social na revolução e na nova sociedade, que se avizinhavam.

Nisso, Lênin e os bolcheviques eram radicais. A revolução seria feita com e em nome da classe trabalhadora. Todos os demais estratos da sociedade, alta burguesia, Forças Armadas, pequena burguesia, intelectuais, todos os estratos altos e médios da sociedade eram pura e simplesmente o inimigo. Existia nessa concepção uma espécie de crença na sublimidade da condição operária. Como se o fato de alguém ser operário ou camponês o tornasse, automaticamente, mais puro, mais verdadeiro, mais real. Nem é impossível ver aí alguns ecos *naródniki*, o populismo *naródniki*, que era voltado para o camponês, traduzido para um populismo obreirista, urbano e industrial. "Bem-aventurados os pobres porque deles é o Reino..." E alguém, um dia, diria: "a verdade é a verdade dos oprimidos" (Rosa Luxemburgo? Simone Weil? Walter Benjamin? Sartre?).

Os mencheviques (Martov, Trótski) eram mais flexíveis, mais plurais, admitindo um certo papel às classes médias e à pequena burguesia no processo revolucionário.

Como em tantas outras vezes, Lênin e Trótski estavam ambos certos, cada um em seu elemento, Lênin no varejo, Trótski no atacado.

Foi a pureza bolchevique que ganhou a Revolução e implantou o socialismo. Mas a destruição sistemática das classes médias (cientistas, técnicos, militares) quase custou à Rússia uma derrota diante de Hitler, que teria significado a extirpação violenta do comunismo e a transformação da Rússia numa nação escrava do Terceiro Reich.

Martov e Trótski eram judeus, gente urbana por excelência, especializada no setor terciário, comerciantes, financistas, cosmopolitas.

A pureza obreirista bolchevique devia lhes parecer ao paladar alguma coisa muito russa, muito agrária, muito *naródniki*, muito Tolstói.

Mas o problema vital era a questão do Partido, a célula-mãe da Revolução.

Perfeitamente cônscio da necessidade de um partido forte e centralizado, Trótski se debateu, durante anos, com a ideia de um partido único, cérebro central de todos os movimentos, senhor das armas e da ortodoxia ideológica. Liev sempre foi muito vaidoso de sua inteligência. Na militância revolucionária, sempre buscou satisfações do "ego". A ideia de um partido, um bando de funcionários, ditando, *ex urbe et ex orbe*, o que é certo e o que é errado, sem direito à apelação, devia lhe parecer uma monstruosidade, um escravagismo mental, indigno das plenitudes que a utopia de Marx prometia.

Já nesse momento, Trótski, com impressionante clarividência, profetizava que, num partido assim concebido e estruturado, já estavam os germes da futura divisão de classes nas tecnoburocracias das ditas "repúblicas populares".

"[...] a organização do Partido coloca-se, a princípio, no lugar do Partido como um todo; em seguida, o Comitê Central coloca-se no lugar da organização; por fim, um único ditador coloca-se no lugar do Comitê Central." O sonho da democracia proletária dá lugar ao pesadelo do despotismo asiático, que Stálin, herdeiro das estreitezas, não das grandezas de Lênin, realizaria com a energia de um Gengis Khan ou de um Ivan, o Terrível.

E foi Trótski quem fez o primeiro alerta contra o *substituísmo* (a expressão foi cunhada por ele), a que a visão de partido de Lênin conduzia: o Partido assumindo o papel do proletariado, falando em nome dele sem consultá-lo, sabendo, melhor que ele, "o que é melhor para ele".

Anos depois, às vésperas da Revolução, Trótski, convertido ao bolchevismo, dobrado diante da irresistível liderança de Lênin, viraria um verdadeiro fanático das virtudes do partido único. Sempre foram típicas de Liev essas mudanças súbitas, de um extremo para outro: essa sua volubilidade o tornaria presa fácil nas mãos de um Stálin, cuja bovina inteligência era metódica e sistemática, obsessiva, unidirecional.

A maior exaltação do Partido, assim, a devemos a Trótski, não a Lênin.

Em 1923, no poder, Trótski, defendendo, para o Partido, o monopólio da verdade ideológica, chega a formular uma tese absurda: "o Partido nunca pode estar errado, ele é o único instrumento histórico de que dispõe o proletariado para resolver seu problema de classe; se ele estiver errado, a causa está errada...".

Em troca Lênin aceitaria a tese trotskista do internacionalismo e da revolução permanente: a Rússia, o "elo mais fraco" na corrente do capitalismo, seria, apenas, a deflagradora da revolução proletária, que, pela lógica de Marx, deveria ter começado na Inglaterra, na França e na Alemanha (onde *quase* deu certo).

As profundas diferenças entre os líderes comunistas de Outubro sobre questões que, hoje, nos parecem mero detalhe devem-se ao fato de a Revolução Russa ter sido conduzida por uma elite de líderes, intelectualmente excepcional, teórica e filosoficamente o mais extraordinário grupo de revolucionários que jamais tomou o poder.

Lênin, Trótski, Lunatcharski, Pokróvski, Kamenev, Zinóviev, Kollontai, Bukhárin, Rádek, Stálin... não foram apenas políticos, revolucionários e administradores. Eram intelectuais, gente ideologicamente muito bem equipada, com alta capacidade de formulação teórica.

A forma da Revolução Russa, quem a deu foi a intelligentsia, o triunfo de Ivan Karamázov...
Muita faísca ia saltar entre Lênin e Trótski, antes de 1917.

Senhores russos da época de Ivan, o Terrível, ainda vestidos e armados à maneira tártara.
Gravura do século XVI.

ensaio geral

Principalmente quando perdidas, as guerras têm o dom de atrair revoluções. Derrotadas no confronto com o inimigo externo, as forças do Estado se enfraquecem o suficiente para que seus opositores internos tomem o poder.

Não foi diferente com a Revolução Russa.

A Revolução de Outubro, também chamada Revolução Bolchevique, teve parto difícil.

Apesar da falência do arcaico czarismo e do descontentamento da maioria das classes sociais russas, foram necessárias duas guerras e duas revoluções preparatórias para que ela acontecesse.

A primeira dessas guerras foi a Russo-Japonesa, e sua consequência, a revolução de 1905.

No início deste século, russos e japoneses disputavam a posse da Manchúria e da Coreia, no litoral do Pacífico, no Extremo Oriente, extremo limite oriental do gigantesco Império Russo.

O Japão era uma potência emergente, recém-industrializada, e ávida por mercados e poder político na região.

Quando os japoneses, de surpresa, atacaram a poderosa frota russa fundeada nas costas da China, o ataque foi interpretado como um gesto insano de um pequeno país contra o império tão vasto e tão abundante de recursos.

Para surpresa geral, a Rússia foi fragorosamente derrotada, perdendo milhares de homens e toda a força que tinha no Extremo Oriente.

Na Rússia europeia e suas principais cidades, a derrota teve como efeito imediato a chamada revolução de 1905, uma revolução "democrático-burguesa", o "ensaio geral" para a Revolução de 1917, no dizer de Lênin.

O império dos czares era uma efervescência só, inquietação social, greves, confrontos diretos entre trabalhadores e as forças do governo, atentados terroristas contra as autoridades, unindo numa só direção subversiva o movimento operário, o movimento camponês e o movimento da intelectualidade pequeno-burguesa, esta cada vez mais imbuída de ideias e princípios marxistas.

Estava para acontecer aquilo que Marx não poderia prever: a revolução socialista, que ele esperava acontecesse nos países mais adiantados (Inglaterra, França, Alemanha), ia acontecer num dos países industrialmente mais atrasados da Europa, no império dos Romanov, mundo de camponeses, *kulaks* e mujiques, onde o capitalismo industrial (e a classe operária) tinha sido introduzido "de fora" e dependia em tudo de capitais, investimentos e tecnologia estrangeira.

A revolução de 1905, que dura até 1907, tem a configuração confusa das revoluções que não deram certo.

Foi uma espécie de abalo sísmico, sem centro, vindo de todas as classes sociais da Rússia.

Em pleno século xx, a autocracia czarista constituía um anacronismo gritante, um país que se industrializava sob uma monarquia absoluta, de direito divino, sem Constituição, sem Parlamento nem Poder Legislativo independente.

A rebelião generalizada que tomou conta da Rússia, depois da derrota diante dos japoneses, em Port-Arthur, em dezembro de 1904, queria apenas atualizar as instituições políticas, com a introdução de uma Assembleia Legislativa autônoma, a Duma, palavra que, em russo, quer dizer tanto *pensamento* quanto *assembleia*.

Claro que o absolutismo czarista não estava disposto a ceder um palmo dos seus poderes. Nicolau ii, o último dos czares, fuzilado pelos bolcheviques em 1917, era um cretino e um irresponsável, tão incapaz quanto Luís xvi, decapitado na Revolução Francesa.

Sua estupidez evidenciou-se no evento que deflagra 1905, o chamado "Domingo Vermelho", ou "Sangrento".

Em janeiro de 1905, 150 mil operários de Petrogrado, mulheres e filhos se dirigiram ao Palácio de Inverno do czar levando uma petição para o "papaizinho czar", como o povo o chamava.

Conduzida por um padre ortodoxo, Gapon, a multidão portava imagens de santos, cruzes e grandes retratos do czar e de membros da família imperial.

Mas não conseguiu chegar ao seu destino. Nas proximidades do palácio, a guarda do czar, obedecendo a ordens superiores, abriu fogo contra a multidão, produzindo centenas de mortos e outras centenas de feridos.

Karamázov, o pai castrador, tem que ser morto.

A notícia desse massacre repercutiu em toda a classe operária do Império Russo: uma greve geral explodiu em Moscou, em Varsóvia, na Polônia, e em Tíflis, capital da Geórgia, no Cáucaso. Ao todo, entraram em greve mais de 800 mil operários.

No campo, milhares de camponeses se insurgem contra seus senhores, queimando, saqueando e destruindo as mansões dos ricos proprietários.

Em outubro de 1905, os bolcheviques de Moscou deflagram uma greve política que paralisou 2 milhões de operários.

A inquietação atinge as Forças Armadas, braço forte do regime. A marinheiragem de um poderoso vaso de guerra russo, o encouraçado Potemkin, se amotina, mata os oficiais e circula vitoriosa pelos portos do mar Negro.

As novas ideias se espalham, o futuro é incerto, todas as classes conspiram.

A desordem toma conta do país. Mas ainda era apenas a desordem. Ainda não era a Revolução.

Pressionado de todos os lados, o czar cede e convoca duas Dumas, que dissolverá em seguida, assim que a pressão da sociedade começa a esmorecer e a perder força e coesão. "A revolução não é vocação natural dos povos", diria depois Trótski...

Com a derrota da revolução de 1905, o absolutismo czarista se cristaliza e se fossiliza ainda mais em seu centralismo vertical. O aparato policial, a teia de delações, a canina vigilância das autoridades estrangulam ainda mais o povo russo. O campo é pacificado, por via militar.

De dentro, não havia salvação. A salvação tinha que vir de fora. Do mesmo lugar donde vinha a consciência. Para o povo russo e para a classe operária.

Só a Primeira Guerra Mundial (1914-8) conseguiria quebrar a máquina do czarismo.

Mas, no interior da derrotada revolução, quase que imperceptivelmente, tinha nascido, espontaneamente, uma instituição que viria a desempenhar papel central na revolução seguinte, a vitoriosa de 1917. Eram os sovietes, assembleias de operários, camponeses e soldados, os humilhados e ofendidos da Rússia, uma forma primária e original de democracia popular, nascida sem interferência das elites revolucionárias da intelligentsia. Uma democracia de baixo para cima, trabalhadores votando livremente em seus representantes, acatando suas deliberações, acompanhando suas diretrizes.

Nos sovietes, os operários russos inventaram a democracia, que a elite não tinha conseguido.

A elite revolucionária foi apanhada de surpresa. Isso não estava nos planos. Num primeiro momento, sempre zeloso da unidade de esforços e do papel condutor do Partido, Lênin condenou os sovietes, a democracia *soviética*. Certamente, os sovietes lhe pareciam forças desagregadoras, dispersivas, centrífugas. O bom andamento da revolução, agora, teria que contar com a laboriosa orquestração de centenas de assembleias de trabalhadores, broncos, primários, teoricamente desequipados, comparados com os brilhantes quadros de marxistas bolcheviques e mencheviques.

Nessas alturas, nem Lênin nem Trótski ainda concebiam a ideia de uma revolução e de um Estado totalmente baseado na classe trabalhadora, operários e camponeses. Diante da fraqueza da classe trabalhadora, alguma espécie de coalizão com a pequena burguesia e os estratos semiproletários seria inevitável, para o êxito da Revolução.

O atraso histórico da Rússia justificava a dúvida: revolução burguesa ou proletária? E qual seria a parte que caberia ao proletariado, na nova sociedade? Logo bolcheviques e mencheviques estariam lutando para responder a questões bem mais prementes.

Em fevereiro de 1905, um mês depois do "Domingo Sangrento", Trótski chega a Kiev, capital da Ucrânia, no ocidente da Rússia. Vem clandestino, com nome e documentos falsos. A polícia prende sua mulher, Natália Sedova, durante uma manifestação de Primeiro de Maio. Polícia nos calcanhares, Trótski foge para a Finlândia, que fazia parte do Império Russo. Em outubro de 1905, recebe notícias: uma enorme greve geral tinha estourado em Petrogrado. Imediatamente, faz as malas, e parte em direção à grande paixão de sua vida, a greve, a agitação, o conflito, a tempestade de homens que se chama revolução.

No próprio dia de sua chegada da Finlândia, irrompe no soviete de Petrogrado, identifica-se, é reconhecido pelos que conheciam seus escritos, artigos de jornal e peripécias, discursa, organiza, conspira. Logo, adquire grande força no interior dessa assembleia proletária, de quem recebe toda a energia do povo rebelado e a quem devolve a inspiração em entusiasmo, dedicação e lucidez. Afinal, a intelligentsia revolucionária não poderia deixar as massas sozinhas, entregues a suas tendências centrífugas e ao imediatismo dos seus objetivos...

Depois de cinquenta dias de agitação, as tropas do czar invadem o recinto das reuniões, e dão por encerrado o primeiro soviete da história, levando presos todos os seus líderes, Trótski inclusive.

Mas a constituição de uma assembleia de representantes dos trabalhadores nada tinha de ilegal. De dentro da prisão, Trótski e outros líderes preparavam uma justificativa legal para a acusação de que armavam um golpe, uma *insurreição armada*. Como sempre fez nessas ocasiões, Liev desenvolveu, na prisão, uma intensa produção de textos teóricos, reflexões históricas, ensaios econômico-políticos, aprofundando e amadurecendo sua compreensão do processo histórico russo, europeu e mundial, articulando as causas remotas com os efeitos imediatos. Todo esse trabalho realizou sem bibliotecas, longe de qualquer convívio acadêmico, sozinho, falando com a Humanidade.

Os líderes da Revolução de Outubro passaram longos anos de suas vidas na prisão, no exílio, no degredo. Anos sem vida sentimental ou sexual, sem convívio social, sem fonte de renda fixa, sem família, anos sem paz, anos com medo, com raiva, alimentados apenas pela certeza de que lutavam por um mundo melhor.

Se o conceito de *santidade*, significando autoentrega idealista a uma causa maior, ainda faz algum sentido, bem que poderíamos aplicá-lo a esses "santos da Revolução", heróis dedicados à mais difícil das tarefas, a transformação radical do ordenamento sociopolítico-econômico de uma sociedade.

Os santos, claro, são cruéis. Suas virtudes nos colocam em xeque, eles estabelecem os limites, os recordes, os máximos do viver humano. A integridade do seu sacrifício zomba de nossa mediania.

Preso esteve Trótski, mas não inativo.

Prometia ser tumultuado o julgamento dos chefes do soviete de Petrogrado. Muitas greves de vulto tinham protestado contra sua prisão.

Tão brilhante falando, quanto escrevendo, Trótski atuou como advogado da assembleia, durante o julgamento. Sua defesa procurou contestar a acusação mais grave: a de preparação de uma insurreição armada. Em novembro, saiu o veredicto. O soviete era absolvido da acusação principal. Quanto a Trótski e outros líderes, exílio perpétuo na Sibéria, e perda de todos os direitos civis. Era na cabeça que o czarismo queria ferir o movimento.

Trótski e os companheiros foram remetidos, depois de quase um mês de viagem por trem, até a colônia penal de Obdorsk, perto do rio Ob, a mil e seiscentos quilômetros de qualquer ferrovia ou posto telegráfico.

Mais uma vez, Trótski foge, desta vez, antes de chegar ao destino.

Acobertado por simpatizantes, faz a viagem de volta para Petrogrado, através de rios gelados e tempestades de neve.

No caminho, mentindo seu nome e ocupação, passou por todas as barreiras e obstáculos. O perigo estava em Petrogrado, onde todos os policiais o conheciam. Foi para lá que se dirigiu, mandando um telegrama para Natália, assim que chegou, o cúmulo da imprudência que podia cometer.

Reprimido o "ensaio geral", em 1907, o despotismo czarista requintou a repressão, que imperou, soberana, até o fatídico ano de 1914, início da Guerra Mundial.

Foram anos de relativa calmaria e de refluxo no movimento revolucionário, extenuado e desiludido diante da resistência do império dos czares e suas instituições medievais.

Lógico que bolcheviques, mencheviques e outros agrupamentos revolucionários não ficaram parados. Mas seus movimentos foram mais de ordem interna, acomodações teóricas, conflitos intergrupais, lutas de facções e outros acidentes próprios da subversidade clandestina.

Trótski, sempre muito brigão e polêmico, manteve intensa atividade teórica e reflexiva, procurando, sobretudo, "pensar 1905", os porquês da derrota. Chegou mesmo a declarar: "durante os anos de reação, a maior parte do meu trabalho consistiu em interpretar a revolução de 1905, e preparar o caminho para a revolução seguinte, através da análise teórica".

Mal chegado da fuga da Sibéria, parte para a Finlândia, onde se encontra com Lênin e Martov, que o recebem efusivamente, admirados com sua peripécia mais recente. Logo depois já está em Londres, presente numa reunião do Partido.

É de pasmar o dinamismo e a determinação de alguém que, em menos de um ano, vai do interior da Sibéria até a Inglaterra, numa época em que as viagens se faziam só por terra e mar, trens, carruagens, navios, consumindo dias, semanas e meses. Trótski está com vinte e oito anos, em seu pleno vigor de camponês ucraniano.

O congresso em Londres aprofunda as diferenças entre bolcheviques e mencheviques. Entre Lênin e Trótski. Não que Trótski fosse um menchevique, pura e simplesmente. Os anos de 1907 até 1914 o veem nas brigas de foice internas, ora votando com uns, ora com outros. Nesse congresso, estava presente Rosa Luxemburgo, que concordou com as posições de Trótski. E estava também um obscuro bolchevique do Cáucaso, um georgiano, Ióssif Djugachvili, depois conhecido pela alcunha de Stálin.

Absorto em suas disputas com a inteligência de Lênin, a única que reconhecia como igual à sua, Trótski parece não ter prestado muita atenção no obscuro caucasiano, um "bárbaro" do interior, que, provavelmente, nem falava russo direito. Jamais poderia imaginar que, um dia, aquele caucasiano iria derrotá-lo, expulsá

-lo do Partido, exilá-lo, persegui-lo pelo mundo afora, até matá-lo, no México.

Depois do congresso, onde a apaixonada tagarelice dos russos esgotou todos os assuntos relativos à Revolução, Trótski foi para Berlim, e daí para Viena, na Áustria, onde viveu anos, até o começo da Primeira Grande Guerra. Lá, parece que viveu tempos de relativa paz e calmaria, com a mulher Natália, e os filhos, Liova e Serioja, escrevendo intensamente para a imprensa socialista europeia, em russo, em alemão, em francês, em inglês, com a facilidade poliglótica de todo bom judeu errante.

Nesses anos, ia frequentemente a Paris, Londres ou Munique, e acompanhava a rica efervescência artística da época.

Em Viena, uma das capitais mais cultas da Europa, mergulhou na ebulição intelectual e artística da cidade, envolvendo-se com gosto em sua atmosfera cosmopolita, multilíngue e ligeiramente decadente.

Nos conciliábulos socialistas da Áustria, compareceu várias vezes como representante do socialismo russo.

Mas, na Europa centro-ocidental, conviveu muito tempo com ideias da "social-democracia", esta fórmula conciliatória entre o capital e o trabalho, última fronteira entre o socialismo e o capitalismo.

Em 1908, em Viena, começa a dirigir aquele pequeno jornal chamado *Pravda* (em russo, *verdade*), órgão de mencheviques ucranianos.

Era mais um jornal subversivo russo, editado no estrangeiro, que seria levado para a Rússia e nela distribuído por perigosas vias clandestinas. Mas o *Pravda* vienense de Trótski foi mais um motivo de discórdia com Lênin e os bolcheviques, naquelas questiúnculas incompreensíveis, que faziam a vida dos círculos russos subversivos, espalhados pelas capitais europeias.

Na equipe de redação do jornal, Trótski conheceu Adolf Yoffe, jovem intelectual, neurótico, que tinha sido paciente de Adler, discípulo de Freud. Através dele, Trótski descobriu Freud, cujas teorias chegou a defender, argumentando que nada tinham de antagônico com o materialismo marxista.

Anos depois, na Rússia, em 1927, Yoffe se suicida, em protesto contra a expulsão de Trótski do Partido Comunista.

O *Pravda* vienense foi palco de luta contínua entre Lênin e Trótski, entre bolcheviques e mencheviques, embate cheio de marchas e contramarchas, impasses e rupturas, em que o pensamento revolucionário russo afinou armas e instrumentos.

As discordâncias e conflitos entre dois grupos, terminou-as Lênin, abruptamente, em 1912, num congresso em Praga, quando declarou que o Partido era a facção bolchevique.

Trótski ficou furioso com a atitude.

E mais furioso ainda quando os bolcheviques, na Rússia, começaram a editar um jornal também chamado *Pravda*, para captar o público que o *Pravda* vienense já tinha angariado.

O diretor do *Pravda* russo, plágio do vienense, era aquele mesmo obscuro georgiano, Ióssif Djugachvili, hoje Stálin.

O roubo do nome deu margem a uma breve briga verbal entre Trótski e o georgiano, origem de uma futura inimizade implacável.

Na Rússia, o movimento clandestino e subversivo começa a recobrar forças.

Essa volta à vida das ideias revolucionárias é marcada pelo surgimento e entrechoque desses jornais e periódicos de curta duração, onde a discussão é áspera e, à maneira russa, os insultos substituem, muitas vezes, a argumentação.

Eram brigas internas, entreveros entre pessoas que, no fundo, queriam a mesma coisa: a queda do czarismo e a instauração de uma sociedade socialista, sob a égide do poder proletário. Esse, o ideário mínimo.

As personalidades, porém, eram diferentes, as táticas divergiam, as alianças se faziam e se desfaziam com a velocidade do filme da história, que, a essas alturas, deixava de andar de trem para voar de avião.

Mas não se pense que eram apenas questiúnculas internas de uma seita de lunáticos. Foi nos conflitos internos, disputando os poderes na redação desses jornais (no fundo, toscos boletins, cheios de palavras de ordem) que os futuros líderes da Revolução testaram armas, afinaram seus instrumentos, aclararam posições, no atrito com as posturas dos outros.

Esse jornalismo subversivo e clandestino treinou a mais brilhante geração de governantes e políticos que o mundo já vira.

Não era apenas um tiroteio de artilharia verbal. As futuras diretrizes da Revolução e da construção do socialismo na URSS já estavam ali se configurando. O duro centralismo de Lênin, intransigentemente proletário na base, aristocrático na cúpula ("a consciência vem de fora"...). As hesitações de Trótski, o sempre ex-menchevique, judeu, mais europeu, menos mongol, o homem das sutilezas, infelizmente, sempre superior ao curso da história... Gengis Khan, a Ásia, acabaria vencendo: no bate-bola diário da política, Trótski não era páreo para o georgiano Ióssif Stálin, que viria a transformar o pensamento e a prática viva de Lênin nesse academicismo ideológico, que é o chamado "marxismo-leninismo".

Mas naqueles remotos tempos ninguém poderia imaginar o que viria.

Os subversivos russos brigavam entre si, no estrangeiro, vivendo vida de ratos de esgoto, fugindo de todas as polícias, que os perseguiam como inimigos do gênero humano.

Dessas microbatalhas fratricidas, veio acordá-los a Catástrofe.

a grande guerra

Tecnológica, portanto, militarmente, a Rússia de Nicolau II não tinha a menor condição para enfrentar os chamados Impérios Centrais, a Alemanha prussiana do kaiser e o Império Austro-Húngaro.

Mas a guerra veio, a partir de um incidente isolado, o assassinato do arqueduque Francisco Ferdinando, herdeiro do trono do Império Austro-Húngaro, por um jovem terrorista sérvio (iugoslavo), na cidade sérvia de Sarajevo (28 de junho de 1914).

Foi em 1914 que acabou o século XIX e começou o XX.

Desde o fim das guerras napoleônicas, em Waterloo (1815), a Europa conhecera um raríssimo século praticamente sem guerras de grande monta. De 1815 a 1914, a Europa, sempre teatro de guerras contínuas, desfrutara de um século de paz, excetuados conflitos localizados ou periféricos: a luta pela unificação da Itália, conflitos nos Bálcãs entre turcos, búlgaros e sérvios, ou a guerra franco-prussiana (1870-1), confrontação de exércitos, com poucos danos à população civil.

Nesse século, a burguesia europeia pôde consolidar seu poder. A ciência e a técnica se desenvolveram extraordinariamente. As instituições burguesas, nascidas da Revolução Francesa, pareciam ser o próprio sinônimo de civilização. A classe operária, filha da Revolução Industrial, aos trancos e barrancos, descobria seus canais de luta, conquistava espaços, assegurava direitos, alargava sua humanidade e seu acesso aos bens da civilização. E o imperialismo colonialista ia bem, obrigado, na África e na Ásia.

A guerra de 1914 caiu como uma bomba nesse Shangri-lá.

Não é de simples leitura o espectro das causas da Primeira Guerra Mundial. Aí entra, sobretudo, a disputa de mercados pela indústria inglesa, mais antiga, e a emergente indústria alemã. Os conflitos do capital internacional e os problemas das minorias nacionais oprimidas pelos grandes impérios. O espírito de revanche da França contra a Alemanha, que a derrotara em 1871.

No fundo, uma guerra de imperialismos, de expansionismos antagônicos, de rivalidades comerciais e conflitos de fronteiras.

Mas o que levou a Primeira Guerra a suas dimensões mundiais foi o complexo e delicado sistema de alianças em que se equilibrava o chamado Equilíbrio Europeu.

Na Primeira Grande Guerra, defrontaram-se, de um lado, a Tríplice Entente, Inglaterra, França e Rússia, do outro, a Tríplice Aliança, entre os Impérios Centrais, a Alemanha e o Império Austro-Húngaro.

A Itália lutou ao lado da Entente. Assim como o Japão, a primeira nação asiática a entrar numa guerra que era essencialmente europeia.

E, por fim, os Estados Unidos da América: pela primeira vez, uma nação da América declarava guerra e mandava exércitos para lutar em solo europeu.

Esta guerra não era mais como as outras, um conflito entre uma nação e outra, a partir de alguma diferença localizada.

Era uma conflagração geral, o Armagedom, a batalha que antecede o Apocalipse.

Para a Europa, foi o Apocalipse, a perda definitiva do seu peso político e militar, a hegemonia dos Estados Unidos, a ascensão da União Soviética. Hitler e o nazismo seriam, logo depois, o último gesto (suicida) de um país europeu para recuperar os poderios de outrora.

Na próxima Guerra Mundial, americanos e soviéticos dividiriam entre si a Europa, como um bolo de aniversário.

A Grande Guerra começou quando a Rússia declara guerra ao Império Austro-Húngaro (29 de julho de 1914), em decorrência da invasão da Sérvia (Iugoslávia) pelos austríacos. Os sérvios eram eslavos, como os russos, que sempre aspiraram a um papel de protetores dos eslavos, sonhando com um *pan-eslavismo*, fusão de todos os povos dessa origem (polacos, tchecos, eslovenos, sérvios, croatas, búlgaros, ucranianos), sob a direção russa (sonho que o comunismo viria a realizar).

Por força das alianças e tratados, a mobilização russa e austríaca arrastou consigo o resto da Europa (França, Inglaterra, Itália), numa carnificina que durou quatro anos, de 1914 a 1918.

Contra a Alemanha, do kaiser Guilherme II, e o Império Austro-Húngaro, de Francisco José, a Rússia de Nicolau II foi um fracasso militar completo. Apesar dos imensos efetivos de suas tropas, desde os primeiros combates, os exércitos de Nicolau II sentiram na carne que não eram páreo para os exércitos tecnologicamente mais bem equipados do Ocidente, dos Impérios Centrais, conduzidos pelo talento excepcional de generais como Hindenburg e Ludendorff.

"A consciência vinha de fora", falando a voz dos canhões.

A guerra faria, em três anos, o que os milhares de pregadores e agitadores bolcheviques não conseguiriam nem em um século. O recrutamento de enormes contingentes de camponeses russos para servir de bucha de canhão nos ensanguentados pantanais da Galícia polonesa despertou nessa gente apática e conformista (os Aliócha...) uma brusca consciência política.

Para os camponeses russos, a guerra foi a cidade, o contato com ideias novas, propostas de uma nova vida, a consciência de seus direitos e a coragem de lutar por eles.

Convocando centenas de milhares de jovens camponeses, o czarismo acabava de praticar sua contradição, uma contradição fatal.

Sob a forma de contingentes armados, o campo russo vomitava sobre as cidades seus problemas, sua queixa primordial, sua vontade de poder.

A Revolução de 1917 foi uma revolução de operários, camponeses e soldados. Foi desta Revolução que se apossou a elite intelectual e política que os bolcheviques representavam, um quadro de militantes e teóricos, perfeitamente coordenados em suas ideias centrais.

O Partido de Lênin daria às convulsões da massa insurreta uma forma, um destino, um sentido duradouro.

Que seria das convulsões libertárias da massa russa, sem as diretrizes políticas e ideológicas de um partido, como o de Lênin? Certamente, derrubaria o czarismo, que já caía de podre. E, provavelmente, acabaria entregando o poder à burguesia, mais culta, mais preparada administrativamente, a única classe capaz de preencher os quadros de governo de uma nação complexa, com compromissos internacionais, problemas imensos que exigiam alta competência. Os operários das fábricas e os camponeses em armas não tinham condições de fornecer esses quadros.

Entregar o poder à burguesia? Pois foi isso o que a massa russa fez, em fevereiro de 1917, no primeiro round da Revolução.

No início desse ano, começaram a circular notícias sobre graves agitações na Rússia, ainda resistindo, mas já derrotada. Nesse momento, Trótski encontrava-se a milhares de quilômetros do palco de operações do que era a sua vida, a Rússia, a Revolução. Depois de fugir pela França e pela Espanha, estava nos Estados Unidos, em Nova York, onde desembarcara no dia 13 de janeiro de 1917.

Nos Estados Unidos, ficou dois meses, articulando-se com grupos de socialistas e sindicalistas norte-americanos, que já conheciam seu nome e sua saga. Pouco conheceu da vida norte-americana. Mas deixou-se impressionar pela pujança tecnológica dos Estados Unidos (primeira vez em sua vida que tinha telefone em casa).

E, em seu internacionalismo utópico, chegou a fantasiar que grande papel os Estados Unidos teriam na construção do socialismo futuro e na realização da sociedade perfeita...

Em 27 de março, com a família e partidários, Trótski parte de Nova York, a bordo do *Christianiafjord*, um navio norueguês, que iria levá-lo, que iria levá-los de volta ao olho do ciclone da Revolução.

Lênin: "Transformar a guerra imperialista em guerra civil...".
Desenho: Maiakóvski.

outubro

As revoluções distinguem-se sempre pela falta de delicadeza: provavelmente, porque as classes dirigentes não tiveram o cuidado, a seu tempo, de ensinar ao povo as boas maneiras.

LIEV TRÓTSKI, *HISTÓRIA DA REVOLUÇÃO RUSSA*

Com o czarismo e tudo, a Rússia, nas duas primeiras décadas do século xx, abrigava um dos maiores parques industriais da Europa, vale dizer, uma das maiores concentrações operárias e proletárias do mundo.

Na Europa, superavam-na, apenas, a Inglaterra, a França e a Alemanha. Na América, apenas os Estados Unidos. E, na Ásia, só o Japão podia lhe fazer alguma frente.

Esse parque industrial russo e as massas operárias correspondentes concentravam-se nas grandes cidades, São Petersburgo (Petrogrado, hoje, Leningrado), Moscou, Odessa, Kiev, Minsk.

Embora recente, esse proletariado numeroso logo atingiu aguda consciência política. E foi de dentro dele que nasceu a primeira instituição da democracia operária: o soviete, a assembleia livremente eleita de representantes da classe trabalhadora, fábrica a fábrica, categoria profissional a categoria profissional, setor por setor.

Espontaneamente, de baixo para cima, de dentro para fora, a democracia popular foi inventada pela massa obreira. A fábrica de cinco mil operários elege seu soviete, quarenta representantes seus, que falam em seu nome, diretamente ligados à reivindicação de seus problemas, os mais lúcidos, os mais corajosos, os mais bem-falantes, os de maior senso crítico.

Não apenas operários. Logo começam a aparecer sovietes de soldados, de soldados no front, de soldados voltados do front, que discutem politicamente a guerra, julgam seus oficiais, organizam-se de baixo para cima. Humanidade ascendendo à consciência e à liberdade.

O nascimento dos sovietes russos é um dos mais belos espetáculos da história humana, esse rosário de massacres e baixezas, opressões e tiranias.

Foi com eles que os bolcheviques tiveram que se haver, na escalada em direção ao poder. E não foi fácil. Os operários russos tinham longa tradição de luta, clara consciência do seu poder, coesão grupal, coragem, idealismo e teimosia. Não eram uma massa amorfa de carneiros, à espera do primeiro demagogo.

E, é Trótski quem observa, a massa decisiva que fez a Revolução era constituída de jovens, jovens operários, jovens soldados, jovens camponeses, etariamente, o mais apto elemento humano das camadas oprimidas e exploradas.

Foi sobre esse tecido de jovens trabalhadores e soldados, organizados em sovietes, que os bolcheviques atuaram.

Conseguir dar uma sintaxe a toda essa tempestade social em direção a um objetivo definido foi tarefa e mérito do Partido de Lênin.

Estranha simbiose, na verdade. Os sovietes eram assembleias de uma democracia popular e proletária espontânea. O Partido Bolchevique funcionava diferente. Era, no seu cérebro e no de seu coração, uma concentração de intelectuais militantes, na maioria, de origem não operária, fortemente centralizada, equipada filosoficamente com o marxismo, um produto cultural sofisticado, muito acima do imediatismo dos operários e camponeses-soldados da Rússia do czar Nicolau.

Na hora em que os Aliócha viraram Dmitri, surge Ivan, "a consciência de fora".

Os acontecimentos de fevereiro de 1917 apanharam todos de surpresa, revolucionários e czaristas.

Sacudido violentamente pela derrota na guerra, greves envolvendo milhares de operários, revolta generalizada no campo, falta de alimentos e combustível nas cidades, choques nas ruas entre massas populares e cossacos, o czarismo, por fim, cai. Mas não cai de todo. A fórmula adotada é uma solução de compromisso. Nicolau II renuncia ao trono da Rússia, mas passando o poder para um grupo que representava a velha aristocracia, mais elementos da alta burguesia, funcionários e até representantes dos partidos "socialistas" menos radicais, um governo de conciliação nacional, onde se mudava alguma coisa para não perder o principal.

O principal era o poder.

Na insurreição de fevereiro de 1917, a pré-revolução, as massas russas derrubaram a autocracia czarista. Mas não souberam ganhar o poder para si. Mais rápida, a burguesia constituiu rapidamente o primeiro gabinete do Governo Provisório: sob a presidência do príncipe Lvov, ministro-presidente e do Interior, a Rússia estava para se transformar em mais uma república parlamentar, pelo figurino inglês. Nesse gabinete, viria a se destacar o ministro da Justiça, Kerenski, cuja figura domina esse período de interregno entre a insurreição de fevereiro e Outubro.

Quando estas coisas, longamente esperadas, começam a acontecer, as principais lideranças revolucionárias encontravam-se espalhadas pela Europa, e até além. Lênin, Zinóviev e outros estão na Suíça, neutra, não beligerante. Trótski, em Nova York.

Lênin é o primeiro a voltar, no controverso episódio do "trem lacrado". Sabendo das posições *derrotistas* de Lênin, as autoridades alemãs teriam autorizado a passagem de um "trem lacrado", transportando o líder e companheiros próximos, através de toda a Alemanha, até a Rússia. Com isso, o governo do kaiser, extenuado pela guerra, esperava favorecer a tomada do poder na Rússia por alguém que tiraria a Rússia da guerra, assim que assumisse o controle do país. Não é impossível: até hoje, essa história não ficou bem contada. O fato é que Lênin, em matéria de Grande Guerra, era abertamente *derrotista*. Isto é, torcia para que a Rússia perdesse a guerra, abrindo caminho para a revolução social. "Transformar a guerra imperialista em guerra civil" era sua palavra de ordem.

Trótski não ia tão longe, achando que uma derrota da Rússia só reforçaria, com a ocupação alemã, os poderes da classe dominante russa.

Também de trem, um mês depois de Lênin, no dia 17 de maio, Liev chegou a Petrogrado, onde foi recebido triunfalmente, com multidões agitando bandeiras vermelhas.

Estava para começar o segundo ato, o decisivo.

Bem a seu estilo, Trótski mal desceu do trem, alojou a família numa pensão e partiu diretamente para o Instituto Smolny, a sede do soviete de Petrogrado.

Essa associação de origem proletária representava, agora, um grande poder. Depois de algumas objeções, Trótski foi aceito como membro dela. Sem direito a voto, mas com direito à palavra, que era o que Liev, orador incomparável, queria.

Era o último dos grandes líderes a voltar. Mas não ia ficar entre os últimos.

A situação política apresentava uma dinâmica estonteante. O Gabinete de Coalizão, com Lvov como primeiro-ministro, cambaleava. Os mencheviques e outros grupos revolucionários apoiavam o governo atual. Mas as assembleias de trabalhadores adquiriam a cada dia uma importância cada vez maior.

Os remanescentes da velha ordem, agora no poder, imaginavam ser possível sustentar uma situação de compromisso, onde a velha aristocracia, a classe média e os socialistas moderados acabariam por dar conta das diferenças entre os vários grupos em conflito.

Logo o gabinete desta primeira *revolução* começaria a entrar em crise com a renúncia de vários ministros, o da Guerra e o do Exterior, em primeiro. Logo a seguir, Trótski viria a assumir esses dois ministérios. Eram os mais problemáticos. Afinal, a Rússia se achava, ainda, em guerra contra a Alemanha e o Império Austríaco. Mas os exércitos russos queriam a paz, nessa guerra que, para eles, não fazia o menor sentido. E a democracia popular já tinha penetrado nessas tropas de origem camponesa. Os regimentos tinham seus sovietes, elegiam seus oficiais e não aceitavam ordens de oficiais nomeados de cima.

Pairava no ar a proposta de uma Assembleia Constituinte, o órgão legislativo, omni-representativo, que, por fim, daria à Rússia uma lei máxima, regulando a vida do país e legitimando a nova ordem de coisas.

Entre fevereiro e outubro de 1917, a Rússia oscilou entre duas coisas: de um lado, uma *democracia*, de tipo parlamentar, a burguesia no poder, com instituições derivadas das revoluções inglesa e francesa; e de outro lado, uma coisa *nova*, radicalmente nova, misto de despotismo asiático com democracia de massas, rígido centralismo estatal com socialização dos meios de produção, uma coisa que nunca tinha existido, essa coisa que, valha o que valha a expressão, hoje, chamamos de *comunismo*. Alguma coisa entre a velha aldeia e o Império Bizantino... mas com eletricidade, ensino e medicina gratuitos, alfabetização geral e democratização das oportunidades. Mas um mundo ideologicamente fechado, como a Igreja ortodoxa, onde só há lugar para uma verdade, um só jornal, um só projeto nacional.

Foi entre fevereiro e outubro, em meio a tempestades e conflitos, que Trótski acabou rendido ao peso superior do bolchevismo de Lênin e sua monolítica doutrina ideológico-partidária. A realidade parecia falar uma linguagem leninista. O partido de Lênin era a única coisa que fazia sentido.

Nesse ano, até a Revolução, a vida de Trótski se confunde integralmente com a história, com o fluxo revolucionário dos fatos que levariam a Outubro.

Sua vida, nesse ano fundamental, foi uma sucessão inacreditável de discursos, comícios, debates públicos, envolvendo todos os problemas que atingiam o povo russo, naquela hora.

Paralelamente, desenvolve intensa atividade escrita pela imprensa, polemizando sobre tudo, discordando, apoiando, atento às questões mais sutis do processo revolucionário. Nesse ano, já fala como porta-voz dos bolcheviques, já é um homem de Lênin. Mas procura manter sua independência de pensamento, brigando com companheiros, ou até com o próprio Lênin, se achasse necessário. Pois as discussões entre esses russos não se limitavam a questões práticas imediatas, de militância e tomada do poder. A camada superior da liderança bolchevique era constituída por intelectuais, os Ivans, gente com elevada capacidade teórica e preparo filosófico. Os bolcheviques não estavam lutando apenas por cargos num determinado regime. Todos sabiam que estavam dando a vida por um novo mundo, pela instauração de uma ordem de coisas como nunca tinha havido antes no mundo.

Questões teóricas gerais, portanto, atravessavam constantemente as discussões mais imediatas. Só com dificuldade Lênin e os bolcheviques aceitaram a tese trotskista da "revolução permanente", o internacionalismo proletário radical, que reduzia a Revolução Russa a um momento apenas de uma revolução operária mundial, que deveria eclodir na Alemanha, na Inglaterra e na França, como Marx tinha predito. Em compensação, Trótski começou a aceitar o monolitismo partidário de Lênin que, alguns anos atrás, lhe parecia pura tirania e prelúdio de tiranias maiores. Ivan sabe de que os Alióchas são capazes...

Nesse momento, parece ter havido na Rússia, país com grande tradição oral, uma proeminência da oralidade: os poderes de Trótski deviam-se, em grande parte, a seus dotes excepcionais como orador e tribuno. Onde falava, sua palavra era fogo e ordem, lógica e fonte de entusiasmo. Nem foi por acaso que lhe era contemporâneo um poeta como Maiakóvski, também dotado de alta potencialidade oral.

O Governo Provisório vacilava. Os gabinetes se sucedem. A crise na cidade e no campo se agrava, a guerra está presente. Ao príncipe Lvov, sucede como primeiro-ministro o advogado Kerenski, um representante dos partidos socialistas moderados, que queriam o parlamentarismo.

Enquanto isso, os bolcheviques crescem nos sovietes, nos sindicatos, nas associações de classe. Logo seus slogans serão os slogans de todo o povo russo: "abaixo os ministros capitalistas!", "abaixo a guerra!" e "todo o poder aos sovietes!".

Nas ruas, já se ouvia claramente: "todas as terras aos camponeses", "todas as fábricas aos trabalhadores".

Enquanto isso, os soldados começavam a resolver a questão a seu modo: pela deserção em massa. Os camponeses incendiavam as casas dos seus senhores e dividiam as grandes propriedades entre si. Os operários paralisavam a produção industrial pela sabotagem e pelas constantes greves, diz, em *Os dez dias que abalaram o mundo*, o jornalista americano John Reed, que estava lá na época.

A moeda se desvalorizava a cada dia. As filas para comprar pão eram cada vez maiores.

Esse caos social empurrava cada vez mais os revolucionários para uma proposta radical.

Na noite de 23 de julho, Trótski e Lunatcharski foram detidos e encarcerados, presos políticos misturados com presos comuns. Mas nenhuma cadeia conseguia esfriar o ânimo revolucionário de Liev, que, de dentro do cárcere, enviava artigos e matérias para todos os jornais revolucionários russos.

Enquanto estava na cadeia, uma tentativa de golpe militar veio mostrar quais eram as disposições da direita. Kornilov, comandante em chefe das Forças Armadas, nomeado por Kerenski, moveu tropas para derrubar o frágil governo que representava a última sombra de legalidade.

Em 4 de setembro, Trótski foi libertado, mediante fiança.

Mal saiu do cárcere, se encaminhou para o Instituto Smolny, sede do soviete de Petrogrado, onde se estruturava o Comitê pela Luta contra a Contrarrevolução. Esse comitê seria o embrião do Comitê Revolucionário Militar, que conduziria a ação na tomada do poder em outubro.

A tentativa de golpe de Kornilov abortou. Seus soldados, trabalhados pela propaganda e doutrinação bolcheviques, desertaram, antes de entrar em ação. Mas a questão do poder, agora, se colocava mais premente do que nunca.

Duas questões para o Partido Bolchevique: apostar tudo numa tentativa de tomar o poder? Em caso positivo, quando?

A essas alturas, os bolcheviques já tinham adquirido tamanha força e influência junto às massas populares, operários, soldados e camponeses, que uma palavra de ordem, vinda do alto e sustentada por agitadores eficientes, seria respondida por milhares.

o poder

Um partido marxista não renuncia a reformas, só que estas se referem sempre a questões secundárias, nunca às essenciais.
É impossível conquistar o poder por meio de reformas.
TRÓTSKI, *AS LIÇÕES DE OUTUBRO*

Setembro e outubro são os piores meses do ano na Rússia, principalmente em Petrogrado. Sob um céu cinzento e nublado, nos dias mais curtos a chuva cai sem parar, ensopando tudo. Amontoava-se lama em todas as ruas, uma camada movediça e pegajosa. A falência completa da administração repercutia enormemente na limpeza das cidades. Do golfo da Finlândia, soprava um vento úmido, que cobria as ruas com um pesado manto de neblina gelada. Durante a noite, por economia ou por medo dos zepelins alemães, Petrogrado ficava às escuras. Só raramente se acendia uma lâmpada. Nas casas, em lugar de luz elétrica, usavam-se velas ou lampiões de querosene das dezoito horas à meia-noite. Das dezoito até as dez da manhã do dia seguinte, a escuridão era tão densa nas ruas que nada se via à distância de um passo. Os roubos e assaltos eram frequentes. Nos hotéis, os hóspedes se revezavam durante a noite, montando guarda com um fuzil na mão. Semana após semana, os gêneros de primeira necessidade escasseavam. A ração diária de pão foi diminuindo, de setecentos e cinquenta gramas para quinhentos, de duzentos e cinquenta para cento e vinte e cinco gramas. Por fim, veio uma semana em que se chegou a nada: não havia mais pão.
John Reed, *Os dez dias que abalaram o mundo.*

Em 10 de outubro de 1917, numa casa nos subúrbios de Petrogrado, o Comitê Central do Partido Bolchevique decidiu-se a favor da revolta armada.

Dos doze membros presentes, dez votaram a favor da insurreição imediata, entre eles, Lênin, Trótski, Stálin, Alexandra Kollontai e Dzerjinski, o conde polonês, que, depois, viria a ser o chefe de polícia do governo bolchevique. Zinóviev e Kamenev, cunhado de Trótski, votaram contra. Havia muitos revolucionários contrários à ideia de um golpe de Estado, a mão armada, para tomar o poder, a começar pelo velho Plekhánov, introdutor do marxismo na Rússia, mestre de Lênin, que nunca conseguiu ver na Revolução Russa mais que um assalto ao poder do povo rebelado pelo afinadíssimo Partido Bolchevique.

Esse golpismo, no jargão revolucionário, se chama *blanquismo*, a partir do nome do revolucionário francês Louis Auguste Blanqui (1805-81), que, em nome das massas exploradas, tentou, várias vezes, tomar o poder em lances de audácia.

Plekhánov desconfiava (como Trótski, antigamente) que esse modo de conduzir a luta revolucionária acabaria por conduzir à ditadura do Partido sobre a massa trabalhadora, num sistema vertical, onde desapareceria qualquer noção de democracia proletária, aquela democracia que tinha nascido, espontaneamente, nos sovietes.

O que Plekhánov não levava em conta é que a massa insurreta já tinha tido a sua chance, já tinha tido o poder nas mãos em fevereiro de 1917, e o tinha deixado escapar para as mãos da classe dominante, aquele amálgama confuso dos gabinetes Lvov e Kerenski, membros das velhas classes, industriais, pequeno-burgueses educados e funcionários profissionais.

Desta vez, o poder não ia voltar para a classe dominante.

Iria para as mãos de uma elite completamente nova na história do mundo, uma elite não de proprietários ricos, militares, terras-tenentes ou donos de grandes fortunas. Para as mãos de um grupo de revolucionários profissionais, agindo sob a inspiração de uma doutrina e de um credo filosófico e ideológico. Os bolcheviques iam sair dos esgotos da clandestinidade para as luzes da sala do trono.

Em 1917, Lênin conclui seu *O Estado e a Revolução*, desenvolvendo a teoria marxista do Estado e da ditadura do proletariado.

Coordenada pelo Núcleo Militar Revolucionário, presidido por Trótski (Stálin, um dos membros), a insurreição bolchevique venceu. Conduzidos por palavras de ordem do partido, através de seus órgãos de representação, as massas trabalhadoras, operários, soldados, Guardas Vermelhos, ocupam, com mão armada, os pontos nevrálgicos das principais cidades russas, correios, telégrafos, centrais telefônicas. Guarnições militares fiéis ao antigo regime resistem em vão.

Realizava-se um dos slogans bolcheviques fundamentais: "todo o poder aos sovietes!". Teoricamente, naquele momento, não era o partido de Lênin que tomava o poder, mas as assembleias populares de operários e soldados (camponeses), nas quais os bolcheviques tinham crescente importância e, cada vez mais, capacidade de determinar decisões e diretrizes de luta.

Em 25 de outubro, ocupados militarmente as usinas de força, correios e estações de trem, o Banco do Governo e a redação dos principais jornais, neutralizados os regimentos adversos, Lênin pôde emitir a conclamação:

A todos os cidadãos da Rússia!
O Governo Provisório acaba de ser derrubado.
O poder passou às mãos do Soviete de Deputados Operários
e Soldados de Petrogrado
e do Comitê Militar Revolucionário
que liderou o proletariado e a guarnição de Petrogrado.

Nesse momento, os membros do governo deposto se encontravam reunidos no palácio de Inverno, cercado por tropas fiéis aos bolcheviques e sob o alcance de fogo do cruzador *Aurora*, ancorado nas proximidades.

Expediram-se ordens de prisão contra os membros do Governo Provisório.

Disfarçado de enfermeira, Kerenski foge, no carro de uma embaixada estrangeira.

A queda do czarismo em fevereiro levou uma semana. O governo de Kerenski caiu em algumas horas.

No Instituto Smolny, antigo colégio para moças da nobreza, agora sede do Soviete, o comando geral bolchevique trabalhava febrilmente, até o limite de suas forças. Na noite anterior, Trótski tinha desmaiado de exaustão. Lênin não se aguentava em pé. Então, houve o episódio que Trótski conta, com emoção, em sua autobiografia, ele e Lênin deitados no chão, lado a lado, num pequeno quarto do Smolny.

Segundo Trótski, num determinado momento, Lênin fez um círculo com o dedo sobre a cabeça, e disse, em alemão:

— *Es schwindelt.*

Gira. Está tudo girando. Inacreditável. Os bolcheviques estão no poder. A Rússia está sob o controle dos sovietes. O socialismo acaba de sair dos livros e das tentativas. O sonho era possível. Começa uma nova era. A humanidade acaba de dar um passo à frente.

Trótski, por seu lado, devia se deliciar com a ideia de que, ali perto, na Alemanha, industrialmente desenvolvida, a revolução proletária estava em andamento, e devia dar sinais de vida a qualquer momento. E seria o começo da revolução mundial, a revolução permanente, que só terminaria quando todas as massas trabalhadoras do mundo tivessem se libertado dos seus opressores.

Mas a realidade logo viria trazê-los de volta para responsabilidades mais imediatas.

Não seria fácil o trabalho de quem herdasse o império dos Romanov.

A relação campo/cidade estava profundamente alterada. Nas cidades, faltava tudo, pão, leite, carne, lenha, carvão. As filas aumentavam.

Pela frequência das greves, a produção industrial caía a zero.

No campo, os lavradores dependentes queimavam propriedades rurais, entregavam-se ao saque e viravam alguma coisa entre revolucionários e bandidos de estrada.

A insegurança era geral.

O exército estava ingovernável, rebelde a qualquer disciplina.

Embora praticamente derrotada, a Rússia ainda estava em guerra, presa a compromissos diplomáticos com os aliados ocidentais, Inglaterra e França, que precisavam da ação russa para aliviar a pressão da Alemanha no front ocidental. Com esses aliados, credores do seu capitalismo, a Rússia tinha considerável dívida externa.

Mas os exércitos russos estavam cansados daquela guerra sem sentido. E Lênin cumpriu, logo de cara, uma de suas principais promessas. Tirou a Rússia da guerra, unilateralmente.

Em 26 de outubro, durante o II Congresso Nacional dos Sovietes, constituiu-se o primeiro governo operário-camponês, o soviete dos comissários do povo.

A expressão "comissários" era uma reminiscência da Revolução Francesa, onde a expressão nasceu, uma homenagem da revolução proletária à revolução burguesa que a precedera...

Nada de ministros, nem primeiro-ministro. Já na escolha do título dos mais altos funcionários, o novo regime queria marcar sua ruptura profunda com o passado e o mundo burguês, reatando relações com a tradição revolucionária.

Os membros do primeiro Governo Operário-Camponês eram todos do Partido Bolchevique. Nenhum deles era propriamente um homem do povo... Todos os demais partidos, mesmo os de esquerda, foram excluídos. A alta direção do Partido Bolchevique, agora, governava a Rússia.

A nova sociedade que nascia ia ter forma e cor bolchevique.

Não há nada na história que se compare a esta ascensão ao poder de um grupo de revolucionários profissionais durante anos, mantendo, na clandestinidade, a sua coesão interna e sua coerência ideológica.

Para presidente do soviete, foi escolhido Lênin.

Trótski foi eleito comissário do povo para Assuntos do Exterior. Era o chanceler da Revolução.

E Stálin, um georgiano, um oriental, não russo, foi designado responsável para Assuntos Nacionais, ministério fundamental num império multirracial e multinacional como a Rússia.

Num certo sentido, Trótski e Stálin ficaram com os ministérios de maior responsabilidade.

Estavam ambos com trinta e oito anos.

A Revolução Russa foi feita por jovens, por gente em seu pleno vigor. Jovens operários, como observou Trótski. E líderes jovens. Lênin, na data, tinha quarenta e sete anos. Para a gerontocracia soviética de hoje, era quase um garoto...

O comissário do povo para a Educação, Lunatcharski, quarenta e três anos, um intelectual de alto nível e mente aberta (para um bolchevique), protetor dos futuristas, viria a desempenhar um importante papel nas lutas e disputas que fixariam as diretrizes da cultura soviética, os debates em torno do vanguardismo de esquerda e o Proletkult, a revolução formal e o cunho proletário, democrático-popular, da futura cultura.

Quando os bolcheviques assumem o poder, a Rússia é um caos.

Todos os problemas do mundo desabam em cima daquele punhado de idealistas fanáticos que iriam forjar o primeiro regime proletário da história.

No interior, o campo convulsionado por rebeliões camponesas. Nas cidades, os víveres escasseiam. A indústria está com sua produção desorganizada por greves contínuas e atos de sabotagem dos próprios operários. Os elementos ligados ao antigo regime, nobres, milionários, artistas, altos funcionários, começam a fugir aos milhares, para o Ocidente, para a Alemanha, para a França. Ainda na época da Segunda Guerra Mundial era possível encontrar, em Paris, motoristas de táxi russos, que tinham sido oficiais do czar, e donas de bordel que juravam, de pés juntos, que tinham sido, na mocidade, damas da corte da mulher de Nicolau II...

A revolução tinha começado na capital, em Petrogrado. E sua implantação em todo o vastíssimo Império Russo, embora rápida, foi conflituosa e sangrenta.

As Forças Armadas do antigo regime, o alto oficialato e tropas fiéis armavam a contrarrevolução e a guerra civil.

Lá fora, o inverno russo. E, sobre todos, o fantasma da guerra, centenas de milhares de homens mobilizados, morrendo na lama gelada das trincheiras, lutando numa guerra sem sentido. Nos campos da Ucrânia, o trigo está alto, pedindo braços. E os jovens camponeses, sob pesados casacos, um fuzil na mão, a centenas de quilômetros de casa, disparando contra um inimigo que nem conseguiam odiar, já que não sabiam nem quem era...

O primeiro gesto de Lênin, como governante, foi pôr fim a essa guerra absurda. Custasse o que custasse: os aliados ocidentais da Rússia não iam gostar nem um pouco dessa súbita mudança de jogo.

Junto com um decreto tirando a Rússia da guerra, Lênin e seu gabinete tomaram outra decisão de transcedental alcance: o decreto sobre terras.

Agora, "fica abolida, sem nenhuma indenização, a propriedade latifundiária e todas as propriedades dos latifundiários, bem como a dos conventos e da Igreja, ficarão à disposição dos comitês de terras e dos sovietes camponeses".

Simples, espantosamente simples. Com duas frases, os bolcheviques liquidavam, de maneira radical, com os dois principais problemas que afligiam o povo russo.

O repórter americano John Reed estava lá na hora e registrou:

Afinal, Lênin levantou-se. Apoiando-se no parapeito da tribuna, percorreu a assistência com os olhos piscando, aparentemente insensível à imensa ovação da assembleia, que o aclamou durante vários minutos. Quando as palmas abrandaram, disse, simplesmente:

— Passemos agora à edificação da ordem socialista.

Essa concisa elegância na objetividade sempre foi traço característico de Lênin, distinto de Trótski, sempre muito teatral em seus gestos, muito consciente da sua (indiscutível) superioridade intelectual.

A essas alturas, porém, Trótski já estava totalmente rendido ao tipo de inteligência que Lênin representava, em supremo grau. E aceitou sua liderança, com entusiasmo. Um dia, muitos anos depois, quando alguém lhe falava em trotskismo, Trótski objetou:

— Não existe trotskismo. Sou marxista, em matéria de filosofia. E leninista quanto a métodos de atuação política.

O caminho tinha sido longo, pontilhado de brigas e insultos, acusações e cobranças. Mas agora uma realidade maior dissolve todas as diferenças: estamos no poder. Nós ganhamos, o Partido Bolchevique venceu. *Nós* estamos começando uma nova era na história da humanidade. O sonho não foi em vão. Todo o sofrimento não foi em vão. Vamos vingar Spartacus. Estão justificadas todas as nossas prisões, nossos exílios, nossas fugas, nossos medos, nossa mocidade queimada em susto e anseio. Nós somos os senhores da Rússia. Nós matamos o Velho Karamázov.

Nunca saberemos o que Trótski conversava com Natália quando voltava para casa, saindo de uma reunião no Smolny ou de um comício para soldados operários. Quatro filhos tinha Trótski em Petrogrado, as duas meninas do primeiro casamento (com Aleksandra) e os meninos do casamento com Natália. Cresceram indo ouvir o pai falar diante de plateias de marinheiros e camponeses, operários e políticos. Esperava-os o destino trágico do pai.

Mas, no meio dessas tempestades históricas, onde era um dos protagonistas, Trótski ainda achava tempo para ter uma família, ser pai e ser marido (Lênin e Krupskaia não tiveram filhos). Mas Natália não era apenas uma dona de casa. Os bolcheviques no poder, ela logo se viu num cargo na área cultural, que compreendia a defesa dos monumentos históricos da Rússia pré-revolucionária. E não foi fácil o seu trabalho. Como convencer aquelas multidões furibundas de camponeses analfabetos que estas igrejas, estes museus, estes palácios, estes símbolos da opressão czarista, são agora propriedade do povo russo, marcos da sua história, sinais de sua identidade como povo, qualidades em seu caminho?

Mas esse não era, no momento, o principal problema do comissário do povo para Assuntos do Exterior.

Não se para uma guerra assim, sem mais nem menos.

Não a Primeira Guerra Mundial.

a paz e a guerra civil

Aquela era uma guerra imperialista, uma disputa de mercados, uma guerra entre os capitalistas. Isso é coisa que pertence ao passado. Essa guerra não interessa a um país governado por sovietes de operários, soldados e camponeses.

O comunismo tirou a Rússia da guerra. A guerra dos outros. A guerra estúpida. A guerra contra nós.

Mas, para isso, os bolcheviques, que representavam os sovietes, tiveram que se explicar direitinho diante dos alemães e austro-húngaros, com quem foram negociar a paz. Paz sai caro. Há o problema das indenizações: alguém vai ter que pagar os gastos e estragos. Quem perde, normalmente, paga. Toda guerra tem ambições geopolíticas: sempre há áreas por ocupar ou anexar.

O acerto entre russos e representantes dos Impérios Centrais se deu na cidade polonesa de Brest-Litovski (hoje, cidade russa), onde os austeros ascetas proletários do partido de Lênin tiveram que enfrentar os pomposos condes e barões do Reich e do Império Austro-Húngaro.

Trótski (e depois Tchitchérin) dirigiram a delegação soviética.

Poliglota, bem-falante, cosmopolita, Liev era a pessoa mais indicada para essa tarefa. Os representantes da Alemanha e da Áustria chegaram a ficar impressionados com sua inteligência e discernimento. E deve ter sido muito engraçado para aqueles aristocratas germânicos discutir problemas militares com um judeu.

Mas a realidade dos fatos falava mais alto. A Rússia estava derrotada. Suas forças militares se desagregavam internamente. Se os russos queriam a paz, iam ter que pagar.

Em março de 1918, a Rússia assinou um tratado de paz, em que perdia a Polônia, os países bálticos (Lituânia, Letônia, Estônia), a Finlândia e a Ucrânia, regiões não russas que tinham sido anexadas pelo Império dos Czares, que os bolcheviques herdavam. E queriam inteiro.

Lênin ficou furioso com o fiasco de seu Ministério de Relações Exteriores e seu "tratado vergonhoso" (expressão dele).

Seja como for, a Rússia, agora soviética, estava fora da guerra imperialista.

Mas novo problema já se levantava no horizonte: a guerra civil.

Claro que as classes dominantes do antigo regime não iam ficar de braços cruzados, aplaudindo os bolcheviques criar o primeiro Estado operário da história.

De 1917 a 1921, a jovem República, para se manter, teve que bater, pelo menos, quatro exércitos de *contras*, os "brancos", o braço armado dos derrotados pela revolução, militares proscritos, deserdados, ex-proprietários de terra, tropas descontentes, estrangeiros, apoiados pelas potências ocidentais interessadas no fracasso da experiência soviética, França, Inglaterra, Alemanha.

Ainda bem que logo começaria na Alemanha a revolução proletária do Ocidente, a revolução que apoiaria a russa...

As esperanças de Trótski e Lênin foram vãs. A revolução alemã abortou, Rosa Luxemburgo e Liebknecht assassinados pelas tropas do kaiser.

Para enfrentar a contrarrevolução e os exércitos "brancos", conduzidos por militares profissionais do antigo regime, os bolcheviques tinham que se improvisar guerreiros. E rapidamente. Na hora de designar o chefe das operações militares, Lênin não hesitou. Escolheu Trótski, e impôs sua escolha. Da noite para o dia, Trótski transformava-se de chanceler em ministro da Guerra. Cria o Exército Vermelho e derrota os adversários da Revolução.

Todo o esforço stalinista posterior no sentido de diminuir a presença de Trótski na vitória da Revolução apaga-se diante deste fato: o próprio Lênin confiou-lhe as duas principais tarefas, o acordo de paz com os Impérios Centrais e a destruição dos exércitos contrarrevolucionários. Um Lênin não concederia tamanhos poderes a um inimigo ou a um inepto. Em sua simplicidade quase zen, Lênin sabia o quanto Trótski valia. Sabia que ali, por trás daqueles óculos, estava uma inteligência tão boa quanto a sua. E, em algumas coisas, até mais. E, em seu testamento, escondido e escamoteado, foi Trótski que ele recomendou para seu sucessor.

Talvez um pouco inteligente demais, pensaria Lênin. Isso o torna um pouco volúvel. Ele pensa que sua inteligência pode resolver qualquer problema. Depois, tem aquela vaidade... A vaidade faz nossa inteligência descer para os pés, diz o ditado. Um pouco de burrice não faria mal ao camarada Trótski... Que fazer?

Com a mesma paixão que punha em tudo o que fazia, Trótski atira-se a suas novas tarefas de comissário da guerra.

Suas aptidões no terreno eram mínimas.

Ele mesmo diz, em *Vida*: "Estava eu preparado para o ofício das armas? Claro que não. Nem mesmo tinha servido no exército do czar. Passei os anos de serviço militar na prisão, na deportação, na emigração".

Mas isso não era obstáculo para ele. Começa a estudar os clássicos da guerra, como o marechal prussiano Clausewitz (*Da guerra*). Organiza tropas regulares, aguerridas e motivadas. E — cúmulo do pragmatismo — contrata o serviço de oficiais do velho exército czarista, inimigos ideológicos, mas patriotas russos que não queriam sua terra invadida.

Sobretudo, profissionais de guerra, técnicos, com prática bélica.

Essa contratação lhe valeu críticas violentas dos companheiros de credo.

A pureza ideológica bolchevique e a profunda aversão a tudo o que tivesse relação com o antigo regime precisaram ceder diante deste fato: tecnologias não têm ideologia, quem sabe fazer a guerra são os militares.

Além das quatro colunas contrarrevolucionárias, lideradas pelos generais russos Denikin, Wrangel, Iudenitch e Koltchak, a Rússia, na Guerra Civil, ainda sofreu a agressão armada da Polônia, da Inglaterra, do Japão, da França e dos Estados Unidos.

Com Trótski como comissário da guerra, a Rússia soviética sobreviveu a todos os ataques de fora. Durante a Guerra Civil, o quartel-general do comissário era um trem que percorreu a Rússia em todas as direções, o célebre "trem de Trótski", protegido por tropas de elite, e dotado de uma estação transmissora de rádio, sala de mapas e vagões para reuniões e deliberações. Símbolo do dinamismo da Revolução, o QG dos soviéticos era móvel, único modo de cobrir o imenso território russo numa época de comunicações difíceis e morosas.

Durante os anos da Guerra Civil, mal saído da Grande Guerra, o povo russo comeu o pão que o diabo amassou. De 1917 a 1921, não houve flagelo que não se abatesse sobre a terra russa. No campo, as relações de propriedade desmoronavam, levando consigo a velha ordem feudal. As massas camponesas, desorientadas, se entregavam ao saque e à destruição. Os jovens camponeses, terminada a guerra, viravam aventureiros, bandidos, assaltantes. A produção industrial nas cidades caía a zero, com grande número de operários indo engrossar as fileiras do Exército Vermelho, em combates donde boa parte não voltaria.

A fome, a carestia e o colapso dos serviços mais elementares transformavam as cidades russas em concentrações de milhares de pessoas no limite mínimo da sobrevivência. A seca e as pragas liquidaram com a agricultura nas regiões mais férteis, onde a fome generalizada chegou a provocar casos de canibalismo. Quem podia imigrava para o Ocidente. Logo não havia mais médicos, professores, técnicos, engenheiros. O comunismo, que prometia a civilização, via a Rússia regredir à barbárie.

Nessa tormenta de calamidades, o partido de Lênin esteve à altura de todos os desafios.

Lentamente, o novo poder, o soviético, foi ocupando os lugares deixados pela velha ordem czarista, e o povo russo foi se acostumando à ideia de que a Santa Rússia estava sob nova direção.

Foi no decurso das operações da Guerra Civil que os povos asiáticos submetidos ao poder czarista foram se transformando em Repúblicas Soviéticas, para constituir a União das Repúblicas Socialistas Soviéticas. Do desmoronado império dos czares, a Rússia comunista herdava o imperialismo, em escala continental. Para o messianismo armado dos bolcheviques, nada de mal nisso. Afinal, como diria, depois, Lukács, "o pior socialismo é preferível ao melhor capitalismo". Os bolcheviques não estavam apenas ocupando o lugar dos antigos donos. Eram portadores, convictos, de uma ideia, os executores de uma transformação radical na história, que não se limitava à Russia. Uma nova era começava na história da humanidade. Logo a Revolução proletária triunfaria na Alemanha, depois na França e na Inglaterra. Um dia, certamente, nos Estados Unidos da América...

Mas as coisas não correram tão bem.

As extremas dificuldades resultantes da guerra e da Guerra Civil levaram o Partido Bolchevique, já tão monolítico desde a origem, a extremos de autoritarismo, que marcariam a vida soviética até hoje, com consequências nos "socialismos" do mundo todo.

Militarizados pelas guerras, os bolcheviques militarizaram toda a vida russa, num verticalismo abrupto, que o passar do tempo não parece abrandar.

E era natural que procedessem assim. Numa Rússia em dissolução, no momento de passagem entre uma velha ordem e uma nova, os bolcheviques eram a única força organizada do país, o único grupo com um projeto global, uma proposta de administração, e quadros com a qualidade suficiente para executar as tarefas.

Para garantir isso, começaram por reprimir e eliminar outras correntes revolucionárias: mencheviques, social-revolucionários, anarquistas, anarcossindicalistas, todos os outros grupos de esquerda da Rússia, companheiros dos bolcheviques na marcha até o poder, foram proscritos, colocados fora da lei, seus jornais proibidos, lideranças presas, militantes executados.

Claro que um trabalho dessa envergadura não poderia ser feito sem a presença e a atuação de poderosa polícia política. Foi uma das primeiras coisas que os bolcheviques fizeram, a constituição da *Tcheka*, extensa máquina policial, utilizando, em boa parte, o aparato da velha polícia czarista, homens, prisões, presídios, procedimentos. No aspecto policial, os bolcheviques não inovaram muito. Os Karamázov sabem qual é a linguagem que os russos entendem...

Lênin chegou a exaltar a sublimidade da repressão policial revolucionária, declarando que era uma honra para um bolchevique colaborar com a *Tcheka*, a máquina policial comandada por um conde polaco, Dzerjinski, aristocrata estrangeiro convertido ao bolchevismo, com todo fervor dos neófitos e trânsfugas. Anos depois, já em tempos de Stálin, Dzerjinski (hoje, nome de cidade na URSS) viria a morrer de um súbito ataque cardíaco, durante um debate público do qual participava Trótski. Mas não se pense que Trótski fosse mais complacente ou *liberal* que os outros membros do Partido. Para ele, como para os outros, a violência inerente à luta de classes justificava a violência revolucionária. E era traço característico da sua personalidade mudar, bruscamente, de posições, dedicando a suas novas posições a mesma paixão que punha na anterior.

Comparadas com a uniformidade, quase linear, de Lênin, as posições de Trótski parecem vacilantes, arbitrárias, voluvelmente personalistas.

Mas como bolchevique, como homem de Lênin, foi exemplar.

O próprio Lênin reconheceu, no testemunho de Górki (que não gostava muito de Trótski):

— Depois que se passou para nós, não há melhor bolchevique que ele.

O episódio de Kronstadt mostrou que o comissário da guerra não estava ali para brincadeiras.

Kronstadt era uma fortaleza naval russa, no mar da Finlândia, perto de Petrogrado. Seus marinheiros estiveram entre os primeiros bolcheviques, combateram pela Revolução e mantiveram sempre alto espírito de luta. Sobretudo: adoravam Trótski, que chegou a ser levado em triunfo por eles. Quando essa importante guarnição se desiludiu com o governo bolchevista e pediu a devolução do poder aos sovietes, Trótski não teve dúvidas. Cercou a fortaleza, tomou-a a ferro e fogo e seus líderes foram liquidados pela polícia ou pela justiça militar.

Lênin estava certo: não havia melhor bolchevique do que ele.

Sua fria inteligência de matemático encontrava na lógica do Partido de Lênin uma certeza, uma garantia de sentido, que não havia em outro lugar. Nove anos mais moço, tinha tudo para ser o discípulo perfeito de Lênin.

Em 17 de julho de 1918, o czar Nicolau II, sua mulher e os filhos menores foram executados, em Ecaterimburgo. Depois da renúncia, o imperador e sua família foram levados, de lugar para lugar, pelas forças revolucionárias que sabiam que ali estava um grande problema político. Libertados, Nicolau e os seus seriam um trunfo nas mãos dos exércitos "brancos" contrarrevolucionários, o legítimo proprietário da terra russa, e seus herdeiros. Com a aproximação de tropas "brancas", o soviete regional do Ural tomou a decisão: um grupo de bolcheviques entrou na cabana onde estava prisioneira a família imperial e, a sangue-frio, a tiros de pistola e coronhadas de fuzil, liquidou os Romanov, czar, czarina e os filhos menores, o herdeiro e as princesas. Os cadáveres foram lançados num poço seco nas proximidades, sobre os quais se atirou gasolina e se ateou fogo.

Apesar da premência dos eventos militares, uma decisão como essa não deve ter sido tomada sozinha, sem consulta a instâncias superiores. Durante anos, Trótski foi acusado de ter assinado o decreto de morte dos Romanov. Em seus escritos, defendendo-se, declara que a assinatura do decreto de execução levou a assinatura de Lênin.

Tanto faz. A chacina dos Romanov, a liquidação de Kronstadt, dão bem a medida da violência daquele momento do nascimento da ordem socialista mundial, o "além do bem e do mal" da luta de classes.

Mês após mês, semana por semana, o inimigo externo era liquidado. E a revolução comunista triunfava.

Mas dentro do Partido Bolchevique preparava-se nova guerra, uma guerra interna, a disputa de liderança, implacável, envolvendo aspectos ideológicos, culturais, e — também — de conflitos de *egos*.

Enquanto Lênin viveu, os choques entre Trótski e Stálin foram amenizados pelo respeito à autoridade do chefe.

Em 1921, Lênin foi baleado por uma terrorista.

Evidentemente, para os bolcheviques, pelo menos, não podia acontecer coisa pior. Lênin se encontrava no apogeu de seu gênio organizador e administrativo. Seu prestígio e autoridade junto aos companheiros impediam conflitos internos de maiores proporções. E um partido tão centralizado não saberia funcionar sem seu líder. Ferido, apenas, Lênin se recuperaria. Mas apenas em parte. Depois do atentado, sua saúde deteriorou-se até a morte prematura, em 1924.

O atentado terrorista só serviu para acirrar ainda mais o caráter repressivo da Revolução Bolchevique. Antes de Lênin morrer, todos os outros partidos russos, da direita à esquerda, foram liquidados: "cadetes", mencheviques, social-revolucionários, anarquistas, anarcossindicalistas. O Partido Bolchevique pretendia não apenas o monopólio do poder, dos cargos de mando, da administração do país. Para manter e justificar esse monopólio, teve que assumir o monopólio ideológico, a ortodoxia doutrinária mais severa, sem margem para divergências ou contestações. Qualquer diferença em relação às determinações partidárias será, doravante, considerada um gesto contrarrevolucionário. O império da unanimidade compulsória, característica dos tempos de Stálin, começou já nos tempos de Lênin e Trótski.

Filosoficamente, em termos de pensamento, essa ortodoxia manifestou-se na consagração e canonização do pensamento de Marx e Engels, com os acréscimos posteriores das ideias de Lênin e do *pensamento* de Stálin.

Esse estranho amálgama filosófico-ideológico, que acabou se chamando "marxismo-leninismo", é, em boa parte da terra, sinônimo de Razão, Verdade absoluta, "o Saber supremo da nossa época", como disse Sartre, num de seus momentos mais vermelhos. De método vivo de pensar, em Marx, a dialética viria a se transformar numa escolástica congelada e repetitiva: de 1917 para cá, a URSS não produziu um só pensador original, só comentadores dos clássicos. As reais contribuições a um avanço do pensamento "marxista" ocorreram fora da URSS: Adorno e Walter Benjamin, Sartre e Marcuse, até hoje *gente non grata* na Santa Rússia.

As outras revoluções socialistas pelo mundo não produziram

pensadores. Mao, Ho-Chi-Mihn, Fidel, Guevara, Agostinho Neto, Samora Machel foram (ou são) chefes militares, não ideólogos.

O fechamento oriundo do atentado contra Lênin acabaria por atingir o próprio Partido Bolchevique.

Até 1921, no interior do partido, vigorava uma democracia razoável.

Afinal, eram figuras de alta categoria intelectual os companheiros mais imediatos de Lênin, Zinóviev, Rádek, Rikov, Kollontai, Lunatcharski, Bubnov, sobretudo, Trótski...

Havia mais de vinte anos seus destinos se cruzavam nas veredas da aventura revolucionária. Todos se conheciam intimamente. Eram todos discípulos teóricos de Marx, gente de agudo senso crítico, muita independência de pensamento, coragem pessoal e ardente fé utópica. Não era possível tratá-los como gado. Nessas alturas, a alta direção do Partido Bolchevique já se confundia com a máquina estatal do governo russo. Mas a democracia interna do partido ainda permitia coisas muito curiosas: nas frequentes votações internas, acontecia de o próprio Lênin ter suas propostas derrotadas ou recusadas. E, naquele momento convulso, discutia-se tudo, até a minúcia, até a exaustão.

Enquanto um membro ou outro, individualmente, discordasse de uma medida proposta, o partido, a Unidade, não estava ameaçada. Mas o que aconteceria quando três ou mais líderes bolcheviques se unissem para combater ou apoiar alguma coisa? Estaríamos diante de *uma facção*, uma ameaça de rompimento da unidade revolucionária fundamental.

Em 1921, por proposta de Lênin, foi proibida a constituição de qualquer facção oposicionista dentro do aparelho partidário. Os bolcheviques poderiam discordar individualmente. Qualquer união de forças além disso seria considerada "fraccionismo", e assim tratada, com os rigores da lei revolucionária. Caía sobre a Rússia a longa noite da unanimidade, o fim do pensamento crítico, herdado de Marx.

Trótski apoiou a proposta na hora, com todo o entusiasmo. Alguns anos depois, essa lei de 1921 iria ser usada contra ele e seus partidários.

Até 1921, a Rússia vivera o chamado "comunismo de guerra", período dificílimo, com problemas de toda a gravidade, falta de tudo nas cidades, campo convulsionado, êxodo de quadros profissionais, produção industrial desorganizada, intervenção militar estrangeira.

Mas foram anos de muita radicalidade ideológica. Rapidamente, implantou-se, por toda parte, uma mentalidade e uma diretriz coletiva, favorecidas pela pouca complexidade da economia russa.

Por um momento, os bolcheviques puderam imaginar que o Estado tinha matado o Mercado. O paternal e maternal Estado soviético tinha dado um ponto final à lei da selva, à competição cega. A Razão assumia o poder, a vida dos homens poderia ser planejada.

Mas a brutal realidade logo viria acordá-los de sonhos tão nobres.

A Rússia não existia num vácuo. Era uma nação, em vias de industrialização, com enorme potencial material e humano. Mas seu desenvolvimento dependia do Ocidente, de seus capitais, de seus investimentos, sobretudo de sua tecnologia e de sua ciência. O socialismo precisava das conquistas do capitalismo para se implantar e crescer. Lênin era um pragmático, homem para quem a realidade dos fatos tinha sempre a última palavra. Assim deflagrou a NEP, a Nova Política Econômica, que vigorou até finais da década de 1920, quando Stálin *barbariza* e orientaliza, definitivamente, o processo revolucionário da Rússia, essa "fortaleza sitiada", entregue à sua própria sorte, depois da derrota da (esperada) revolução proletária alemã, prelúdio da mundial...

Com a Nova Política Econômica, os bolcheviques *liberalizaram* as diretrizes políticas, admitindo, até certa medida, o capital estrangeiro, a iniciativa privada, a média propriedade no campo (os *kulaks*), e favorecendo uma certa oferta de supérfluos.

Foi nesse momento que a Revolução Russa produziu sua legítima expressão artística, o momento em que se realizou aquilo de Maiakóvski: "sem forma revolucionária, não há arte revolucionária".

Economicamente, a Rússia soviética precisava de uma acumulação para decolar em direção ao socialismo, que é, no princípio, um sistema muito dispendioso, como só pode ser dispendioso criar uma nação de funcionários públicos, com ensino e medicina gratuitos, pleno acesso à moradia, transporte e energia baratos. Acumulação de capitais, acumulação de tecnologias: só formas capitalistas de produção poderiam proporcionar os excedentes para essa acumulação. Donde viria o *plus* para pagar o salto do "reino da necessidade para o reino da liberdade", mal e mal visível no horizonte utópico (miragem?)? Arrasada pela guerra e pela guerra civil, indústria e agricultura em ruínas, hostilizada por todos os países capitalistas, a Rússia bolchevique não tinha como financiar seus projetos de coletivização de um império com mais de 140 milhões de habitantes. A Nova Política Econômica, de Lênin, foi a estranha experiência de fazer, na Rússia, "o elo mais fraco", o capitalismo financiar o socialismo. No estranho híbrido da NEP, a implantação de formas coletivistas de economia (o Estado, como único patrão) conviveu lado a lado, de 1921 até 1929, com instituições intrinsicamente burguesas, com certa liberdade de comércio, e o incentivo a investimentos estrangeiros. Durante quase uma década, o par inconciliável, o planejamento e a lei da oferta e da procura caminharam juntos pelas vastidões da Rússia. Houve setores muito controversos: um dos principais foi o monopólio estatal (ou não) do comércio exterior. Para os bolcheviques, trabalho dobrado: desenvolver, ao mesmo tempo, o capitalismo e o socialismo...

A NEP teve relativo sucesso. Mas a "acumulação primitiva" para o salto ao socialismo foi feita mesmo sobre o trabalho de centenas de milhares de operários e camponeses que, em condições miseráveis de existência, construíram, durante décadas, uma nação industrializada, hoje a segunda maior potência do planeta.

Nem tudo foi culpa e mérito dos bolcheviques. As revoluções não acontecem num vazio, nem numa página em branco. A principal influência sobre as revoluções (e seus socialismos) é o estado imediatamente anterior das sociedades onde ocorrem. Desde

Pedro, o Grande, a Rússia era uma potência europeia, com importante presença nas guerras napoleônicas e na história militar do século XIX. Suas instituições políticas eram as mais arcaicas da Europa, mas suas potencialidades econômicas de macroimpério, quase infinitas (hoje, do petróleo ao diamante, das culturas agrícolas aos metais radioativos, o Império Russo poderia viver perfeitamente sem nenhuma troca com o resto do mundo, não fosse o imponderável da inovação tecnológica...).

Artisticamente, os anos 1920, o período da NEP, foram a Idade de Ouro da arte soviética. Jamais se vira tamanha explosão de talento criador. Para ilustrá-lo, bastam os nomes de Eisenstein, Djiga-Viértov e Pudóvkin, no cinema, Stanislávski e Meyerhold, no teatro, Maiakóvski, Khliébnikov e Iessiênin, na poesia, Isaac Bábel e Bóris Pilniak, na ficção, Kandinsky, Maliévitch, Chagall, Larionov, Tátlin, El Lissítzki, nas artes visuais.

Todos eles tiveram seu apogeu criativo nos anos 1920, sob o impulso da Revolução. Quase todos apoiaram, a seu modo, a implantação do comunismo e o nascimento de uma nova sociedade (o caso de Maiakóvski é, quase, exemplar). Muitos seriam depois vítimas do brutal obscurantismo da era stalinista (Bábel, Meyerhold, Pilniak).

Mas não seria correto apresentá-los, como se faz, como modelos de uma arte soviética, a arte criada pelo socialismo. Todos esses artistas, entre os maiores do século XX, nasceram e se desenvolveram no período czarista. Seus *vanguardismos* e futurismos não são bem vistos na URSS até hoje. Eles mexeram demais com as formas. Ora, como via Lukács, corretamente, "o social, na arte, é a forma". Quem mexe na forma mexe no que não lhe pertence (Adorno, um pensador marxista, viu melhor: "A arte é antissocial").

Foi nos anos 1930 que a arte russa foi *socializada*, domesticada de acordo com determinações superiores: dessa década em diante, o artista soviético é um operário como os outros, sujeito a diretrizes político-partidárias, alvo da mais grave das censuras, a censura formal (é proibido inovar).

Muito cônscio do seu objeto, o academicismo stalinista consagrou os anos 1930 como os anos de ouro da literatura soviética: clássicos são escritores como Gladkov, autor de *Cimento* e *Assim foi temperado o aço*, romances encomendados pelas autoridades para apoiar seus planos quinquenais.

Nos anos da NEP, foi muito intensa a atividade artística e literária na Rússia. Trótski que, embora não fosse poeta nem ficcionista, era um escritor poderoso, senhor de todas as forças da língua russa, foi no começo dos anos 1920, o mais importante crítico literário da Rússia. Seus ensaios literários, reunidos no *Literatura e revolução*, impressionam, até hoje, por seu brilho e solidez (o que ele diz sobre Maiakóvski, ainda vivo, são páginas definitivas sobre o grande poeta).

Nesses anos, surgiu e se desenvolveu o chamado "formalismo russo", pela abrangência e novidade de seus conceitos, o mais importante movimento de reflexão literária do século, ilustrado por nomes como Roman Jákobson, Schklóvski, Tiniánov, Bakhtin, Brik, Eikhenbaum.

Essa extraordinária fertilidade criativa e intelectual era o sintoma de uma época rica de contradições, conflitos e hipertensões.

Como a liquidação por Stálin, a partir de 1929, da classe dos *kulaks* (os médios proprietários rurais), essa primavera revolucionária teve um brusco fim, nunca assaz pranteado.

O comunismo na Rússia, sob a direção de Stálin, tomava a direção de um "despotismo asiático", aquela modalidade sociopolítico-econômica, com a qual Marx, pai da expressão, não sabia se haver, em seu linearismo utópico, messiânico, de cunho nitidamente inspirado por Darwin, a quem pretendia, aliás, dedicar *O capital*...

stálin

O acidente de a Revolução ter dado certo, primeiro, na Rússia vai atrasar o socialismo em duzentos anos.

TRÓTSKI

A guerra é o momento em que a humanidade se rege apenas pelas leis da física. Diante de Stálin, não só entram em colapso todas as nossas categorias éticas e jurídicas. Em colapso, entram também nosso senso e noção do tamanho do papel que um homem pode desempenhar na história.

Paradoxo: a *esquerda*, que sempre procura afirmar o caráter coletivo da história, produziu, no século xx, as grandes personalidades carismáticas, verdadeiros superatores do processo revolucionário, Lênin, Trótski, Mao Tsé-tung, Fidel Castro, Ho-Chi-Mihn...

Nenhum político do século xx pode, nem de perto, rivalizar com o que Stálin realizou. Durante trinta anos, de 1924, morte de Lênin, até 1953, ano de sua morte, a presença absoluta de sua vontade sem limites se confundiu com a Revolução, a bandeira vermelha e a construção do comunismo na Rússia (e alhures...).

Já se disse que ele assumiu o poder numa Rússia com arados de madeira e, ao morrer, deixou uma nação armada com bombas atômicas, a um passo dos *sputniks* e viagens espaciais, a segunda potência da terra, em poderio militar e industrial.

Dele, só se pode falar em termos superlativos. Seus crimes são tão grandes quanto suas realizações. Dele, só se pode falar como quem fala de um furacão, de um terremoto, de um cataclismo. Ao construir o comunismo russo, dando prosseguimento à Revolução Bolchevique, Stálin é um divisor de águas na história do século xx.

Para atingir seus fins, que eram, para ele, os fins da Revolução

Russa, não se deteve diante de nada: hoje, sabemos que, só na primeira década do seu poder, determinou a execução de mais de 1 milhão de pessoas e o aprisionamento em campos de concentração de perto de 9 milhões. Entre as vítimas, 35 mil oficiais do Exército Vermelho. De 1936 a 1938, em expurgos progressivos, patrocinou a liquidação física de toda a liderança bolchevique, que tinha tomado o poder junto com ele: durante os expurgos, mandou prender, torturar e executar Zinóviev, Kamenev, Bukhárin, Rádek, Rikov. Em sua fria determinação assassina, seu único paralelo, no século XX, é Adolf Hitler.

Mas existem muitos aspectos em que não se deve confundi-los, sempre defenderam milhares de comunistas de boa vontade em todo o mundo, mesmo depois de saber das gigantescas dimensões da brutalidade stalinista.

Ambos se apoiaram nas massas, comunismo e nazismo são movimentos de massa. Mas Hitler representava apenas a brutalidade de uma minoria apavorada com a perspectiva de seu eclipse histórico (grandes industriais, militares, expoentes da antiga nobreza). Hitler, o nazismo e o Terceiro Reich eram apenas um engodo, uma farsa, um passe de monstruosa mágica para manipular as massas. Sua derrota na Segunda Guerra Mundial é a evidência do mal e do erro que representava. Mas Stálin venceu a Segunda Guerra Mundial. Com todos os seus horrores, o stalinismo encarnou e encarnaria uma misteriosa modalidade do Bem. Afinal, os vencedores de uma guerra sempre têm razão... E Hitler passou, mas a obra de Stálin permanece, e se chama URSS, e tudo o que esse nome representa.

O stalinismo foi uma autocrítica, uma monarquia absoluta. Enquanto viveu e governou, novo Gengis Khan, Stálin não dividiu o poder com ninguém, nem com parceiros nem com assembleias de representação popular.

Toda a máquina estatal russa e o movimento comunista mundial foram instrumentos de sua vontade a um grau nunca visto. Mas que queria essa vontade? Riquezas pessoais? Haréns? Palácios? Delícias das mil e uma noites? Comparada com a vida de qualquer ditador de direita, do que se sabe, Stálin, até o fim, levou a vida ascética dos bolcheviques. Nunca sentou num trono, nem usava coroa. Sempre se vestiu com sobriedade monacal, militar. E, se teve prazeres, foram os prazeres do exercício do poder quase ilimitado. Mas sempre exerceu esse poder em nome de uma ideia, a construção de uma sociedade que seria, intrinsecamente, melhor do que o inferno da mais-valia do mundo capitalista que cercava a Rússia, "fortaleza sitiada", onde se forjava o novo homem, a nova sociedade, hoje "a ditadura do proletariado". Que o diga a extraordinária coerência de propósito dos trinta anos da sua tirania. Suas medidas eram rigorosamente pautadas por motivações ideológicas. Não mandou matar Bukhárin porque não gostava dele. Bukhárin representava a *direita* do Partido. E perseguiu Trótski implacavelmente, porque Trótski liderava a "oposição de esquerda". Não era um homem, nem o coração de uma ideia, mas o cérebro de uma máquina implacável, aquela máquina que Lênin e o próprio Trótski tinham começado a montar, um dia.

Não nos iludamos.

A história é um absoluto, a história não tem *se* nem *que tal se...*

Mas os pensadores da história têm todo o direito de emitir vários *que tal se...*

Como seria a Rússia, se Lênin não tivesse morrido em 1924, com apenas cinquenta e quatro anos? E se Trótski tivesse sido o sucessor de Lênin, em vez de Stálin?

Ninguém sabe como teria sido a história que não houve. De uma coisa, porém, não deve haver muita dúvida: não seria muito diferente da Rússia de Stálin, pelo menos, quanto à perseguição dos objetivos essenciais. Os bolcheviques formavam um grupo extremamente homogêneo, do ponto de vista ideológico. Quem sabe, Lênin e Trótski não teriam recorrido a métodos tão brutais para implantar o comunismo na Rússia. Mas, talvez, sem esses métodos o comunismo, enquanto sistema, continuaria ainda no papel e na partitura de Marx. Diante da brutalidade milenar da sociedade de classes, para lançar as bases do socialismo, era preciso concentrar séculos de horror em décadas. Os bolcheviques, conforme uma fantasia erótico-heroica de Trótski, em seu *Minha vida*, cultivavam a fantasia de estar vingando Spartacus e todos os escravos da Antiguidade, os servos da Idade Média, os operários ingleses do século XVIII, todos os oprimidos, os explorados, os diminuídos. Sem saber, perseguiam aquilo do Evangelho: "bem-aventurados os que têm sede e fome de justiça, pois eles serão saciados"... Mas não eram as belíssimas abstrações do Sermão da Montanha que os bolcheviques buscavam. Eles queriam a industrialização, a plenitude material, o fim da fome, o fim da ignorância, a vida sem medo nem insegurança, o cessar das guerras, o término da pré-história, a célebre passagem do Reino da Necessidade para o Reino da Liberdade. Todos eram homens do século XIX, fazendo da *Ciência* um fetiche e da *Razão*, um absoluto, mesmo quando negaram fetiches e absolutos. O projeto bolchevique era presidido pela "Razão técnica". Pela primeira vez na história, a Ideia, uma Ideia, assumia o controle das forças cegas do irracionalismo da sociedade de classes.

Novo paradoxo: o marxismo, que sempre afirmou o primado da matéria e o caráter materialmente determinado das ideias na história, inspira um movimento histórico regido por uma ideia, como nenhum outro. Com os bolcheviques, a ideologia assume o poder, e molda uma imensa sociedade, produzindo novas classes e novas relações sociais.

Para atingir esse Estado Ótimo, último horizonte de todas as utopias, qualquer sacrifício valia. Ainda bem que era o sacrifício dos outros...

Ióssif Vissarionóvitch Djugachvili Stálin nasceu em Góri, na Geórgia, no mesmo ano que Trótski, 1879. Não era um russo, nem de sangue nem de língua. O georgiano é uma língua profundamente diferente do russo. Os georgianos constituíam um antigo reino cristão, na margem oriental do mar Negro, ao norte da Turquia e da Armênia, na área montanhosa do Cáucaso.

Sempre às voltas com os turcos muçulmanos, pediram a ajuda da Rússia, que anexou o país. Em 1801, Alexandre I anexou a Geórgia ao vasto império que crescia em direção ao Pacífico.

Filho de um sapateiro pobre, o futuro Stálin educou-se num seminário, em Tíflis, capital, onde foi encontrá-lo a agitação social e ideológica que germinava por todo o império dos czares.

Em 1899, já faz parte dos círculos georgianos clandestinos daquele Partido Social-Democrata, que, um dia, seria o Partido Bolchevique.

Tíflis fica a milhares de quilômetros das grandes cidades russas do Ocidente, onde se passam as ações decisivas. E que viagem faria este filho de um sapateiro até o poder supremo de um *khan* mongol!

Djugachvili, isto é, Stálin, só poderia representar o que representou, a orientalização da Revolução Russa, a volta dos mongóis, da Horda de Ouro, de Ivan, o Terrível, o ressurgimento de Aliócha Karamázov.

Mas sua ascensão ao poder supremo foi muito lenta, tão lenta que nem Lênin nem Trótski perceberam o movimento.

Ninguém imagine, portanto, que Stálin fosse apenas um obtuso funcionário do Partido que tomou o poder através da brutalidade e do oportunismo, coisas que certamente não faltaram no percurso da sua carreira de militante subversivo, ministro da Revolução, secretário-geral do Partido e, por fim, senhor da Rússia. Sua inteligência está fora de qualquer discussão, uma inteligência prática, minuciosa, paciente, astúcia oriental, perigosamente equipada com o saber e a ideologia ocidental.

Intelectualmente, não poderia se comparar com Lênin. Muito menos com Trótski. Essa sua inferioridade iria se transformar em superioridade quando a Revolução, ilhada, hostilizada, tivesse que se russificar, assimilando o atraso do interior do império. Stálin era o homem desse interior. Só esteve uma vez no Ocidente, clandestino, num congresso onde Trótski o viu pela primeira vez. Era na época das lutas entre bolcheviques e mencheviques, antes da Revolução. Trótski, o mais brilhante dos mencheviques, brigava diretamente com Lênin. Mal teve tempo de prestar atenção naquele caucasiano escuro, de espesso bigode e penetrantes olhos rasgados. Seus olhos devem ter se cruzado por um instante, o olhar da Ásia no olhar de um judeu da Europa Central.

Trótski devia estar muito preocupado, como sempre, com sua performance, ele que era todo ego e Revolução. Stálin deve ter pensado, este é o principal adversário. Sua astúcia oriental deve ter lido ali todos os pontos fracos, as brechas, os lugares vulneráveis de Liev, sua vaidade, a arrogante confiança em sua superioridade intelectual, sua distância em relação à média.

A genialidade de Trótski não era páreo para a metódica mediocridade de Stálin, uma estranha mediocridade onde entravam uma extraordinária precisão de cálculo, um senso dos objetivos possíveis e a mais absoluta falta de escrúpulos morais para atingi-los.

A hostilidade e o rancor entre os dois aumentaram durante os anos subversivos, antes de Outubro, quando ambos conheceram todas as agruras que esperavam os revolucionários russos, prisão, exílio, interrogatórios, fugas, documentos falsos, aquela vida de ratos de esgoto sonhando com a luz do sol. Quando ocorre a Revolução de 1917, Lênin e Trótski já tinham dado um alto em suas diferenças, uniram forças, Trótski aceitando a disciplina vertical dos bolcheviques, Lênin fechando com a teoria trotskista da "revolução permanente". Nesse momento, Stálin desempenhou um papel subalterno, apenas um dos cinco membros do Comitê Militar Revolucionário, presidido por Trótski. Mas era um posto da maior responsabilidade. Só a um bolchevique de valor provado e competência indiscutível, Lênin, o líder inconteste, o concederia. No decorrer da Revolução de Outubro, Stálin deve ter estado empenhado em problemas de organização interna do Partido, que era sua especialidade. Seu nome não aparece em *Os dez dias que abalaram o mundo*, do jornalista comunista americano John Reed, testemunho insuspeito. Nesse livro-depoimento direto, os protagonistas da Revolução são Lênin e Trótski. Vitoriosa a Revolução, o nome de Stálin aparece com destaque na constituição do novo governo, presidido por Lênin, onde Stálin aparece como comissário para as Nacionalidades, cargo de enorme importância num império multinacional como era a Rússia. Em suas mãos, estava o problema das etnias asiáticas.

Significativamente, no gabinete de Lênin, Trótski veio a ocupar quase que o lugar oposto, o de comissário para Assuntos Estrangeiros, o chanceler encarregado de acertar os negócios com as potências do Ocidente.

De chanceler, Trótski se transformou em ministro da Guerra durante a Guerra Civil (1917-21), quando os bolcheviques todos tiveram que se improvisar militares, Stálin inclusive, que atuou com muita eficiência em várias operações de guerra.

Trótski criou, administrou e deu estrutura ao Exército Vermelho.

Conta-se que, um dia, criticavam Trótski diante de Lênin, mas este interrompeu:

— Foi ele que criou o Exército Vermelho. Quem seria capaz de colocar de pé um exército assim? Quem, senão Trótski?

A historiografia soviética oficial, de origem stanilista, um rosário inacreditável de mentiras e omissões sobre tudo que diga respeito a Trótski, sempre escondeu esse fato.

Durante a Guerra Civil, Stálin lutava e organizava no interior de um organismo criado e dirigido por Trótski.

Mas isso não ia durar.

Imperceptivelmente, em silêncio, com a paciência de um velho *khan*, Stálin ia acumulando poderes no interior da máquina do Partido, que acabaria logo por se confundir com a máquina governamental do Estado russo.

Quando a Guerra Civil acabou, Stálin ocupava três cargos com toda a autoridade e competência, três cargos que, praticamente, faziam dele o senhor real da sociedade russa, comissário das Nacionalidades, comissário da Inspetoria dos Operários e Camponeses e membro do Politburo.

Como comissário das Nacionalidades, encarregado das relações entre as centenas de etnias do interior no império, tinha total controle do interior da Rússia.

Como comissário da Inspetoria dos Operários e Camponeses, num Estado cem por cento burocrático, era o senhor da vasta máquina de funcionários, com total controle dos mecanismos de admissão e demissão, de ascensão e nomeação funcional.

Quanto ao Politburo, era o cérebro e o coração do governo russo.

Dele participava a fina flor do Partido Bolchevique, o próprio Lênin, Trótski, Bukhárin, Kamenev e Stálin. Enquanto Lênin viveu, manteve-se a democracia interna que caracterizava o Partido. Com sua morte, a luta pelo poder se precipitou entre os membros do Politburo, mais Zinóviev.

Stálin os mataria a todos, nos expurgos dos anos 1930, após ridículos julgamentos espetaculosos, em que, depois de torturados, confessaram crimes absolutamente inverossímeis (espionagem em favor do Japão, entrega de segredos militares às potências ocidentais etc.).

Trótski teria destino ligeiramente diferente.

No final da Guerra Civil, ninguém, nem Lênin, tão arguto, tinha percebido o montante de poder que se concentrava nas mãos do georgiano.

Em 1922, Stálin se torna secretário-geral do Comitê Central do Partido Comunista. Agora, ele era senhor, também, do Partido. Seu poder não tinha mais limites. Nem mesmo Lênin detinha em suas mãos tanta autoridade.

Esse acúmulo de poder tinha vindo sem nenhum tipo de consulta ou votação de bases mais amplas. Era fruto de maquinações no interior da máquina Partido-Estado, cujo modus operandi Stálin conhecia como ninguém. Afinal, ele tinha sido um dos principais engenheiros em sua montagem...

Nesse momento em que Stálin se tornava o senhor da Rússia em nome do comunismo e da Revolução de Outubro, o que queria Trótski?

Apesar das abundantes fontes trotskistas, não é muito fácil dizer.

O fato é que os revolucionários russos estavam tão acostumados com a incontestável genialidade da liderança de Lênin que nem imaginavam o que fariam se o chefe lhes faltasse. Com certeza, imaginavam que um certo tipo de colegiado assumiria o poder, englobando a alta liderança bolchevique. Na circunstância, Trótski não duvidaria de que nesse colegiado desempenharia o papel de sempre, opinando, discursando, convencendo, discordando, lutando por seus objetivos.

Stálin não era tão ingênuo. Afinal, ele não era o segundo depois de Lênin?

Exatamente aqui se coloca uma das questões mais intrigantes da vida de Trótski: por que é que ele *perdeu* no jogo pelo poder?

A resposta será sempre a mesma: *alguém soube jogar melhor*.

Trótski era um dispersivo, homem de mil interesses, que iam do político ao militar, do literário ao cultural.

E como intelectual que era, seu percurso era mais errático, mais sujeito a caprichos de alteração de rota.

Do alto de sua indiscutível superioridade intelectual, seu erro foi subestimar o adversário. Quando Trótski despertou de sua miragem narcisista, Stálin tinha efetivamente nas mãos todos os suportes materiais do poder.

Havia dois ou três anos, Trótski tinha estado à frente do Exército Vermelho, que ele tinha criado e organizado. Mas mesmo no auge da sua luta com Stálin, nunca fez um movimento para atrair o apoio das Forças Armadas, cuja oficialidade tinha por ele o maior respeito. Os trinta e cinco mil oficiais que Stálin mandou fuzilar, durante o expurgo do Exército Vermelho, eram elementos, de alguma forma, favoráveis a Trótski, sob cuja liderança tinham lutado; gente, portanto, politicamente perigosa.

Tivesse recorrido às Forças Armadas, Trótski poderia ter se tornado o Napoleão da Revolução Russa, aquele que toma o poder por via das armas para afirmar uma dada revolução. Mas o movimento da história não é feito de *poderia*...

Não se sabe muito bem o que Trótski queria. Mas dá para fazer ideia do que ele podia. "Segundo de Lênin", quem sabe. Mas, além de Stálin, Trótski tinha outros colegas de poder, que eram muito mais do que meros funcionários obedientes. Zinóviev, Bukhárin, Kamenev eram revolucionários brilhantes, de larga experiência, muita autoridade no interior da máquina burocrática, companheiros de primeira hora de Lênin, bolcheviques de coração. Zinóviev era um orador poderoso, rival de Trótski na oratória revolucionária. Bukhárin era um teórico de marxismo, um intelectual de altas prendas conceituais.

A luta não era apenas entre Trótski e Stálin.

Prevaleceria a capacidade de negociação e intriga de Stálin.

Associando-se ora a um, ora a outro desses líderes, Stálin foi liquidando com todos os poderes reais de Trótski.

Depois, viria a vez dos outros. Mas tudo a seu tempo, no melhor estilo georgiano. Em 1924, a saúde de Lênin periclitava, resultado do atentado à bala que sofrera dois anos antes. O líder piorava, tinha crises de perda de consciência. Mas teve forças para se recuperar várias vezes.

Cúmulo do acaso, no dia em que Lênin morreu, Trótski se encontrava a milhares de quilômetros de distância de Moscou, nas primeiras férias que tirava em anos de militância febril. Era um caçador apaixonado, e adorava passar horas no mato atrás de pombos e patos selvagens. A notícia o apanhou no caminho.

Nesse momento, em Moscou, Stálin, em sua condição de secretário-geral, presidia as exéquias do líder morto, bom filho presente no enterro do pai. Stálin faturou ao máximo a circunstância.

A partida estava ganha. Era apenas uma questão de tempo.

O processo sucessório na Revolução Russa seguiria o traçado da sucessão de poder numa horda mongólica. Na hora do triunfo de Ivan, triunfa Aliócha.

Aqui entra a estranha história do Testamento de Lênin, a última vontade do grande chefe, expressa em seus derradeiros momentos de lucidez, documento "monarquista" em que o líder, no leito de morte, distribui a herança, como um patriarca do Antigo Testamento...

Esse testamento, desfavorável a Stálin, foi ocultado por anos, e seu conteúdo só veio a público muito depois. Nele Lênin faz a última e definitiva análise dos seus companheiros e subordinados, mede e pesa seus méritos, discute seus métodos de atuação, propõe o afastamento de Stálin da Secretaria Geral, mas não designa propriamente um herdeiro. Afirma que Trótski e Stálin são os líderes mais capazes, coisa que todo mundo sabia. Mas tem críticas a fazer aos dois, críticas que de certa forma coincidem. Em Stálin, reprova a rudeza e a brutalidade, "incompatíveis", diz ele, "com o cargo de secretário-geral". Em Trótski, o mais brilhante, reprova o "gosto por soluções administrativas". Por trás da expressão "soluções administrativas", isto é, tomadas de cima para baixo, devemos ler os métodos brutais de Trótski, que mandou massacrar a guarnição rebelada de Kronstadt, e preconizou a militarização do trabalho industrial. No fundo, Lênin não tinha do que se queixar. Os dois tinham saído a ele, Papai Karamázov, que tinha montado o Partido Bolchevique, como uma grande família, onde todos tinham o direito de concordar com as diretrizes emanadas do centro... O povo russo, inclusive.

No testamento, Bukhárin, Kamenev e Zinóviev, cada um dos outros líderes maiores recebe a sua nota e seu conceito. Mas Lênin sabia que, no jogo de xadrez entre Stálin e Trótski, esses seriam apenas peões, ao sabor das circunstâncias.

Ocultado pela conspiração entre Stálin e os outros, temerosos da ascendência de Trótski, o *Testamento de Lênin* ficou sem efeito, e, hoje, é apenas uma curiosidade histórica.

A sucessão de Lênin ia ser fruto não da vontade do líder morto, mas da correlação dos poderes reais no interior da sociedade russa.

Trótski, na realidade, vai ser vítima da máquina que ajudara a montar.

Em 1924, a Rússia começava lentamente a se recuperar dos estragos da Guerra Mundial, da Revolução e da Guerra Civil. Foi nesse quadro de estragos que se constituiu o comunismo russo. O comunismo não nasceu pobre. Nasceu na mais completa miséria: produção agrícola e industrial reduzida aos níveis de sobrevivência, desordem no campo, fome nas cidades, racionamento de tudo, êxodo de quadros profissionais e técnicos, deterioração de todo o sistema de serviços (transporte, correio, comunicações etc.).

Nesse quadro de dificuldades máximas, não há palavras para descrever a eficiência administrativa, a competência profissional e a coerência ideológica do Partido Bolchevique, que, agora, já se confundia com o aparato governamental. Os bolcheviques tiveram que aprender a ser tudo, militares e administradores de empresa, policiais e diplomatas, idealistas e oportunistas...

Inacreditável a quantidade e a diversidade de problemas que

aquele punhado de homens teve que enfrentar num curto espaço de tempo.

Em meados dos anos 1920, o problema crucial era a NEP, a Nova Política Econômica, aquele compromisso entre formas capitalistas de produção (alguma liberdade de comércio, incentivo a investimentos estrangeiros) e a proposta coletivista básica. Trótski sempre se opôs à NEP e a suas fórmulas conciliatórias: sua Rússia era a Rússia do "comunismo de guerra", coletivização forçada, sobre-esforço sobre a classe trabalhadora, liquidação da propriedade privada no campo.

Mas nem todo mundo, no alto comando, pensava assim.

Bukhárin, Zinóviev e Kamenev eram menos radicais. Stálin, astuto, esperava que se definissem as tendências e se traduzissem no que, realmente, importava: o controle efetivo do poder. Era esperto o bastante para saber que a metade daquilo tudo era conversa fiada: discípulo de Lênin, só acreditava em fatos.

Sempre com ideias muito próprias, sobre todas as questões, logo Trótski começou a liderar uma facção no interior do Politburo e do Partido. Era inevitável. E seria fatal. Em 1921, ainda vivo Lênin, o Partido aprovou a tal lei que proibia a construção de facções e dissidências internas no Partido. A proposta foi de Lênin. Trótski apoiou-a entusiasticamente, cavando sua própria cova.

A ideia básica dessa lei antidivergência, sabemos, era curiosa: cada membro do Politburo ou da alta direção do Partido tinha autoridade e liberdade para discordar de alguma decisão. Mas apenas *como indivíduo*, como opinião isolada. A partir do momento em que congregasse outros que pensavam como ele, para uma oposição organizada, era um *fraccionista*, um criminoso que ameaçava a indispensável unidade monolítica do Partido.

Essa lei saiu na época em que se discutiam questões fundamentais que, depois, viriam a marcar todo o comunismo russo e o comunismo em todo o mundo. Eram as questões do monopólio do poder e do monopólio da verdade ideológica. Na resolução dessa questão, os bolcheviques rejeitaram toda a possibilidade de uma sociedade plural ou pluralista. Os bolcheviques não dividiram o poder com nenhum dos outros partidos de esquerda (que foram eliminados até fisicamente). E proclamaram uma ortodoxia filosófico-ideológica (o "marxismo-leninismo"), monólogo teórico que acabaria congelado numa escolástica garantida pelos poderes policiais do Estado.

Trótski foi um dos defensores mais ardorosos dessa ortodoxia.

É dele a tese quase paranoica da infalibilidade do Partido, pois, dizia, "o Partido nunca pode estar errado, já que é o único instrumento histórico de que dispõe a classe trabalhadora para sua emancipação histórica". Stálin, depois, viria a se apropriar dessa ideia de Trótski, como se apossou de todos os projetos da facção trotskista para coletivizar a Rússia, a partir de 1929.

Em 1924, a proibição da constituição de facções dentro do Partido liquidou com todas as possibilidades de atuação de Trótski.

Em 1925, Trótski é excluído de suas funções no Politburo.

No plano ideológico mais geral, o centro do conflito entre Stálin e ele era o choque entre a teoria da "revolução permanente" e a do "socialismo num só país".

Nada os divide mais.

Para Marx e os marxistas do século XIX, a revolução proletária era um fenômeno mundial, transnacional, baseada na igualdade da condição oprimida dos trabalhadores de qualquer latitude. As nações eram artifícios geopolíticos das classes dominantes. Entre um operário inglês e um operário alemão, deveria prevalecer a condição de operário sobre a diferença de nacionalidade. Na realidade, as coisas seriam um pouco diferentes. O ser humano, operário ou não, não é uma entidade genérica, abstrata. É um indivíduo concreto, com certos traços físicos comuns aos seus, falando determinada língua, orgulhoso de seus signos culturais, sua culinária, seu folclore, seus mitos fundantes. A certeza, porém, da iminência de uma revolução proletária em todos os países, a começar pelos mais industrializados, era esperança muito viva nos revolucionários do século XIX e primórdios do XX. Do ouro falso dessa esperança, Trótski forjou sua teoria da "revolução permanente": uma vez iniciada num país, a revolução proletária não deveria parar aí, mas se irradiar numa reação em cadeia. Durante a Revolução Russa, Trótski e os outros esperavam, para qualquer hora, a eclosão da revolução na Alemanha. No poder, os trabalhadores alemães, mais desenvolvidos que os russos, dariam a mão a seus irmãos do Leste, dando início a uma sucessão de revoluções proletárias, que acabariam tomando conta do mundo todo. Sem essa fé, dificilmente os bolcheviques teriam tido tanta coragem para arrostar as incríveis dificuldades com que começou a Revolução Russa.

Mas os fatos quiseram diferente. A incipiente revolução alemã foi facilmente tomada pela classe dominante, Rosa Luxemburgo e Liebknecht, seus líderes, sumariamente executados. Nos países mais desenvolvidos, não apenas os trabalhadores são mais fortes. Os poderes da burguesia também são mais fortes. No início dos anos 1920, a vaga revolucionária na Europa começa a retroceder. A Revolução Russa vai ficar isolada entre nações burguesas. E as massas trabalhadoras tomarão outras direções, deixando-se seduzir pelo fascismo na Itália e pelo nazismo na Alemanha.

Adeus, revolução permanente. Em meados dos anos 1920, Stálin começa a patrocinar a ideia do "socialismo num só país", teorização de uma realidade histórica irremediável.

Daí por diante, até a próxima guerra, a Rússia será a "fortaleza sitiada" do socialismo, como o povo de Israel, um "estranho entre as nações". O socialismo russo não vai ter que se haver com outros socialismos, mas com o capitalismo, seu inimigo natural. O socialismo só voltará a avançar depois da Segunda Guerra Mundial, nos países eslavos do Leste Europeu, mas deflagrado, impulsionado e garantido pela presença de tropas e tanques russos, vitoriosos sobre a Alemanha de Hitler. Não por revoluções populares...

Ironicamente, os tanques de Stálin realizarão na Polônia, na Hungria, na Tchecoslováquia, na Romênia e na Bulgária um pouco da sonhada "revolução permanente" de Trótski...

Em meados dos anos 1920, ora se associando com Kamenev e Zinóviev, ora com Bukhárin, os mais destacados bolcheviques, Stálin começa a liquidar Trótski, demitido de suas funções governamentais em 1925.

[337]

Na lógica do Partido, Kamenev, Zinóviev e Bukhárin representavam uma *direita* do Partido, favorável ao liberalismo semiburguês da NEP, hostis ao radicalismo irrealista de Trótski. Este viria a encabeçar e inspirar uma "Oposição de Esquerda", constituída de comunistas da mais alta categoria intelectual e fervor ideológico, como Preobrajenski e Yoffe.

Mas mesmo destituído de poderes e afastado do círculo governamental, Trótski e a "Oposição de Esquerda" continuaram atuando, dentro dos limites possíveis, como uma força crítica contra Stálin, Zinóviev e Kamenev. Ainda não era possível mandar fuzilar sumariamente um líder da Revolução, parceiro de Lênin e criador do Exército Vermelho.

Fora do poder, Trótski ainda era uma figura de muito peso, e seus feitos recentes ainda estavam na memória dos bolcheviques.

Mas em meados dos anos 1920, muita coisa tinha mudado. Em primeiro lugar, o jovem proletariado fabril urbano, que tinha feito a revolução em 1917, tinha praticamente desaparecido nos combates da Guerra Civil ou havia, logicamente, ingressado nos amplos quadros de funcionários da imensa máquina burocrática em que a Rússia se transformava.

Os operários de 1925 não são mais os de 1917.

São ideologicamente mais pobres, sem experiência histórica revolucionária. Já não oscilam entre mencheviques, bolcheviques, social-revolucionários ou anarquistas.

Sobretudo, o nome Trótski já não significa muita coisa para eles.

A "Oposição de Esquerda" e Trótski perdem qualquer base popular de sustentação.

Era a hora. E Stálin deu o passo decisivo. Em 1927, Trótski é expulso do Partido e exilado com todos os seus partidários mais diretos para o Cazaquistão, no interior asiático da Rússia. Era para essas regiões que os czares mandavam seus súditos mais incômodos. Aliócha-Gengis Khan, Stálin repetia um gesto ancestral.

Mesmo nesses ermos, remotos, Trótski continuou incomodando.

Em 1929, por fim, é expulso da União Soviética.

o fim?

A democracia não se estabeleceu com métodos democráticos.
TRÓTSKI, *MORAL E REVOLUÇÃO*

Na história política do século XX, poucas coisas são mais espantosas que a súbita queda de Trótski, de grande líder da Revolução para proscrito e renegado, expulso do país que, com Lênin, sonho e trabalho, tinha ajudado a criar.

Em menos de cinco anos, de 1924 a 1929, o todo-poderoso criador e chefe do Exército Vermelho, membro do Politburo, revolucionário respeitado no mundo inteiro, caiu das culminâncias do Poder na condição de criminoso perseguido e caçado pelo mundo inteiro, seu nome execrado, seus partidários implacavelmente liquidados, sua obra simplesmente apagada das histórias oficiais da URSS.

As explicações, como os fatos, não são simples.

É quase irresistível um recurso ao confronto de personalidades e valor individual na liderança da revolução bolchevique. Lênin, Trótski e Stálin são os grandes nomes. Mas se impõem distinções.

Intelectualmente, não se pode comparar Lênin e Trótski com Stálin. Além de organizador de um partido, Lênin era um teórico de alto nível conceitual, verdadeiro pensador da luta de classes, do Partido, da Revolução e do Estado, alguém que, à maneira russa, continuava Hegel e Marx (sem muita originalidade, diga-se de passagem). Trótski não chegava a tanto.

Sua atuação revolucionária, cobrindo mais de vinte anos, é acompanhada de imensa produção de textos jornalísticos, ensaios, peças de ocasião, onde se apresenta um pensamento sólido e profundo, de extraordinária agudeza de leitura do processo histórico, tanto do passado quanto do presente, e perspectivas futuras. No plano da esquerda, no século XX, ninguém, nem mesmo Lênin, teve intuições tão fulgurantes, tão amplas e tão certeiras.

Stálin era feito de outro material. Embora capaz de teoria, como os bolcheviques em geral, era — sobretudo — um administrador e um político da mais extrema habilidade e astúcia. Na negociação entre tendências antagônicas, na paciência de saber esperar os fatos para colocá-los a serviço dos seus desígnios, Stálin não tem igual. Como intelectual (que era), jamais foi além de uma visão primária, imediatista, pragmática, daquele já então vasto pensamento de esquerda que englobava não só Marx e Engels, mas também Lassalle, Kautski, Rosa Luxemburgo e muitos outros teóricos revolucionários da Rússia e da Europa.

Com suas limitações, Stálin é o responsável pelo congelamento desse vivo pensar de esquerda na escolástica embalsamada, verdadeiro sistema metafísico, que se chama "marxismo-leninismo". Com efeito, em setenta anos de revolução e regime socialista, a URSS não produziu um só pensador original, só repetidores de manual. Com Stálin, o pensamento passou a ser, apenas, o caminho mais curto entre duas citações.

Mas exatamente por suas limitações, Stálin sempre teve muito maior facilidade de comunicação com os quadros mais amplos da base do Partido, gente mais simples, recém-convertida ao comunismo. Donde vem o poder de um homem? Do apoio explícito ou tácito de sublideranças, firmadas sobre camadas amplas que lhes dão respaldo militar, policial, ideológico.

Trótski perdeu o poder (e a vida), sobretudo, por certas características de personalidade. Intelectualmente superior, grande escritor e orador, nunca conseguiu ver nos companheiros seus iguais. Sua formação europeia não tinha muita paciência com o primitivismo asiático da população russa, primitivismo onde Stálin, georgiano, se movia como um peixe na água. Essa consciência de superioridade, em Trótski, se converteu muitas vezes em pura arrogância individualista: havia em Trótski alguma coisa de ator, o convencimento de ser protagonista de um máximo evento histórico. Em suas memórias sobre Lênin, Górki reporta uma estranha fala dele que teria segredado ao escritor, num momento de franqueza:

— Ele sabe organizar. No entanto, não é dos nossos. Está conosco, mas não é dos nossos. É muito ambicioso...

Os bolcheviques tinham razão. Trótski não é um dos nossos. Afinal, não tinha passado anos disputando com Lênin, aliado aos mencheviques, sempre indeciso, mudando de postura, ao sabor dos acontecimentos? Stálin, sim, é o verdadeiro continuador da obra de Lênin, o fiel seguidor do seu pensamento.

Contra Trótski, Stálin pôde assim contar com o apoio irrestrito de toda a alta liderança bolchevique, os velhos discípulos formados na escola de Lênin, hoje, altos dignatários ocupando os cargos mais importantes da URSS, Kamenev, Zinóviev, Bukhárin, Tomski, Rikov, Bubnov, Dzerjinski... Um dia, Stálin mandaria matá-los todos. Em meados dos anos 1920, porém, todos viam em Stálin um moderado sensato, que apenas queria conduzir o socialismo no reto caminho traçado por Lênin.

Mas a velha profecia de Trótski, de 1905, estava para se cumprir: "o Partido ia ocupar o lugar da classe operária, o Comitê Central do Partido iria dominar o Partido e, um dia, um homem, sozinho, iria dominar o Comitê Central, o Partido e a classe operária".

O resto da história é apenas um resto. Expulso da URSS, depois de um exílio com seus partidários e familiares no interior asiático do país, Trótski começa uma longa fuga trágica pelo mundo afora, primeiro na Turquia, depois na França, na Noruega e, por fim, do outro lado do Atlântico, no México, onde foi abatê-lo o longo braço de Stálin, em 1940, no primeiro ano da Segunda Guerra Mundial, donde a URSS sairia como um dos vencedores, disputando o poder mundial diretamente com os Estados Unidos.

Durante essa perseguição, o velho leão não ficou quieto. Ao contrário. Perseguido de país em país pela pressão da diplomacia soviética, Trótski vai reagrupando seus seguidores, exilados e estrangeiros, até fundar a Quarta Internacional, uma organização política para combater Stálin e os rumos da URSS sob o controle dele.

O movimento socialista mundial é balizado por sucessivas Internacionais, congressos de lideranças dos partidos operários, determinando as diretrizes para a ação do movimento, visando a uma sociedade socialista.

A Primeira Internacional foi fundada em Londres, em 1864. Nesta, várias tendências operárias e esquerdistas entraram em conflito, donde saíram vitoriosas as ideias do próprio Karl Marx, que assumiu pessoalmente a direção do movimento.

A Segunda Internacional foi fundada em Paris, em 1889, congregando os partidos socialistas e social-democratas da Europa. Nessa Internacional, da qual já participa Lênin, ocorre a cisão entre social-democratas, favoráveis a uma colaboração com a burguesia, e as tendências radicais de Lênin, conflito que a Grande Guerra de 1914 só agravaria.

Por fim, em 1919, Lênin, já no poder, funda a Terceira Internacional, o Komintern, totalmente subordinada aos interesses de potência da URSS (Zinóviev foi seu primeiro presidente). Stálin a extinguiria em 1943, em plena Segunda Guerra Mundial.

Ao fundar, em 1937, depois de muita hesitação, a Quarta Internacional, Trótski dava um passo decisivo em sua carreira de revolucionário: colocava-se *fora* do comunismo oficial, que agora coincidia com os interesses nacionais da URSS e seu quadro governante. Para ele, era um passo doloroso: Trótski nunca deixou de se considerar um verdadeiro bolchevique. Seja como for, sua Quarta Internacional não poderia deixar de ser pouco mais que um gesto simbólico, vindo de alguém que, havia quase quinze anos, afastado de qualquer poder real, era enxotado de país para país. O trotskismo (Trótski dizia que não existia trotskismo), invocando a Quarta Internacional, chegou a ter certo papel durante a Guerra Civil Espanhola. Mas os grupos trotskistas que existem ainda em muitos países do mundo (Brasil, inclusive) nunca conseguiram um grau de coesão a ponto de ter peso na política real. Sempre aparecem como uma "esquerda da esquerda", diante da direita da esquerda representada pelos partidos comunistas mais ou menos filiados ao da URSS, todos de inequívoca inspiração stalinista. A guerra implacável entre os dois grandes líderes sobreviveu à morte de ambos.

A bandeira trotskista ficou como uma espécie de horizonte utópico de um comunismo sem as deformações soviéticas, um comunismo com mais liberdade individual, aberto a inovações no plano artístico, contrário aos privilégios da Nova Classe burocrática, os *aparátchik* da *Nomenklatura*. Assim, Trótski sobreviveu como mito, como ideia. Mas a realidade histórica é um pouco diferente. Mas esse Trótski é fruto de uma fantasia (erótica ou heroica...) dos que invocam seu nome. Bolchevique, Trótski estava longe de ser um liberal. Quando esteve no poder, agiu de maneira tão implacável quanto Stálin. Comissário da guerra, suprimiu violentamente o levante dos marinheiros de Kronstadt (e os marinheiros estavam certos, pedindo mais liberdade e o fim da ditadura bolchevique). Nas questões de disciplina partidária, chegava a ir mais longe que Stálin, proclamando a infalibilidade do Partido. Defendeu o monopólio bolchevique da verdade e do poder. Opôs-se, com os seus, ao liberalismo relativo da NEP. E sempre lutou contra a liberdade dos sindicatos e o direito de greve, com base no argumento capcioso de que a greve era um instrumento de luta da classe trabalhadora contra seus opressores burgueses; ora, na URSS, os operários estavam no poder, logo não poderiam fazer greve, já que seria um absurdo fazerem greve contra si mesmos... Muito rápido de raciocínio e bom de formulação, era especialista nesse tipo de sofismas trágicos. E suicidas. Ninguém mais que ele defendeu, em 1921, a proposta de Lênin de proibir a existência de facções no interior do Partido, isto é, do governo da URSS. Foi com base nessa lei que, depois da morte de Lênin, Stálin pôde silenciá-lo, neutralizá-lo e isolá-lo, com toda a tranquilidade...

No plano econômico, foi o proponente da industrialização forçada (a *superindustrialização*) através da militarização do trabalho, a aplicação ao mundo do trabalho das leis implacáveis que regem a vida militar.

Estava longe de ser aquele anjinho libertário com que sonham os trotskistas ingênuos, que só guardam dele a imagem do revolucionário bonzinho, perseguido pela crueldade asiática de Stálin, o Caim que acabaria por assassinar o Abel da Revolução, depois da morte de Lênin-Adão...

Mas era uma inteligência muitos graus acima dos que deixava para trás. Era sobretudo um grande escritor. O vigor de sua prosa não tem igual na literatura política do século xx. A ampla *História da Revolução Russa* e a autobiografia *Minha vida*, que escreveu já no exílio, nada ficam a dever à magnitude dos eventos de que participou como personagem fundamental.

Na derrota e no degredo, amargou muitas dores que são privilégios dos homens excepcionais.

Uma delas foi ver Stálin se apossar de seus planos para a instalação do comunismo na Rússia e aplicá-los com toda a energia, a partir de 1929. A coletivização do campo e a liquidação dos médios proprietários, os *kulaks*. A rígida disciplina imposta ao trabalho industrial. A rigorosa planificação da economia. Tudo isso eram teses da *Opozitzia*, a Oposição de Esquerda, liderada por Trótski, cujos partidários constituíam uma elite de administradores, com ideias próprias sobre o que deveria ser a economia socialista.

Outra dor foi sua tragédia familiar. Trótski tinha duas filhas do primeiro casamento, dois filhos do segundo, com Natália. Uma de suas filhas se suicidou. Dos dois filhos, um morreu num campo de concentração de Stálin, talvez sob tortura. O outro, Serioja, morreu em circunstâncias misteriosas durante uma operação, num hospital de Paris, talvez assassinado por médicos comprados por Stálin.

E em sua fuga até o México passou por toda a sorte de dificuldades financeiras de primeira ordem, vivendo do incerto dinheiro ganho com colaborações esparsas em revistas socialistas, ajuda de partidários e outras irregularidades. Envelheceu precocemente: aos cinquenta anos, parecia ter setenta.

Lutou contra Stálin e o stalinismo até o último momento. Foragido e perseguido, jamais deixou de denunciar as *deformações* que Stálin introduzia no socialismo da urss, que ele tinha ajudado a criar. Sua vasta produção jornalística e literária é um combate contínuo contra a traição da Revolução que ele via no stalinismo triunfante.

Dor toda especial deve ter sido a obliteração sistemática do seu nome na historiografia soviética, ou simpática a Stálin.

Nesse terreno, não há dúvidas: a historiografia soviética sobre a Revolução é uma mentira deslavada, completamente deturpada por Stálin.

Quem quiser saber uma opinião contemporânea e isenta leia John Reed em *Os dez dias que abalaram o mundo*: o jornalista americano, comunista, estava lá, em 1917. O nome e a atuação de Trótski estão presentes em todas as páginas (onde Stálin não aparece nenhuma só vez). Pois bem: o livro de Reed, com prefácio de Lênin, só pôde ser traduzido e editado na URSS depois da morte de Stálin. Durante sua vida, nenhum historiador russo se atreveria a mencionar sequer o nome de Trótski num trabalho sobre a Revolução. Essa gracinha poderia lhe custar, no mínimo, o emprego e, no máximo, a vida.

Essa institucionalização da mentira não se limitou aos textos. Até de fotografias históricas foi raspada e apagada a imagem de Trótski! Não há exemplo no mundo moderno de uma conspiração da memória semelhante. O paralelo mais próximo seria a prática dos faraós do antigo Egito que costumavam mandar apagar dos monumentos os nomes dos faraós anteriores, para botar o seu no lugar...

No exílio, Trótski denunciava essa e outras coisas.

No início dos anos 1930, ele, sempre tão atento às coisas da Alemanha, percebeu com clarividência a ascensão de Hitler e do nazismo e o que isso significava para a URSS.

Derrotadas as possibilidades de uma revolução comunista na Alemanha, diante do complexo quadro político, Stálin e URSS, absurdamente, consideraram o nazismo um mal menor, e localizaram os social-democratas como os verdadeiros inimigos. Essa estupidez favoreceu em muito a vitória do nazismo, com o qual o comunismo soviético tinha muitos pontos em comum (não era muito fácil distinguir entre fascismo, comunismo e nazismo, em 1936, digamos).

Evidente que seus alertas não surtiram o menor efeito. Em 1939, Stálin firmava um pacto de não agressão com a Alemanha, num aperto de mãos com Ribbentrop, representante de Hitler. Um ano depois, os tanques de Hitler e do Terceiro Reich invadiam a Rússia com fúria total.

O stalinismo é oportunista. Não é ideologicamente radical. Até hoje, os stalinistas argumentarão que, com o Pacto Germa-

[345]

no-Soviético, a URSS ganhou um tempo precioso para se preparar contra o inevitável ataque nazista (foi contra a Rússia que Hitler lançou a elite de suas tropas). No final, Stálin e a URSS acabariam vencendo. O preço? Vinte milhões de russos mortos, o país reduzido a um campo de ruínas.

Trótski não viveria para ver o resultado dessa guerra.

Escorraçado por toda parte, encontrou precário refúgio no México, onde viveu nos arredores da capital, sempre ameaçado por atentados encomendados em Moscou. Passou seus últimos dias numa verdadeira fortaleza, em Coyoacán, nas proximidades da Cidade do México, protegido por partidários leais que funcionavam como uma verdadeira guarda pessoal.

Nesse abrigo, onde só entrava gente conhecida e devidamente identificada, foi alvo de ataques de comunistas comandados por Moscou, um deles liderado pelo pintor muralista Siqueiros.

Mas Stálin tinha determinado sua eliminação.

O fim de Trótski foi tão rocambolesco quanto sua vida.

Stálin, através do Partido Comunista Mexicano, conseguiu infiltrar na fortaleza de Coyoacán um agente seu, J. Monard, que se fez passar por jornalista de esquerda, interessado nas ideias de Trótski.

Um dia, sozinho com Liev, Monard agarrou a pequena picareta que trazia sob o casaco, e a cravou na cabeça do velho líder.

Trótski, que era homem vigoroso, ainda conseguiu lutar com o agressor. E só veio a morrer quando levado ao hospital.

Preso pela polícia mexicana, Monard declarou apenas:

— Eu matei Trótski.

trótski e a guerra

A natureza objetiva da guerra a converte num cálculo de probabilidades. Só lhe falta um elemento para fazer dela um jogo, *e este elemento certamente não está ausente: é o acaso. Nenhuma atividade humana depende tão completa e universalmente do acaso como a guerra. O acidental e a sorte desempenham, pois, com o acaso, um grande papel na guerra.*

CARL VON CLAUSEWITZ, *DA GUERRA*, CAPÍTULO I

Camaradas! Não temos o direito de cair. Subimos muito alto. Enquanto poder soviético, enquanto Partido, assumimos compromissos grandes demais para com o proletariado mundial. Temos a obrigação de vencer.

TRÓTSKI ÀS TROPAS VERMELHAS, 1918

Cinco meses depois da vitória da Revolução, em meados de março de 1918, Trótski é nomeado comissário da guerra e presidente do Supremo Conselho de Guerra.

Dois fatos chamam a atenção aqui.

Um, a singularidade de vermos um judeu à frente de operações militares: durante toda a Idade Média e a Idade Moderna, os judeus da Europa viveram segregados em guetos, à margem da história dos países onde viviam, até o século XIX, quando começa sua emancipação. Durante todo esse tempo, o exercício das armas sempre foi privilégio e monopólio dos *goiim.* Agora, aí está um judeu dirigindo as Forças Armadas e operações militares da Rússia soviética.

O grande contista russo Isaac Bábel, judeu, reporta a curiosa reação de cossacos e soldados russos diante da propaganda dos "brancos", contrarrevolucionários, que espalhavam o boato de que eles, cristãos, lutavam sob as ordens de um judeu:

— Não, Trótski não é judeu, diziam. Lênin é judeu. Mas Trótski, não.

Nos contos de Bábel, um dos maiores narradores do século XX, judeu que lutou num destacamento de cossacos, podemos aquilatar bem a diferença de visão do mundo entre um cavaleiro cossaco e um filho de Israel: suas narrativas, reunidas no volume *A cavalaria vermelha*, registram, com indisfarçado espanto, aquele clima geral de brutalidade aberta e arrogância bélica, disposição para a violência e crueldade ilimitada, que constituía o universo do cavaleiro cossaco, casta militar que era o braço armado da Rússia czarista, por fim, conquistados para a causa da Revolução, gente que vivia com o sabre e o chicote na mão, eslavos de raça, mas que mantinham os hábitos e os *mores*, dos tártaros.

Trótski soube utilizar, com habilidade, todo o seu potencial militar.

Outra singularidade foi ver que Lênin e os velhos bolcheviques colocavam nas mãos do ex-menchevique, inimigo de outrora, crítico acerbo de Lênin por anos, simplesmente, os destinos da sobrevivência militar da Revolução e da Rússia soviética.

Liev esteve à frente do Comissariado da Guerra de 1918 até 1925.

Durante esses sete anos, realizou uma tarefa gigantesca, criando e organizando o Exército Vermelho, hoje, uma das maiores forças militares da Terra.

Quando assume o cargo de comissário da guerra, em 1918, o volume de responsabilidade que tinha pela frente era de fazer qualquer um desanimar. A Nova República nascia literalmente cercada de inimigos externos e internos, todos determinados a aniquilá-la.

Da parte de fora, a Rússia soviética sofria o ataque de destacamentos ingleses, franceses, alemães, poloneses, tchecoslovacos e japoneses.

No interior, as forças contrarrevolucionárias dos "brancos" arregimentavam-se em inúmeras unidades militares, congregando oficiais do antigo exército do czar, grandes proprietários expropriados, jovens aristocratas, burgueses arruinados pela Revolução, aventureiros, bandidos, oportunistas, liderados por generais veteranos da Grande Guerra: Kolchak, Denikin, Iudénich, Wrangel...

A sorte dos bolcheviques (o acaso, diria Clausewitz...) foi que essas forças antissoviéticas não chegaram a unir esforços na direção de um objetivo comum.

Agiram dispersamente. E, dispersamente, foram paulatinamente derrotadas e neutralizadas.

De 1918 a 1921, a Rússia soviética viveu o "comunismo de guerra", as dores de parto do primeiro socialismo, período de fome e racionamento, miséria e desespero, incerteza e penúria.

Todo um mundo desmoronava. Mas um novo nascia. Os bolcheviques estiveram à altura dos acontecimentos. A disciplina férrea do Partido de Lênin, desenvolvida em anos de clandestinidade, iria superar todas as dificuldades e triunfar no fim.

Os problemas se apresentavam em todas as áreas: militares, administrativos, industriais, diplomáticos, policiais, educacionais, culturais, ideológicos, políticos, sociais...

Dos problemas militares, incumbiu-se Trótski, com uma eficiência que chegou a surpreender o próprio Lênin, que, seja como for, confiava nele.

De líder revolucionário clandestino a comandante do exército de um país, Trótski teve que se defrontar com um problema crucial, uma situação irônica, contraditória. A vitória da Revolução só tinha sido possível pela pregação antimilitarista e antibelicista, o *derrotismo* de Lênin, que sensibilizou todas as camadas inferiores do imenso exército czarista, constituído, basicamente, de camponeses. Nesse combate ideológico, a ideia de luta e de guerra, de exército e de virtudes militares, teve que ser desmoralizada, criticada, desmantelada. Com a vitória da Revolução, cercada de inimigos, é preciso reconstituir as Forças Armadas, restaurar os valores militares, voltar à guerra, só que, agora, com outros objetivos.

Durante a Revolução contra o czarismo, os bolcheviques estimularam todas as formas de democracia militar, a ponto de produzir unidades onde os oficiais eram eleitos pela tropa inferior. Agora, essa democracia tem que acabar. Ela só servia para dissolver o poder militar da antiga ordem vigente. Agora, é preciso disciplina de novo. Organização. Hierarquia. A verticalidade, sem a qual nenhuma ação militar é viável.

Era algo como dizer a uma imensa multidão, *vá!*. E, logo a seguir, dizer *volte!*.

Isso Trótski soube fazer. Em 1920, no auge da Guerra Civil, e das intervenções estrangeiras, o Exército Vermelho sob o comando dele já contava com o monstruoso efetivo de cinco milhões de homens.

Como chefe militar, não ficou, confortavelmente, em algum gabinete na retaguarda.

Com seu célebre trem, atravessou a Rússia, presente nos lugares perigosos, falando às tropas, dirigindo de perto, olho no mapa, o César da Revolução. Lênin é que nunca saiu do gabinete em Moscou...

Ao assumir a responsabilidade vital do Comissariado da Guerra, Trótski não tinha nenhuma experiência prévia de vida bélica. Judeu, não tinha prestado serviço militar. Tudo o que soube de guerra aprendeu estudando o livro de Clausewitz, o grande clássico (o *Da guerra* está para a guerra, assim como *O capital*, de Marx, está para a economia política, ou *A origem das espécies*, de Darwin, está para a biologia). O resto aprendeu na prática, iluminado por um tirocínio extraordinário, napoleônico, atento aos mínimos detalhes, de geografia, de sociologia, de psicologia das massas...

Não se deve, evidentemente, subestimar o tesouro de informações militares, técnicas, disciplinares, que o comissário extraiu dos grupos de oficiais do exército czarista, que conseguiu atrair para a causa da Revolução, na categoria de *especialistas*, o escândalo ideológico da Guerra Civil.

Contemporâneos reportam as longas horas que o comissário passava com esses oficiais, dentro da tenda do comando, discutindo técnicas, táticas, estratégias, operações de ataque e defesa.

Na alta direção bolchevique, eram muitos os que criticavam, às vezes, com razão. Vários desses oficiais do antigo regime se revelariam traidores de marca maior: a muitos, Trótski mandou fuzilar.

Mas com os que se mantiveram fiéis, deve ter tido um verdadeiro curso de informações militares do mais alto nível, em nível de alto comando: esses oficiais, afinal, tinham conduzido as tropas russas na guerra contra o kaiser e o Império Austro-Húngaro. Esse pragmatismo, além da ideologia, contou com o irrestrito apoio de Lênin, outro pragmático. Não há substituto para a vitória. Trótski *vencia* as batalhas que comandava.

Como chefe militar, reabilitou-se do fiasco que foi sua atuação em Brest-Litovski, como chanceler da Revolução, onde assinou aquilo que Lênin chamaria "tratado vergonhoso", quando foi obrigado a abrir mão das possessões ocidentais do Império Russo (Polônia, Ucrânia, Países Bálticos, Lituânia, Letônia, Estônia).

Do rigor com que se houve à frente do Comissariado da Guerra, fala uma Ordem do Dia assinada por ele, em 14 de outubro de 1918, em relação ao comportamento de um destacamento de Petrogrado:

ordem do dia

Foi-nos reportado que o destacamento de combatentes de Petrogrado abandonou sua posição. Ordeno ao comissário Rosensoltz verificar os fatos.

Os soldados do Exército Vermelho, dos operários e camponeses não são uns covardes nem malandros. Querem se bater pela liberdade e felicidade do povo trabalhador. Se recuam ou lutam mal, a culpa é dos comandantes e comissários do Partido.

Advirto: se alguma unidade recuar sem autorização, o primeiro a ser fuzilado será o comissário, em seguida, o comandante.

Não tenhamos dúvidas de que muita gente foi passada pelas armas, sumariamente, até que o Exército Vermelho começasse a apresentar os níveis necessários de performance militar: Trótski não estava brincando de fazer revolução...

Sobre os desertores, o comissário tinha ideias claras: "O desertor é um homem que, num momento difícil, deixa que seus irmãos morram e tenta, antes de mais nada, salvar a própria pele. O desertor é um membro doente da família trabalhadora".

A seguir, determina para os desertores do Exército Vermelho a pena de alta traição, vale dizer, o fuzilamento. Quantos desertores teriam sido fuzilados?

Na condução dos assuntos militares, Trótski adotou aquela medida, pragmática e eficaz, que lhe valeu inúmeras oposições na época: contratou os serviços de oficiais do antigo exército czarista, a partir do raciocínio, correto, de que quem entende de guerra são os militares, os *especialistas*. Muitos desses oficiais colaboraram, patrioticamente, e vieram a integrar os quadros do Exército Vermelho.

Essa riquíssima experiência militar foi escrita.

Não foi por acaso que, na mocidade, Trótski era apelidado pelos colegas de subversão de *Pero, a Pena*. Tudo o que fazia, escrevia. Sua experiência como comissário da guerra é acompanhada de vasta produção textual, constituída de Ordens do Dia, Advertências, Planos de Operação, Discursos aos Oficiais, Relatórios de Batalha, impressionante coleção de documentos escritos sob o fogo, reunidos no volume *Como se armou a Revolução*, um clássico da literatura militar do século xx, livro digno de alinhar com os clássicos de Sun Tzu, Júlio César, o bizantino Belisário e Clausewitz.

Em suas ordens drásticas como condutor de uma guerra, Trótski nunca se limita apenas ao aspecto militar das determinações. Justifica-as ideologicamente. Sua visada utópica está sempre presente. É o revolucionário que fala pela boca do general. Dá uma ordem, e diz por quê. Interliga determinações militares imediatas com tiradas e apelos para a instauração de uma ordem mais justa na sociedade. Nunca esquece que não é apenas um militar: é um agente do Partido, a serviço do socialismo e das massas trabalhadoras do mundo inteiro.

Afinal, não está dirigindo uma guerra como as outras, um mero entrechoque entre as classes dominantes de duas ou mais nações. A guerra que conduz tem como objetivo a instauração de uma nova ordem social, uma ordem como o mundo nunca tinha visto. É uma guerra entre classes, entre os trabalhadores e seus exploradores.

Trótski, como os bolcheviques, conhecia muito bem a história militar de outros movimentos revolucionários recentes: a Revolução Francesa de 1789, de 1848, a Comuna de Paris, a Revolução Russa de 1905.

Esse domínio do passado lhe dava precedentes, que projetavam luz sobre o presente russo.

Do resto, seu irredutível fanatismo bolchevique se encarrega. Numa ordem de 1918, ele determina, sobre o treinamento militar de operários: "A instrução militar terá lugar fora dos horários de trabalho. Ninguém terá o direito de reclamar a menor remuneração pelas horas que vai consagrar a seu primeiro dever de cidadão: estudar a arte de defender a República Soviética".

À atividade de comissário da guerra, Trótski levou uma de suas mais fortes características: o extremismo de quem conduz as coisas às suas últimas consequências. Nunca foi homem de meias medidas.

Nisso, sim, era verdadeiro bolchevique, homem de *sim-sim*, *não-não*.

E foi no Partido que, certamente, pensava, quando conclui o prefácio a seus *Escritos militares*, em 1922, a guerra já ganha:

> Em 1920, durante nossa luta contra Wrangel e a Polônia, o Exército Vermelho contava, em suas fileiras, com mais de 5 milhões de homens. Hoje, incluindo a marinha, ele compreende 1,5 milhão de homens, e continua a diminuir. A redução não vai tão rápida quanto desejaríamos, o que queremos é melhorar sua qualidade [...]. Ao se reduzir em número, o exército não se enfraquece. Ao contrário: se fortalece. Sua capacidade de entrar em ação não para de crescer. Seu devotamento à causa da revolução social não é mais duvidoso.

trótski e a cultura

Várias vezes tentei ler Maiakóvski e nunca pude ler mais que três versos: sempre durmo.

LÊNIN

Para nós, hoje, a imagem da Revolução de Outubro está ligada às manifestações artísticas de vanguarda que, então, fervilhavam na Rússia.

A grande reviravolta histórica, a grande reviravolta artística: as vanguardas expressando, na arte, a grande transformação política...

Essa história, porém, está cheia de pontos falsos: as coisas não foram bem assim.

Em primeiro lugar, os movimentos russos de vanguarda, importantíssimos (futurismo, o *zaúm*, a linguagem transmental de Khliébnikov e Krutchônikh, cubo-futurismo, suprematismo, imaginismo, o Oberju, o grupo 41º), são anteriores à Revolução. Expressam mais o espírito pré-revolucionário do que a Revolução propriamente.

Essa espantosa florescência criativa não se limitou à literatura e à poesia (a arte por excelência do povo russo).

Todas as artes conheceram na Rússia pré-revolucionária um desenvolvimento extraordinário, em consonância com os movimentos de vanguarda que, desde o final do século xix, sacudiam e renovavam a arte europeia (expressionismo, impressionismo, *fauves*, futurismo italiano, cubismo...).

A Revolução Industrial e a importação de técnicas e capitais do Ocidente colocavam a Rússia em contato com o que se fazia de mais avançado nos demais países da Europa. As elites russas circulavam por Paris, Berlim, Londres, Roma, os Ivans do século xx...

A civilização burguesa europeia era, então, uma unidade de sentido, da Lisboa de Fernando Pessoa a Moscou de Maiakóvski, unidade que a Revolução de Outubro quebraria para sempre, ao inaugurar o mundo da igualdade proletária ao lado do mundo da *liberdade* burguesa.

Mas essa Rússia pré-revolucionária não apenas importava novidades artísticas do Ocidente: exportava também.

Mal podemos fazer hoje uma ideia do impacto que provocaram em Paris, na época o coração do mundo, os célebres "balés russos", montados por Diaguilev, um empresário de raro gênio, que revelou ao mundo valores do naipe de Stravinski e um Prokófiev, na música, ou de um Nijinski e uma Ana Pavlova, na dança. A partir de 1909, data do primeiro balé russo em Paris, os espetáculos promovidos por Diaguilev arrebataram as plateias ocidentais pela inovação e ousadia.

Basta dizer que, em seus balés, Diaguilev teve como cenaristas Picasso, Braque, Matisse, Jaun Gris, Miró, De Chirico, a nata da pintura ocidental da época. Diaguilev foi, além do mais, o grande incentivador de Cocteau, que criou para ele.

Nesse início do século, tão fecundo em revoluções e inovações em todos os terrenos da arte, nenhuma obra musical teve o impacto da *Sagração da primavera*, de Stravinsky, apresentada em Paris, em 1913, num misto de sucesso e escândalo nunca vistos: foi Diaguilev quem deu o grande impulso na carreira de Stravinsky, encomendando a ele seu primeiro balé, *O pássaro de fogo*, em 1910.

Em termos de realizações, irradiações e consequências, os balés russos de Diaguilev foram tão importantes para a arte do século XX quanto o futurismo italiano que, hoje, leva as glórias de matriz da modernidade.

Os artistas são, realmente, as antenas da raça, de que falava Pound: na Rússia, a revolução política foi *precedida* por uma revolução artística de proporções nunca vistas.

Esse momento ímpar da criatividade russa (talvez só comparável à explosão de criatividade grega, na Atenas do século de Péricles) não se limitou às artes.

Manifestou-se também na área das ciências da linguagem, com a constituição do Centro Linguístico de Moscou, o grupo de cientistas e pesquisadores da linguagem, hoje, englobados na designação genérica de *formalismo russo* (o nome lhes foi atribuído pelos adversários...). Esse grupo lançou as bases para o estabelecimento de uma verdadeira ciência da literatura. Entre seus representantes mais conhecidos (Shklóvski, Tiniánov, Eikhenbaum, Óssip Brik), Roman Jákobson, sem dúvida, o mais brilhante linguista do século XX.

Os conceitos desenvolvidos pelo Centro Linguístico de Moscou e a Opoiaz (Círculo para Estudo da Linguagem Poética) são, hoje, centrais em teoria literária: o estranhamento, a surpresa, a intertextualidade, a função poética.

Os teóricos do Centro Linguístico de Moscou trabalhavam em estreita ligação com os poetas mais criativos e inovadores da época (com o crítico e teórico Óssip Brik, Maiakóvski chegou a ter relações mais íntimas ainda, já que dividia com ele os favores e fervores da linda Lília Brik, o grande amor de Maiakóvski, mulher de Óssip, num *ménage à trois* que o vanguardismo ético daqueles tempos permitia...).

Jákobson chega a dizer que sua intuição linguística da natureza do fonema nasceu do estudo da poesia sonorista, e *ilógica* do genial Vielímir Khliébnikov, para ele, o poeta mais original do século XX, mestre de linguagem de Maiakóvski e ídolo de todos os futuristas.

Nas artes plásticas também a criatividade russa se expressou com extraordinário vigor, nas duas primeiras décadas do século XX.

É essencial a contribuição dos artistas plásticos russos à arte desse século: Maliévitch, Chagall, Larionov, Pevsner, Kandinsky, El Lissítzki, Naum Gabo, Tátlin, Gontcharova (mulher de Larionov), Rodtchenko (este um dos criadores da arte fotográfica, inventor da fotomontagem).

Vários deles engajaram-se no processo revolucionário de Outubro, buscando uma síntese entre inovação artística e uma nova sociedade.

Em 1917, Chagall foi nomeado comissário do povo para as

Artes, em Vitebsk, onde fundou uma oficina de arte popular de vanguarda, com Maliévitch e Lissítzki. Este, engenheiro, pintor, desenhista e arquiteto, inovou na técnica do cartaz e da tipografia, tendo exercido forte influência sobre a estética construtivista e funcional da Bauhaus alemã.

Tátlin, arquiteto, concebeu um dos mais audaciosos projetos arquitetônicos do século XX, um monumento à Terceira Internacional, constituído por um imenso edifício giratório de vidro, que não chegou a se concretizar, evidentemente.

Durante as festividades do primeiro aniversário da Revolução, em 1918, Moscou foi toda decorada com cartazes e motivos abstratos e não figurativos.

Por um momento, a miragem da fusão revolução artística/ revolução política parecia não só possível, mas lógica (como era para Maiakóvski): uma nova arte para um novo mundo, novas linguagens para uma nova vida.

Por toda parte (no Brasil, inclusive...), a poesia moderna chegou a ser qualificada, negativamente, de "bolchevismo literário"...

Mas a miragem de uma lua de mel entre a rebeldia das vanguardas e o Estado soviético é pura ilusão, desenvolvida a partir da atuação de Maiakóvski, na poesia, Eisenstein, no cinema, e Meyerhold, no teatro.

Maiakóvski suicidou-se em 1930. Eisenstein acabou domesticado, fazendo filmes patrióticos. Meyerhold desapareceu, depois de preso pela polícia de Stálin. A revolução devorou seus filhos mais talentosos...

Os grandes artistas russos dos anos 1920, porém, não são filhos da Revolução. São os últimos frutos da ordem que acabava de desabar.

Muitos deles se tornaram sinceramente comunistas: o fervor de Maiakóvski não deixa margem para dúvidas. Nas artes plásticas, Chagall, Maliévitch, Tátlin, Lissítzki; os escritores Aleksandr Blok, Iessiênin, Górki, Bábel, Pilniak apoiaram a Revolução, assim como os cineastas Djiga-Viértov e Pudóvkin.

Mas a rebeldia artística que eles representavam, no plano da forma e da inovação de linguagem, não era compatível com a consolidação do "socialismo num só país". A maior parte deles teve o destino trágico ou doloroso: exilados, desaparecidos, suicidados, confinados em campos de concentração ou simplesmente castrados em sua criatividade pela estupidez artística dos funcionários do Partido, agora, Estado.

A inovação artística se dá muito bem nas temperaturas revolucionárias. Mas fenece quando os regimes se consolidam.

Até hoje, espanta a medíocre esterilidade da arte soviética, no quadro de um país próspero, bem alimentado e cientificamente avançadíssimo.

Em setenta anos de Revolução, a URSS não produziu um só artista realmente inovador: só rotineiros executantes de diretrizes partidárias, funcionários da arte num país de funcionários. A URSS produz a arte mais retrógrada do planeta, indigna de um povo que deu um Tolstói e um Dostoiévski, um Maiakóvski e um Khliébnikov, um Eisenstein e um Meyerhold, um Chagall, um Maliévith, um Stravinsky, um Diaguilev, um Nijinski...

A explicação para esse fato está tanto nas diretrizes culturais do Estado soviético nascente quanto nas limitações artísticas das grandes lideranças da Revolução.

O socialismo russo foi um projeto global de vida coletiva, uma proposta de engenharia social, de cima para baixo. A partir da economia planificada, nenhum aspecto relevante da vida humana ficaria entregue aos acasos da iniciativa privada ou do arbítrio dos indivíduos, gênios ou não.

A República soviética tinha um plano educacional e cultural, visando às massas, em cujo nome, ficcionalmente, os bolcheviques exerceram o mais amplo poder. Não ficaria apenas na alfabetização e escolarização de vastas camadas da população. Teria que se meter no *próprio tecido da criatividade artística*, coibindo certas tendências, estimulando outras, através dos mecanismos da editoração, da verba para o filme, do acesso aos teatros, às salas de exposição, às colunas de crítica da imprensa, todas nas mãos do Estado onipotente.

O poder soviético não ficou nisso. Chegou, depois, a elaborar uma doutrina oficial em matéria de arte (os bolcheviques sempre foram muito bons em matéria de teoria...): o chamado "realismo socialista", formulado por Idanov, apoiado por Stálin.

Detalhes à parte, o essencial da doutrina do "realismo socialista" é a interdição da experimentação. Da inovação no plano das formas.

A forma é o social na arte, observou o stalinista húngaro Lukács.

Quem mexe nas formas está mexendo no que não é seu. A produção artística soviética congelou-se no academicismo em todas as áreas, repudiando o não figurativo na pintura, a experimentação verbal na poesia, a inovação estrutural no romance, sempre alegando a necessidade didática e pedagógica de satisfazer o gosto simples das grandes massas, afinal, as donas do país...

Existe um caráter *intrinsecamente subversivo* na criação artística, que é desejo de liberdade, abertura de novos horizontes, busca de novos espaços. Conservador como todo Estado consolidado, o Estado soviético não poderia compactuar com a essencial subversividade da arte livre.

Durante toda a sua vida, Maiakóvski foi perseguido pela acusação de ser "incompreensível para as massas", tema, aliás, que usou para fazer um de seus mais belos poemas comunistas. Mas seu suicídio em 1930, um ano depois da expulsão de Trótski, fala mais alto.

Essa situação choca ainda mais, quando constatamos que, num determinado plano, a URSS é uma das nações do mundo onde a cultura artística e literária é mais desenvolvida. O povo russo dispõe das maiores facilidades para escolarização e acesso a livros. O ensino é gratuito. Os livros, imensas edições, são os mais baratos do mundo. As realizações artísticas são estimuladas, financiadas, premiadas. Os artistas, desde que não incomodem, encontram as mais amplas facilidades de sobrevivência.

Mas o exercício da criatividade artística continua sujeito a todo tipo de restrições prévias, que vão do sexual ao formal. Nesse sentido, a arte soviética, a nós, ocidentais, lembra mais o artesanato do que a arte: é o mundo paralisado do artesanato, a arte parada, artificialmente, num determinado momento da sua evolução.

Aqui, de novo, um paradoxo: é a própria difusão e a democratização da cultura, em níveis de massa, que conduzem ao dirigismo artístico e ideológico.

Um livro, no Ocidente, é um objeto cultural que impacta apenas uma elite letrada, explícita ou implicitamente, conivente, com a ordem vigente.

Na URSS, com edições de milhões de exemplares, um livro é um furacão.

Marx, aliás, já dizia que "uma ideia, quando penetra na massa, é uma força material"...

Dialética: a democratização da cultura exige o controle para que essa democratização não venha a chocar os ovos da sua própria destruição...

Os percalços da história da URSS estão marcados por livros: o *Doutor Jivago*, de Pasternak, a *Autobiografia precoce*, de Ievtuchenko...

Além do mais, a própria existência onipresente da censura leva a caminhos curiosos: uma ideia liberada é uma ideia que os poderes do Estado referendam, avalizam, favorecem ou patrocinam.

Na URSS, é a própria existência da censura e do dirigismo artístico quem dá testemunho da impressionante amplitude da democratização dos veículos e instrumentos de cultura.

Essa democratização é inegável.

Daí, o fenômeno recente dos artistas soviéticos, como os bailarinos Nureyev e Baryshnikov, ou o cineasta Tarkóvski, que se exilaram no Ocidente, por razões puramente artísticas, sem fazer críticas globais ao modo de vida soviético, democracia social de quem nem podemos fazer ideia no Ocidente capitalista, com suas desigualdades absurdas, analfabetismo, bolsões de miséria e egoísmo generalizado.

Na URSS, a Revolução foi — sobretudo — econômica, social e política.

Não houve, propriamente, uma revolução cultural: apenas uma massificação de oportunidades de acesso ao livro, ao museu, às academias de arte.

Essa situação singular da criatividade artística soviética tem suas raízes, também, no gosto e na formação artística dos grandes líderes de Outubro.

Lênin, por exemplo, intelectual dotado de altos poderes de conceituação filosófica, era, em matéria de arte, um primário.

Clara Zetkin, em suas *Recordações acerca de Lênin*, reporta uma declaração do líder, que teria dito a um grupo de mulheres:

> Somos bons revolucionários mas, não sei por quê, nos sentimos obrigados a provar que estamos à altura da cultura moderna. Eu me atrevo a me declarar um bárbaro. Não consigo considerar como manifestações supremas do gênio artístico as obras do expressionismo, do futurismo, do cubismo, e de outros "ismos". Não os compreendo. E não me proporcionam o menor prazer.

Os escritores de que gostava eram os clássicos: Tolstói, Púchkin, Shakespeare e (pasmem!) Byron. Consta que chorava ouvindo a "Sonata ao luar", de Beethoven. Uma ocasião, para homenagear o grande chefe, os vanguardistas prepararam para ele uma peça musical executada pelos apitos dos navios da frota do mar Negro. Lênin levantou-se no meio da homenagem, e se retirou, irritado...

Seu instinto centralizador sempre desconfiou da proliferação caprichosa dos bandos artísticos, surgindo e mudando conforme uma lógica de grupos que o Estado não podia controlar.

Se Lênin era assim, imagine-se Stálin. É célebre sua declaração de que o escritor é um "engenheiro de almas". Sua visão didática e pedagógica da criação artística é inequívoca e direta.

Evidentemente, desde o início, colocaram-se as questões relativas à utilidade (ou não) da arte. O momento era de construção, de intenso sentimento coletivo, vertigem utópica de edificação de uma nova sociedade: a arte *tem* que servir. Nisso, estavam de acordo o grupo futurista da *LEF* e o cada vez mais poderoso movimento de Proletkult (Cultura Proletária), depois RAPP (Associação dos Escritores Proletários).

Em 1923, Maiakóvski fundou a revista *LEF* (em russo a sigla para Frente Esquerda de Arte), em torno da qual logo se organizou uma grande efervescência teórica e criativa, na direção da fusão das conquistas de linguagem das vanguardas (futurismo, cubo-futurismo, geometrismo, abstracionismo) com um inequívoco engajamento na construção da sociedade socialista.

Maiakóvski era o redator-chefe da revista, na qual colaboravam artistas de primeiríssimo nível: Eisenstein, Pasternak, Djiga-Viértov, Isaac Bábel.

A revista (depois como a nova *LEF*) subsistiu até 1928.

Do outro lado, o Proletkult promovia a criação de uma nova cultura não apenas feita *para* as massas trabalhadoras, mas *por elas*. Proliferaram poetas metalúrgicos, atores pedreiros, contistas operários, escritores saídos diretamente da classe trabalhadora e diretamente ligados ao processo do trabalho braçal e fabril. A nós, parece absurdo. A eles parecia lógico. A Revolução não era dos trabalhadores? A eles cabia lançar também os fundamentos da cultura da nova sociedade. Uma cultura com alma proletária, com cheiro de povo, com calos nas mãos.

Seria lindo. Se não fosse equivocado. A arte é fruto da divisão do trabalho: para fazer um bom escritor, leva tanto tempo quanto para fazer dez bons torneiros mecânicos. Da vastíssima produção proletkultista, nada sobrou de esteticamente duradouro.

A *LEF*, Maiakóvski à frente, combateu o obreirismo cultural do Proletkult. Não pelo obreirismo. Mas pelo primarismo de linguagem de uma literatura feita por semialfabetizados. Seu maniqueísmo de tipos. Sua tendência ao clichê e às fórmulas de fácil efeito. Seu essencial conservadorismo formal. Artisticamente, não teria sentido querer que o proletariado, mal saído da ignorância e do analfabetismo, pudesse criar obras significativas que pudessem competir com os artistas burgueses, herdeiros de séculos de escolaridade, informação e requinte formal.

Do ponto de vista social e político, não há como não admirar a radicalidade da postura proletkultista. Mas esteticamente não funcionou.

A *LEF* congregava sob sua bandeira os maiores talentos da Rússia pré-revolucionária, todos convertidos à causa do proletariado, mas saídos de camadas cultivadas da pequena e da alta burguesia.

Não se pense, porém, que a *LEF* propunha uma *estetização* da arte proletária. Muito pelo contrário.

Pela boca de Maiakóvski, a *LEF* propunha até mesmo a *destruição da arte*. Sua desindividualização e desprofissionalização.

No manifesto da *LEF*, lá está:

> a posição fundamental da *LEF*: contra a ficção, contra o estetismo e o psicologismo em arte, pelo trabalho de propaganda, o jornalismo combativo, a crônica [...]. Uma das palavras de ordem, uma das grandes conquistas da *LEF* é a desestetização das artes aplicadas, o construtivismo. Seu complemento poético é o poema de agitação econômica: o anúncio publicitário [...].

Não se pode ser mais radical.

Linguagem inovadora a serviço do combate político direto: o Proletkult não ia tão longe... Queria apenas que os operários também escrevessem seus versos e suas narrativas simples.

Nessa "desestetização das artes aplicadas", do construtivismo da *LEF*, podemos vislumbrar um parentesco com as preocupações da Bauhaus alemã, fundada em 1919, matriz do design industrial moderno e da chamada "arte funcional" (Gropius, Mies Van Der Rohe e Moholy-Nagy, que sofreu influência do construtivista russo, El Lissítzki).

O titanismo prometeico da *LEF* não vingou. Prevalecerá o prudente primarismo populista do Proletkult. Foi contra os proletkultistas que Maiakóvski lançou a frase-síntese do programa da *LEF*: "sem forma revolucionária, não há arte revolucionária". O Proletkult não podia ir tão longe. Os operários nem sabem o que é forma literária...

Como podem querer revolucionar o que nem conhecem?

Em seu ensaio sobre "O futurismo", Trótski formula muito bem essa contradição dos futuristas da *LEF*:

esse apelo (da *LEF*) torna-se um disparate evidente, tão logo o dirigem ao proletariado. A classe operária não rompe nem pode romper com a tradição literária, porque não se encontra presa, de modo algum, a essa tradição. A classe operária não conhece a velha literatura. Deve ainda familiarizar-se com ela, dominar Púchkin, absorvê-lo e, assim, superá-lo. A ruptura dos futuristas com o passado representa, sobretudo, uma tempestade no mundo fechado da intelligentsia.

Na primeira metade dos anos 1920, os choques entre Proletkult e tudo o que a *LEF* representava, ambos lutando pela nova arte da nova sociedade, foram extraordinariamente fecundos. Ligados à *LEF* e suas plataformas os maiores talentos artísticos da Rússia, alguns dentre os maiores artistas deste século: Eisenstein, Meyerhold, El Lissíntzki, Trétiakov.

O titânico programa gorou. Em 1930, o próprio Maiakóvski capitula, aderindo à RAPP, proletkultista. Nesse mesmo ano, suicida-se.

O fracasso da *LEF*, no entanto, não deve ser atribuído apenas a pressões do Estado ou dos poderes. Lênin e Trótski eram contrários ao obreirismo primário do Proletkult. Eles, intelectuais sofisticados, nutridos de toda cultura europeia, lendo em várias línguas, sabiam que o Proletkult não ia além de um populismo ingênuo e bem-intencionado (com um certo sabor *naródniki*).

As tendências proletkultistas acabaram prevalecendo por força mesmo do primarismo das suas propostas: a proposta do Proletkult obteve apoio compacto junto às massas trabalhadoras.

Maiakóvski e o grupo da *LEF* faziam uma proposta muito acima da capacidade de compreensão das imensas massas recém-libertadas da ignorância e do analfabetismo, ávidas por se integrar à "cultura"...

Em seus últimos anos, Maiakóvski, um poeta oral, de espetáculo, foi implacavelmente perseguido pela acusação de ser "incompreensível para as massas".

Um dia, acossado além da medida, prorrompeu num choro convulsivo, dizendo:

— Depois que eu morrer, vocês vão ler meus versos com lágrimas de emoção.

Realmente. Depois de sua morte, o stalinismo, proletkultista, acabou transformando-o numa espécie de totem literário da Revolução. Stálin mesmo reconheceu: "é o poeta mais talentoso da era soviética". Hoje, na URSS, Maiakóvski é nome de praça, tem estátua pública e o pequeno quarto onde viveu é o museu Maiakóvski, ele, que era inimigo jurado de todos os museus...

Dos grandes chefes da Revolução, foi Trótski quem teve a abordagem mais flexível e abrangente da questão cultural. Mas não muito... Os bolcheviques, intelectualmente, eram um grupo excepcionalmente homogêneo, apesar das diferenças individuais. Ocorre que Trótski era homem de gosto literário muito cultivado. Escritor de tremenda força (algumas páginas da *História da Revolução Russa* são obras-primas de vigor e finura), conhecia o romance francês, a poesia inglesa e alemã, que lia no original.

Era suficientemente aculturado para saber que a arte *não* pode ser conduzida a chicote como um mongol conduz sua manada para os pastos da primavera. Parece que achava que o Partido *não deveria* interferir nas controvérsias e entrechoques dos grupos artísticos que apoiavam a Revolução. O Partido não é, dizia, um círculo literário. É o representante e defensor dos interesses globais da classe trabalhadora. A arte não é um terreno onde o Partido possa mandar.

Mas essa visão quase liberal é, de repente, corrigida pelo instinto centralizador do líder, do comissário da guerra, do bolchevique:

o Partido, evidentemente, não pode entregar-se ao princípio liberal do *laissez-faire, laissez-passer*, mesmo na arte, mesmo por um só dia. A questão é saber quando deve intervir, em que medida e em que caso. O Partido orienta-se por critérios políticos e repele, na arte, as tendências nitidamente perniciosas e desagregadoras.

O Partido, claro, saberia distinguir essas tendências das tendências sadias...

No que diz respeito às vanguardas artísticas que ferviam na época, sua posição não diferia muito da de Lênin.

Suas posturas em matéria de arte e literatura estão mais bem expressas no volume *Literatura e revolução*, onde aborda temas como "O futurismo", "A cultura e a arte proletárias", "A política do Partido na arte" ou "Arte revolucionária e arte socialista".

Esse livro tem uma história curiosa.

Foi fundamentalmente escrito no verão de 1922. Trótski pretendia apenas redigir o prefácio para a edição estatal das suas *Obras*, que estava para sair. Mas Trótski era acometido de uma verdadeira grafomania, índice de sua exuberância teórica e argumentativa: nunca se contentou apenas em fazer. Ele tinha que dizer, para si e para os outros, o que significava o que estava fazendo. Era um obcecado pelo sentido: não se conformava em viver num mundo sem significado.

E assim, em vez de um mero prefácio, saiu um livro inteiro, a mais lúcida meditação sobre arte e literatura deixada por um bolchevique.

Em matéria de gosto literário, porém, o comissário da guerra não tinha posições tão avançadas quanto na área política ou econômica.

Entre o simbolista místico Aleksandr Blok e o comuno-futurista Maiakóvski, fica com o primeiro, autor, para ele, da "obra mais significativa de nossa época".

Blok, sem dúvida, é um alto poeta. Em seu longo poema "Os doze", exalta a revolução dos miseráveis e oprimidos, numa marcha alegórica da multidão sob a neve, conduzida por Cristo, o Cristo vermelho de alguns comunistas de linhagem mística. Sobre ele, Trótski afirma: "'Os doze' é um poema que permanecerá para sempre".

Sobre Maiakóvski, Trótski mantém uma posição bem mais compreensiva que o sono de Lênin. No capítulo x, de *Literatura e revolução*, "O suicídio de Maiakóvski", Trótski reconhece, com agudeza:

Havia, em Maiakóvski, reflexos de gênio. Não era, porém, um talento harmonioso. Onde se poderia, aliás, encontrar harmonia artística neste decênio de catástrofes, no limite não cicatrizado de duas épocas? Na obra de Maiakóvski, os cumes despontam ao lado dos abismos, manifestações de gênio explodem ao lado de estrofes banais, às vezes mesmo de uma vulgaridade gritante.

Ao fino gosto de Trótski não escapariam as desigualdades, os desníveis da caudalosa obra poética de Maiakóvski, que, realmente, não consegue se manter sempre à altura de si mesmo. Principalmente nos poemas mais *engajados*, a serviço de alguma causa imediata, o gigante da poesia soviética erra. Seu longo poema "Lênin", por exemplo, é um mero exercício de grandiloquência vazia: o grande Maiakóvski está alhures, nos poemas iniciais, radicalmente experimentais, nos poemas de amor, nas peças de circunstância...

Lênin, certamente, não tinha tempo (nem sensibilidade) para examinar assim de perto a obra de Maiakóvski.

Já o ensaio "O futurismo", em *Literatura e revolução*, é uma das análises mais profundas jamais feitas sobre esse movimento, fundador da modernidade. Nele, Trótski analisa o modo como um gesto artístico e literário se insere no tecido vivo da história, aponta, lúcido, suas contradições, reconhece suas grandezas e mapeia seus limites.

E reconhece que o futurismo está trazendo uma contribuição importante a ser incorporada pela arte da nova sociedade (o que não aconteceu).

Mas o futurismo levantava uma questão que, essa sim, era de importância vital para a nova sociedade que surgia: *a questão da continuidade e/ou ruptura com a tradição cultural passada*.

Foi exatamente aqui que se deram as lutas mais importantes no front cultural e artístico.

O futurismo, movimento surgido nas altas classes cultivadas, preconizava uma negação do contributo passado, do imenso lastro cultural dos séculos, em prol de uma quase idolatria do mundo moderno, da técnica e da máquina.

Não admira que tenha surgido, com Marinetti, na Itália sufocada sob o peso de um passado esplêndido, mas decrépito, um país-museu, o túmulo do Renascimento.

Na Rússia, o apelo futurista tomou outra coloração: na Itália, era fascista, na Rússia, seria comunista. O culto à máquina e ao mundo industrial, do futurismo marinettiano, na Rússia, parecia coincidir com ímpeto de industrialização que o comunismo representava.

Mas, em matéria de política cultural, a questão crucial era a atitude a tomar em relação à contribuição do passado, burguês ou czarista.

Os bolcheviques acabavam de anular todas as estruturas econômicas, políticas e sociais do mundo burguês, em direção a uma democracia proletária.

E a cultura? Seria possível recusar também as obras artísticas do passado?

Seria o proletariado capaz de recriar a cultura *a partir de zero*, fundando novas formas, novos padrões formais, um novo gosto, uma nova estética, uma nova poética?

Lênin e Trótski não eram idiotas. Sabiam que isso não era possível. O comunismo teria que ser o herdeiro de toda a cultura passada, escravagista, feudal, burguesa. Os dois líderes tinham consciência muito nítida do caráter de *carência* da condição trabalhadora. Sabiam muito bem que o trabalhador, fabril ou agrário, caracteriza-se pela ignorância, pelo conservadorismo, mais obtuso, pela superstição, pela pobreza mental de horizontes, pelo imediatismo de visão política.

Não era dessa classe que viria uma nova cultura, uma cultura que pudesse produzir pintores como Michelangelo, romancistas como Balzac ou pensadores como Marx.

É aqui que se agudiza a discussão sobre o Proletkult.

Lênin sempre se opôs à tentativa de criação de uma "cultura proletária", in vitro. O papel histórico do proletariado, nesse momento de transição, era *assimilar* a cultura burguesa passada.

Trótski vai mais longe, afirmando que a ditadura do proletariado era *apenas um momento de transição*, não podendo, assim,

[368]

produzir uma cultura própria. Esta só viria no estágio posterior, com o homem socialista já livre dos entraves da sociedade de classes.

Essa discussão, nos termos em que foi colocada nos inícios dos anos 1920, ocuparia depois (e até hoje) um lugar decisivo no pensamento soviético sobre arte e cultura.

Que coisas, e de que maneira recuperar o passado cultural da humanidade numa sociedade socialista?

Nessa questão, ocupou papel importante o comissário bolchevique da Instrução, Anatol Lunatcharski, que apoiou o Proletkult, promovido por Bogdanov e Lebedev-Polianski. Mesmo assim Lunatcharski, que era, ele mesmo, um intelectual, dramaturgo, crítico literário, favoreceu um clima de livre movimentação para futuristas e outros grupos de vanguarda.

Literatura e revolução termina com um retrato in memoriam de Lunatcharski em que Trótski, com todo o seu amor à verdade, rende preito ao camarada, em suas grandezas e fraquezas, num retrato implacável e, ao mesmo tempo, terno.

Trótski deixou imensa produção textual. Mas foi, certamente, em *Literatura e revolução* que formulou com maior clareza suas utopias mais vastas, a medida de amplidão do sonho revolucionário que o consumia e o impulsionava.

Sobre a fusão da arte com a vida, pretendida pelos futuristas:

> A separação da arte dos outros aspectos da vida social resulta da estrutura de classe da sociedade [...]. A evolução da arte, no futuro, seguirá o caminho de uma crescente fusão com a vida [...]. Mais de uma geração virá e desaparecerá, entre a pobreza econômica e cultural dos dias de hoje, e o momento em que a arte se fundirá com a vida, quando a vida enriquecerá em proporções tais que se modelará, inteiramente, na arte.

Já exilado e perseguido, no México, Trótski receberá a visita do surrealista André Breton, comunista e desvairista militante, disposto a colocar o sonho e a escrita automática a serviço da causa do proletariado. Só então dirá: "a arte só pode ser o grande aliado da revolução na medida em que permanecer fiel a si mesma". Agora, era muito tarde. Ele não é mais senhor de nenhum país, de nenhum exército, de nenhum governo. E talvez ainda seja muito cedo para sonhar um sonho do tamanho do sonho que ele sonhou, no final do ensaio "Arte revolucionária e arte socialista", capítulo 8 daquele *Literatura e revolução*, em 1922, ainda comissário da guerra, ainda *khan*:

A humanidade sairá do período das guerras civis empobrecida, em consequência de terríveis devastações, sem falar dos tremores de terra como o que acaba de ocorrer no Japão. O esforço para vencer a pobreza, a fome, a necessidade, em todas as suas formas, isto é, para domesticar a natureza, dominará a nossa preocupação, durante dezenas e dezenas de anos. A paixão pelo progresso mecânico, como na América, marcará toda a jovem sociedade socialista. A contemplação passiva da natureza desaparecerá da arte. A técnica tornar-se-á a inspiração mais poderosa do trabalho artístico. E mais tarde, a oposição entre a técnica e a arte se resolverá numa síntese mais elevada.

Os sonhos pessoais de alguns entusiastas de hoje, que procuram dar à vida qualidades dramáticas e educar o homem na harmonia do ritmo, coadunam-se coerentemente com essa perspectiva. O homem, nacionalizando a economia, penetrando-a com a sua consciência e planificando-a, não deixará qualquer vestígio da atual vida cotidiana. A tarefa cansativa de alimentar e educar as crianças passará da família para a iniciativa pública. *A mulher sairá enfim de sua semiescravidão.* Ao lado da técnica, a pedagogia formará, psicologicamente, novas gerações e regerá a opinião pública. Experiências de educação social, na emulação de métodos, atingirão níveis até agora inconcebíveis. O modo de vida comunista não crescerá cegamente como os recifes de coral no mar, mas controlado, dirigido e retificado, de forma consciente, pelo pensamento crítico. O homem, que saberá deslocar rios e montanhas, que saberá construir palácios do povo nas alturas do monte Branco ou no fundo do Atlântico, dará à sua existência riqueza, cor, intensidade dramática e o maior dinamismo. Mal uma crosta comece a formar-se sobre a superfície da vida humana e estourará sob a pressão de novas invenções e realizações. Não, a vida do futuro não será monótona.

O homem, enfim, começará seriamente a harmonizar seu próprio ser. Tentará obter maior precisão, discernimento, economia e, por conseguinte, beleza nos movimentos de seu próprio corpo, no trabalho, no andar, no divertimento. Tentará dominar os processos semiconscientes e inconscientes de seu próprio organismo: a respiração, a circulação do sangue, a digestão, a reprodução. E, nos limites inevitáveis, desejará subordiná-los à razão e à vontade. A espécie humana, congelada no *Homo sapiens*, transformar-se-á radicalmente e se tornará, sob as suas próprias mãos, em objeto dos mais complexos métodos de seleção artificial e dos exercícios psicofísicos.

Essas perspectivas decorrem de toda a evolução do homem. Ele começou por expulsar as trevas da produção e da ideologia, por quebrar, por meio da técnica, a bárbara rotina de seu trabalho e por triunfar sobre a religião pela ciência. Expulsou o inconsciente da política, derrubando as monarquias e substituindo-as pela democracia e pelo parlamentarismo racionalista, depois pela clara e transparente ditadura dos sovietes. E, pela organização socialista, elimina a espontaneidade cega, elementar, das relações econômicas. O que permite reconstruir em outras bases, a vida da família. A natureza do homem esconde-se nos recônditos mais obscuros do inconsciente. Não resulta claro que, para libertá-la, se voltem o pensamento e a iniciativa criadora? A espécie humana, que parou de rastejar diante de Deus, do czar e do capital, deveria capitular diante das leis obscuras da hereditariedade e da cega seleção sexual? O homem libertado buscará melhor equilíbrio no funcionamento de seus órgãos e mais harmonioso desenvolvimento de seus tecidos. Manterá assim o medo da morte nos limites de uma reação racional do organismo em face do perigo. Não há dúvida, com efeito, de que a falta de harmonia anatômica e fisiológica, a extrema desproporção no desenvolvimento de seus órgãos ou a utilização de seus tecidos provocam esse medo histérico, mórbido, da morte, turvando o raciocínio e alimentando as humilhantes e estúpidas fantasias de outra vida.

O homem esforçar-se-á para dirigir seus próprios sentimentos, para elevar seus instintos ao nível do consciente e torná-los límpidos, para orientar a sua vontade nas trevas do inconsciente. Levantar-se-á, assim, a um estágio mais elevado da existência e criará *um tipo biológico e social superior, um super-homem*, se isso lhe agrada.

É tão difícil predizer a extensão do autocontrole suscetível de alcançar-se como prever até onde o homem desenvolverá a sua técnica, seu domínio sobre a natureza. A construção social e a autoeducação psicofísica tornar-se-ão duas faces de um só processo. E todas as artes — literatura, teatro, pintura, escultura, música e arquitetura — darão a esse processo uma forma sublime. Mais exatamente, a forma que revestirá o processo de edificação cultural e de autoeducação do homem comunista desenvolverá ao mais alto grau os elementos vivos da arte contemporânea. O homem tornar-se-á incomparavelmente mais forte, mais sábio e mais sutil. Seu corpo tornar-se-á mais harmonioso, seus movimentos mais rítmicos, sua voz mais melodiosa. As formas de sua existência adquirirão qualidades dinamicamente dramáticas. A espécie humana, na sua generalidade, atingirá o talhe de um Aristóteles, de um Goethe, de um Marx. E, sobre ela, se levantarão novos cimos.

Misérias da Guerra Civil.
Desenho: Maiakóvski.

O sonho do campo feliz: pão, paz e tratores...
Desenho: Maiakóvski.

Revolução no campo: o mujique começa a ler...
Desenho: Maiakóvski.

Vodca, o ópio do povo.
Desenho: Maiakóvski.

apêndices

Fardado, o comissário da guerra arenga às tropas do Exército Vermelho, durante a Guerra Civil.

apêndice 1
uma ordem do dia do comissário da guerra

Krasnov e os capitalistas estrangeiros que o apoiam lançaram no front de Voronej centenas de seus agentes mercenários que penetraram de diversas formas nas unidades do Exército Vermelho onde conduzem o trabalho sujo de decomposição e incitação à deserção. Em algumas unidades pouco firmes do front de Voronej, observam-se sinais de indisciplina, covardia e mercantilismo. Enquanto em todas as outras frentes, nossas tropas vermelhas perseguem o inimigo e avançam, no front de Voronej, há frequentemente retiradas absurdas, criminosas e uma decomposição de regimentos inteiros.

Declaro que, de agora em diante, medidas implacáveis vão botar um fim nessa situação.

1. Todo canalha que incitar a retirada, a deserção ou a não execução de uma ordem superior será fuzilado.

2. Todo soldado do Exército Vermelho que abandonar seu posto de combate, por sua própria conta, será fuzilado.

3. Todo soldado que jogar fora o fuzil ou vender partes de seu equipamento será fuzilado.

4. Em toda a zona do front, estão estabelecidos destacamentos para dar caça aos desertores. Todo soldado que tentar opor resistência a esse destacamento será fuzilado no ato.

5. Quem abrigar ou esconder desertores será fuzilado.

6. As casas onde forem descobertos desertores serão queimadas.

Morte aos mercenários e traidores!

Morte aos desertores e aos agentes de Krasnov!

Vivam os bons soldados do Exército Vermelho operário e camponês!

Ass.: Liev Trótski,
presidente do Conselho
Militar Revolucionário, aos exércitos do Sul,
24 de outubro de 1918

apêndice 2
cinema X religião

O divertimento e a distração representam um enorme papel nos ritos da Igreja. A Igreja age por métodos teatrais sobre a vista, o ouvido e o olfato (o incenso!) e, através dele, age sobre a imaginação. No homem, a necessidade de espetáculo — ver e ouvir qualquer coisa de não habitual e de colorido, qualquer coisa para além do acinzentado do cotidiano — é muito grande, é irremovível, e persegue-o desde a infância até a velhice. Para libertar as largas massas desse ritual, dessa religiosidade rotineira, a propaganda antirreligiosa não basta, embora seja necessária. A sua influência limita-se apenas a uma minoria ideologicamente mais informada. Se as largas massas não se submetem à propaganda antirreligiosa, não é porque sejam fortes os seus laços com a religião; é, pelo contrário, porque não têm nenhum vínculo ideológico, mantendo com a Igreja relações uniformes, rotineiras e automáticas de que não têm consciência, como o basbaque que não recusa participar de uma procissão, ou uma solenidade faustosa, ouvir cânticos ou agitar as mãos. É esse ritualismo sem fundamento ideológico que, pela sua inércia, se incrusta na consciência, e do qual a crítica, por si só, não pode triunfar, mas que se pode desagregar por meio de novas formas de vida, por novas distrações, por uma nova espetaculosidade de efeitos culturais.

E aqui o pensamento volta-se, de novo, naturalmente, para o instrumento mais poderoso por ser o mais democrático: o cinema. O cinema não carece de uma hierarquia diversificada, de brocados ostentosos etc.; basta-lhe um pano branco para fazer nascer uma espetaculosidade muito mais penetrante do que a da igreja, da mesquita ou da sinagoga mais rica ou mais habituada às experiências teatrais seculares. Na igreja apenas se realiza um ato, aliás sempre igual, ao passo que o cinema mostrará que na vizinhança ou do outro lado da rua, no mesmo dia e à mesma hora, se desenrolam simultaneamente a Páscoa pagã, judia e cristã. O cinema diverte, excita a imaginação pela imagem e afasta o desejo de entrar na igreja. Tal é o instrumento de que devemos saber fazer uso, custe o que custar.

Trótski, "A vodka, a igreja e o cinema", em *Questões do modo de vida*
[Lisboa: Antídoto, 1979; Tradução de Diego Siqueira e Daniel Oliveira. São Paulo: Sundermann, 2009; *Les Questions du mode de vie* (1923).]

apêndice 3
um testamento

1. o testamento de Leon

Minha pressão sanguínea elevada (e que continua a elevar-se) engana àqueles que me são próximos sobre minhas reais condições físicas. Estou ativo e capaz de trabalhar, mas o fim está evidentemente próximo. Estas linhas serão tornadas públicas após minha morte.

Não preciso mais uma vez refutar aqui a calúnia vil de Stálin e seus agentes: não há uma só mancha sobre minha honra revolucionária. Não entrei, nem direta nem indiretamente, em nenhum acordo, ou mesmo em nenhuma negociação de bastidores, com os inimigos da classe operária. Milhares de adversários de Stálin tombaram, vítimas de falsas acusações. As novas gerações revolucionárias reabilitarão sua honra política e tratarão seus carrascos do Kremlin como eles merecem.

Agradeço ardentemente aos amigos que se mantiveram leais através das horas mais difíceis de minha vida. Não cito nenhum em particular, porque não os posso citar todos.

Apesar disso, considero-me no direito de fazer exceção para o caso de minha companheira, Natália Ivanovna Sedova. Além da felicidade de ser um combatente da causa do socialismo, quis a sorte me reservar a felicidade de ser seu esposo. Durante quarenta anos de vida comum, ela permaneceu uma fonte inesgotável de amor, magnanimidade e ternura. Sofreu grandes dores, principalmente no último período de nossas vidas. Encontro algum conforto no fato de que ela conheceu também dias de felicidade.

Nos quarenta e três anos de minha vida consciente, permaneci um revolucionário; durante quarenta e dois destes combati sob a bandeira do marxismo. Se tivesse que recomeçar, procuraria evidentemente evitar este ou aquele erro, mas o curso principal de minha vida permaneceria imutável. Morro revolucionário proletário, marxista, partidário do materialismo dialético e, por consequência, ateu irredutível. Minha fé no futuro comunista da humanidade não é menos ardente; em verdade, ela é hoje mais firme do que foi nos dias de minha juventude.

Natascha acabou de chegar pelo pátio até a janela e abriu-a completamente para que o ar possa entrar mais livremente em meu quarto. Posso ver a larga faixa de verde sob o muro, sobre ele o claro céu azul, e por todos os lados, a luz solar. A vida é bela. Que as gerações futuras a limpem de todo o mal, de toda opressão, de toda violência e possam gozá-la plenamente.

Leon Trótski
Coyoacán, 27 de fevereiro de 1940

2. *post-scriptum*

Diante da natureza de minha doença (pressão sanguínea elevada e em constante elevação) parece-me que o fim chegará de repente e, provavelmente — é ainda uma hipótese pessoal —, por uma hemorragia cerebral. É o melhor dos fins que eu poderia desejar. É possível, entretanto, que eu me engane (não tenho a menor vontade de ler livros especializados, e os médicos naturalmente não me dirão a verdade). Se a esclerose tiver que assumir um caráter prolongado e eu for ameaçado de uma longa invalidez (neste momento, pelo contrário, sinto até uma intensa energia espiritual devida ao subir da pressão, mas isso não durará muito), reservo-me o direito de determinar por mim mesmo o momento de minha morte. O "suicídio" (se é esse o termo apropriado) não será, de maneira alguma, a expressão de uma explosão de desespero. Natascha e eu já nos dissemos mais de uma vez que, se chegados a uma tal condição física, preferiremos encurtar a própria vida, ou mais exatamente, o longo processo de agonia. Mas, sejam quais forem as condições de minha morte, morrerei com uma fé inquebrantável no futuro comunista. Esta fé no homem e em seu futuro dá-me, mesmo agora, uma tal força de resistência como religião alguma poderia me fornecer.

Leon Trótski
3 de março de 1940

apêndice 4
um poema

o velho leon e natália em coyoacán *

desta vez não vai ter neve como em petrogrado aquele dia
o céu vai estar limpo e o sol brilhando
você dormindo e eu sonhando

nem casacos nem cossacos como em petrogrado aquele dia
apenas você nua e eu como nasci
eu dormindo e você sonhando

não vai mais ter multidões gritando como em petrogrado aquele dia
silêncio nós dois murmúrios azuis
eu e você dormindo e sonhando

nunca mais vai ter um dia como em petrogrado aquele dia
nada como um dia indo atrás do outro vindo
você e eu sonhando e dormindo

PAULO LEMINSKI

* In.: *Toda poesia*, Paulo Leminski. São Paulo: Companhia das Letras, 2013.

bibliografia e crítica da bibliografia

Este livro, como todos os livros, é a leitura de muitos livros, entre os quais, principalmente:

Causas econômicas da Revolução Russa, M. Pokróvski.
[Tradução de José Neto. Rio de Janeiro: Calvino, 1944;
La Revolución Rusa: historia de sus causas económicas, Mikhail Pokróvski. Traduzido do russo por Andrés Nin. Madri: Espanha, 1931.]

The Bolshevik Revolution, 1917-1923, E. H. Carr.
[Harmondsworth: Penguin Books, 1966;
A revolução bolchevique, 1917-1923, Edward Hallett Carr. Porto: Afrontamento, 1977-84.]

Trótski (3 volumes), Isaac Deutscher.
[*Trotsky: The Prophet Armed, 1879-1921* (1954), *The Prophet Unarmed, 1921-1929* (1959) e *The Prophet Outcast, 1929-1940* (1963).
Tradução de Waltensir Dutra. Rio de Janeiro: Civilização Brasileira, 1968; 2005, 2006. v. 1: *Trotski, o profeta armado, 1879--1921*; v. 2: *Trotski, o profeta desarmado, 1921-1929*; v. 3: *Trotski, o profeta banido, 1929-1940.*]

Stálin, idem.
[*Stalin, A Political Biography*, Isaac Deutscher. Londres, Nova York: Oxford University Press, 1949;
Stálin, a história de uma tirania. Rio de Janeiro: Civilização Brasileira, 1970. 2 vols.;
Stálin: uma biografia política. Tradução de Luiz Sérgio Henriques. Rio de Janeiro: Civilização Brasileira, 2006.]

Dez dias que abalaram o mundo, John Reed.
[Tradução de Carlos Sussekind. Rio de Janeiro: Record, 1967;
Tradução de Bernardo Ajzenberg. São Paulo: Penguin Classics
Companhia das Letras, 2010;
Ten Days that Shook the World, 1919.]

História da Revolução Russa, L. Trótski.
[1932-3; Tradução de E. Huggins. Rio de Janeiro: Paz e Terra,
1978; São Paulo: Sundermann, 2007. 2 v.]

1917 — A Revolução mês a mês, Nenarokov.
[*História ilustrada da grande Revolução socialista de outubro
1917 na Rússia, mês a mês*, Albert Nenarokov. Lisboa: Editorial
Avante; Moscou: Progresso, 1987.]

Os sindicatos russos e a Revolução, A. Glebov.
[*Les Syndicats russes et la révolution*, A. Glebov. Paris: Bibliothè-
que Communiste, 1920.]

Nenhuma revolução deixou de si tantos testemunhos escritos
diretos quanto a russa.

Em suas camadas mais altas, os militantes revolucionários
russos, bolcheviques e mencheviques, eram gente conceitualmente muito articulada, teoricamente preparada, alguns com
grandes dotes de formulação verbal. Todos deixaram vasta produção textual.

Sobre Trótski, as fontes mais conhecidas são, entre nós, as
obras do próprio Trótski (*História da Revolução, Minha vida*, sobretudo). Ou a caudalosa biografia por Isaac Deutscher, trotskista.

São fontes comprometidas, *partidárias*, o que não quer dizer
tendenciosas ou falsas. Mas um mesmo fato pode ter várias interpretações. Em Trótski e Deutscher, as interpretações são sempre
a favor de Trótski.

Seja como for, não parece ser possível escrever uma história
da Revolução Russa isenta de partis pris, partidarismos ou outras
interferências ideológicas.

obra trotskiana

Da caudalosa produção textual de Trótski, algumas obras fundamentais em português (aqui ou em Portugal):

— *História da Revolução Russa* (Paz e Terra);
[1932-3; Tradução de E. Huggins. Rio de Janeiro: Paz e Terra, 1978; São Paulo: Sundermann, 2007. 2 v.]

— *Minha vida* (idem);
[1930; Tradução de Livio Xavier. Rio de Janeiro: Paz e Terra, 1969; 2. ed. 1978.]

— *Moral e Revolução: a nossa moral e a deles* (idem);
[1936; Tradução de Otaviano de Fiori. Rio de Janeiro: Paz e Terra, 1969; 2. ed. 1978.]

— *As lições de Outubro* (Global);
[1924; Tradução de Olinto Beckerman. São Paulo: Global, 1979.]

— *Literatura e revolução* (Zahar);
[1922; Tradução de Luiz Alberto Moniz Bandeira. Rio de Janeiro: Zahar, 1969; 2007.]

— *A Revolução traída: o que é e para onde vai a URSS* (Antídoto, Portugal);
[1937; Tradução de M. Carvalho e J. Fernandes. Lisboa: Antídoto, 1977; São Paulo: Sundermann, 2005; São Paulo: Centauro, 2008.]

— *A Revolução permanente na Rússia* (idem);
[1929; Tradução de A. Campos e J. Cabral Fernandes. Lisboa:

Antídoto, 1977; Tradução de Hermínio Sachetta. São Paulo: Expressão Popular, 2007.]

— *Problemas da Guerra Civil* (idem);
[1924; Lisboa: Antídoto, 1977.]

— *Questões do modo de vida* (idem);
[1923; Tradução de A. Castro. Lisboa: Antídoto, 1979; Tradução de Diego Siqueira e Daniel Oliveira. São Paulo: Sundermann, 2009.]

— *Programa de transição para a revolução socialista* (idem);
[1938; Lisboa: Antídoto, 1978.]

— *Revolução e contrarrevolução na Alemanha* (Laemmert);
[1931; Tradução de Mário Pedrosa. Rio de Janeiro: Laemmert, 1968; São Paulo: Sundermann, 2011.]

— *Écrits militaires* (em francês, L'Herne).
[Paris: L'Herne, 1967.]

A edição completa das suas *Obras* (em russo, *Sochinênia*) chegou a ser começada na URSS. Mas foi interrompida em 1927, quando foi expulso do Partido: são vinte e um volumes englobando pequena parte da sua produção total.

Evidentemente, nenhuma obra sua foi editada na URSS, daquela data para cá: há gerações, o público soviético não tem acesso a nenhuma obra de Trótski.

Durante seu laboriosíssimo exílio/diáspora, de treze anos, Trótski levou consigo, nas condições mais adversas, grande massa de documentos, cartas, mensagens e manuscritos.

Constituem hoje os "*Trótski Archives*", e estão na Houghton Library, na Harvard University, nos Estados Unidos.

créditos das imagens

pp. 27 e 44: Reprodução da revista simbolista *Pallium*. Curitiba, 1898.

p. 39: Fotografia de Cruz e Sousa.

p. 52: Ilustração de Von Hofman, 1913.

p. 58: Reprodução da revista simbolista *Hórus*, 1902.

p. 62: Fotografia de Cruz e Sousa e Oscar Rosas, *c*. 1890.

pp. 77, 152 e 240: DR/ Emilio Damiano.

pp. 84, 139 e 150: Bashô.

p. 89: Everett Collection/ Grupo Keystone.

p. 111: DR/ Haroldo de Campos e DR/ Décio Pignatari.

p. 187: Ilustração da catedral de Milão, século v.

p. 224: Ilustração da igreja de Santo Apolonário em Ravena, século IV.

pp. 247, 262, 295, 373, 374 e 375: Maiakóvski.

p. 256: Gravura da Rússia, 1960.

p. 376: Other Images.